Humbert Fink, geboren 1933 in Salerno, wurde als Lyriker, Romancier, Essayist und Reiseschriftsteller bekannt. Als Mitglied der Gruppe 47 initiierte er die »Tage der deutschsprachigen Literatur« in Klagenfurt. Humbert Fink starb am 16. Mai 1992.

Zu seinen Veröffentlichungen zählen u. a. »Franz Grillparzer« (1990), »Metternich. Staatsmann, Spieler, Kavalier« (1989) und »Machiavelli« (1990).

Von Humbert Fink sind außerdem erschienen:

Machiavelli (Band 2400)
Metternich (Band 2420)

Dieses Buch wurde auf chlor- und säurefreiem Papier gedruckt.

Vollständige Taschenbuchausgabe Oktober 1993
Droemersche Verlagsanstalt Th. Knaur Nachf., München
© 1990 ECON Verlag GmbH, Düsseldorf, Wien und New York
Bildquellennachweis für alle Bilder:
Bildarchiv Preußischer Kulturbesitz
Umschlaggestaltung Adolf Bachmann, Reischach
Umschlagabbildung Archiv für Kunst und Geschichte, Berlin
Gesamtherstellung Ebner Ulm
Printed in Germany
ISBN 3-426-02439-X

2   4   5   3   1

Humbert Fink

Joseph II.

Kaiser, König und Reformer

Für Ulli und Gregor

Inhalt

Das Erbe (1)

Noch ein paar Wochen vor ihrer Niederkunft mit Joseph schrieb Maria Theresia an ihre Schwiegermutter, die Herzogin von Lothringen, daß sie nicht wisse, »ob mir aus der ganzen väterlichen Erbschaft eine einzige Stadt übrig bleiben wird, in welcher ich meine Entbindung ruhig abwarten kann«. Und das war keine besondere Übertreibung einer möglicherweise hysterischen Schwangeren, als welche man Maria Theresia ohnedies nicht bezeichnen kann, sondern nur die nüchterne Feststellung einer jungen Frau, die wußte, daß die Schlinge, die um ihren Hals gelegt war, enger und enger wurde.

Denn vor einigen Monaten erst hatte sie, die mit Franz Stephan, dem ältesten Sohn Herzog Leopolds von Lothringen, in aufrichtiger Liebe vermählt war, eine Erbschaft übernommen, wie sie schwieriger und eigentlich sogar unannehmbarer kaum noch vorstellbar war. Am 20. Oktober 1740 war ihr Vater, Kaiser Karl VI., gestorben. Einen männlichen Erben hinterließ er nicht. Alles, was Karl zur Absicherung der Ansprüche seiner Tochter hatte tun können, war getan worden – es war herzlich wenig. Die sogenannte Pragmatische Sanktion, die das weibliche Erbfolgerecht im Hause Habsburg sichern sollte, bestand aus Verträgen, die manchmal nicht einmal das Papier wert waren, das man zu ihrer Verbreitung benützte. Es hatten sich zwar die hauptsächlichen und politisch einflußreichen Staaten Europas, darunter auch Preußen, Bayern und Frankreich, zu seiner Anerkennung verpflichtet, aber es war dann Karl Albrecht von Bayern, der zuerst gegen die Thronbesteigung Maria Theresias protestierte und sich selbst als Anwärter auf den Habsburgerthron in Erinnerung brachte. Der nächste Protest kam aus Sachsen, als

Maria Theresia ihren Ehemann Franz Stephan am 21. November 1740 zum Mitregenten erklärte und mit der Verwaltung der Kurstimme von Böhmen betraute, was ein erster taktischer Schritt sein sollte, ihm den Weg zur Kaiserkrone frei zu machen.

Übrigens waren die protestierenden Herren aus Bayern und Sachsen Schwiegersöhne des Habsburgers Joseph I., des Vorgängers Karls, woraus sie jetzt ihre vermeintlichen Rechte ableiteten, obgleich die von ihnen geheirateten Töchter des Kaisers seinerzeit schon auf jeden Anspruch verzichtet hatten. Preußens Friedrich II., ähnlich wie Maria Theresia erst seit kurzem im Besitz des Throns, nachdem sein Vater am 3. Mai 1740 verstorben war, protestierte nicht. Er rückte vielmehr ohne jede Kriegserklärung am 14. Dezember 1740 an der Spitze einer Armee in Schlesien ein. Dann erst ließ er einen Grafen namens Gotter als seinen Abgesandten in Wien in Erscheinung treten und irgendwelche Vorrechte auf Gebietsschaften oder Fürstentümer namens Jägerndorf, Liegnitz, Brieg und Wohlau, die kaum jemand dem Namen nach kannte, geltend machen und gleichzeitig den Wienern ein Angebot unterbreiten, wie es in dieser Form und mit diesem Inhalt eher zu den Raritäten der internationalen Diplomatie gehörte. Er wäre offiziell beauftragt, erklärte Gotter den österreichischen Beamten, denen er zugeführt worden war, weil ihn Maria Theresia erst gar nicht empfangen hatte, für die zu erhoffende und zu erwartende Abtretung Schlesiens an Preußen der Tochter Karls VI. nicht nur ein Bündnis mit Friedrich II. anzutragen, sondern auch ein Darlehen von zwei Millionen »zur Bestreitung der jetzo wohl notwendigen Rüstungen«. Der preußische Abgesandte mochte sich mehr als unbehaglich fühlen in seiner Rolle, die er aber dennoch mit unbewegter Miene zu Ende spielte, denn es war schließlich nicht seine Sache, über den moralischen Wert des preußischen Angebots zu befinden.

Das Angebot, das man nicht bloß in Wien als schändlich und entehrend betrachtete, wurde nicht einmal beantwortet. Die Erklärung Maria Theresias zu diesem unerhörten Affront, überbracht durch Franz Stephan, enthielt nur einen einzigen Satz von Bedeutung, daß nämlich, »so lange der König von Preußen Schlesien nicht geräumt habe, die Königin nicht unterhandeln, auch nicht irgendein Recht oder nur einen Zoll breit Landes abtreten werde«.

Friedrich, den sie später den Großen nennen würden, dachte nicht daran, sich aus Schlesien zurückzuziehen. Und Maria Theresia würde tatsächlich bald allen Grund haben, ihrer Schwiegermutter, der Herzogin von Lothringen, besorgte Briefe zu schreiben. Der Thronschatz war völlig erschöpft. Die Armee, außer den Truppen in Italien und den Niederlanden, betrug nicht viel mehr als 30 000 Mann. Es gab kein Geld, um neue Soldaten zu requirieren. Die sozialen Verhältnisse waren erbarmungswürdig, die Hauptstadt selbst war von einer Hungersnot ernsthaft bedroht. Es mußten die »Kornmagazine geöffnet und das Getreide zu ermäßigtem Preise verkauft« werden, es mußten aber auch die erbitterten Bauern besänftigt, »eine Menge Wild geschossen und das Fleisch zu einem Spottpreis verkauft« werden. Ebenso wurden drastische Einsparungen in der Hofhaltung angeordnet, hohe Pensionen und Gehälter rigoros herabgesetzt und überhaupt alles getan, um die sich abzeichnende Katastrophe zumindest hinauszuzögern.

In diese unglückliche Situation hinein, die einem weniger selbstsicheren, minder optimistischen Gemüt als jenem Maria Theresias – die freilich eine junge, kräftige, auch selbstbewußte und zudem glücklich verliebte Frau von damals knappen fünfundzwanzig Jahren war – beinahe als eine Art Götterdämmerung hätte erscheinen müssen, wurde am 13. März 1741, frühmorgens gegen drei Uhr, der ersehnte Thronfolger geboren. Sein Vater, auf die frühe Stunde der Geburt anspielend, sprach davon, daß dieses Kind dereinst sich ungemein wachsam zeigen werde. Die Mutter, die bis dahin schon drei Töchtern das Leben geschenkt hatte, äußerte, kaum dem Wochenbett entstiegen, keinen anderen Wunsch als den nach einer weiteren Schwangerschaft, wozu man freilich wissen muß, daß sie eine leichte Gebärerin war. Und die Hofschranzen buckelten und jubelten, wobei der Jubel freilich allen Patrioten leicht von den Lippen kam. Denn dadurch, daß den Habsburgern jetzt endlich ein männlicher Erbe geboren worden war, schien der Fortbestand der Dynastie gesichert. Und es war nicht nur selbstverständlich gewordener Brauch der Fürsten jenes immer noch absolutistischen Zeitalters, daß jetzt die Sonderkuriere von Wien aus in alle Himmelsrichtungen jagten, um die Geburt des Erben den europäischen Höfen anzuzeigen, sondern es lag auch ein fast schon hörbares Aufatmen im feierlichen Lärm, der mit dieser selbstbewußten Geste verbunden war. Nur den Preußenkönig nahm man davon aus. Ihn verachtete und haßte man in Wien so sehr, daß man ihn nicht einmal mehr der Selbstverständlichkeit einer Sonderbotschaft, welche die Geburt des Thronfolgers anzeigte, für würdig erachtete.

Das Volk draußen in den Straßen und Gassen der Hauptstadt nahm es einfacher auf, reagierte spontaner, war unverblümter im Ausdruck seiner Freude, zeigte offenherzig seinen Stolz über die Leistung dieses fruchtbaren königlichen Schoßes. »Nun können die Feinde losen, weil Österreich tragt jetzt Hosen«, reimten die Wiener. Maria Theresia wiederum, die nicht wußte, woher sie das Geld nehmen sollte, um die Truppen in Schlesien zu bezahlen, »warf nach der Geburt ihres ersten Sohnes, von triumphierendem Stolz erfüllt, das Geld mit vollen Händen unter das jubelnde Volk«, wie das der ungarische Historiker François Fejtö mit leicht tadelndem Unterton bemerkte. »Die hochmütigen Besitzer der vornehmen Häuser in der Nähe der Burg, die Handwerker, die bei der Thronbesteigung Maria Theresias über die hohen Preise gemurrt und sich nicht gescheut hatten, die Lebensmittelmagazine zu berauben und die Wildbestände der kaiserlichen Forste zu verwüsten, sie alle gerieten bei der Nachricht von der Geburt eines Thronerben außer sich vor Freude. Ein wahrer Wettbewerb entwickelte sich unter den Bewohnern der Stadt, jeder strebte danach, das prunkvollste Fest zu veranstalten, um das glückliche Ereignis zu feiern.« Und wer die Neigung wie die Begabung der Wiener kennt, zu jedem entsprechenden Anlaß eine möglichst barocke Dekoration nebst den dazu passenden komödiantischen Inhalten zu erfinden, kann sich unschwer vorstellen, welches Bacchanal an Erheiterndem und Bizarrem, an Sehenswertem und Kuriosem in jenen Märztagen des Jahres 1741 stattfand, während oben in Schlesien, nur ein paar hundert Kilometer von Wien entfernt, eine verzweifelte, desorientierte, von unfähigen Führern gepeinigte Armee ums Überleben kämpfte.

In Wien kümmerte man sich in diesen Augenblicken jedoch herzlich wenig um das, was irgendwo in den Nordprovinzen des Riesenreiches passierte. Da waren zuerst einmal die vielen Dankgottesdienste, die absolviert werden wollten, wobei jetzt noch niemand zu ahnen vermochte, daß die Gebete, der Weihrauch, die musikalischen Darbietungen, welche jeden einzelnen Gottesdienst begleiteten, einem Menschen galten, dem die Kirche einmal fluchen und der sich selbst zum überzeugten Atheisten entwickeln würde. Dann gab es die Fackelzüge und glanzvollen Paraden, die selbstverständlich gleichfalls stets unter Musikbegleitung stattfanden. Fast muß man bedauern, daß der Walzer zu jener Zeit noch nicht erfunden war, weil die Vorstellung, daß sich eine ganze Stadt im Walzertakt dreht, während ein königlicher Erbe seine ersten Atemzüge in die kostbar bestickten Kissen in seiner Wiege tut, etwas unendlich Wienerisches an sich hat. Aber das, was inszeniert wurde, reichte auch so, um die Wiener beinahe verrückt vor Freude zu machen. Die Innungen veranstalteten Umzüge, über deren horrende Kosten es nur Vermutungen gibt, und man errichtete Triumphbögen, die schon wenige Wochen später, nämlich nach der Schlacht von Mollwitz, wie ein Hohn auf das verdüsterte Gemüt der Wiener wirken mußten. Man gab sich einer so umfassenden und beinahe schon ausschweifenden Euphorie hin, als habe mit der Geburt dieses Kindes ein gänzlich neues, besseres Zeitalter für Österreich angefangen.

Was die Namensgebung für das solcherart umjubelte Kind angeht, so hatte Maria Theresia ursprünglich vorgehabt, den Erben mit dem Namen seines Großvaters, also mit Karl, zu schmücken. Davon wurde sie erst wenige Stunden vor der Taufe abgebracht, und zwar durch eine Unterredung mit der Kaiserinmutter Elisabeth von Braunschweig, welche eine ungemein fromme, fast bigotte Frau war. Sie insistierte Maria Theresia gegenüber, daß der kostbare Neugeborene einen anderen, frommeren, zum großartigen Anlaß sozusagen passenderen Namen tragen sollte. Und da die junge

Mutter zwar solchen und ähnlichen Überlegungen schon nachgehangen war, ohne daß sie sich bisher tatsächlich zu einer Änderung ihres Vorhabens, das Kind Karl zu nennen, hätte entschließen können, bevor sie sich nicht mit der Witwe Karls VI. besprochen hätte, erlangte der Täufling buchstäblich erst im letzten Augenblick seine endgültige namentliche Identität. Dabei ging das ihm ursprünglich zugedachte »Karl« allerdings endgültig verloren, denn in der heiligen Taufe, die vom päpstlichen Nuntius unter Mitwirkung von nicht weniger als sechzehn Bischöfen vorgenommen wurde, erhielt er den Namen Joseph, wobei man mit frommem Augenaufschlag an jenen Zimmermann dachte, welcher der Vater des Heilands gewesen war, ferner Benedikt, August, Johann, Anton, Michael und Adam.

Die Hälfte der Patenschaft übernahm niemand Geringerer als ein Papst, nämlich Benedikt XIV., was man gleichfalls einen recht merkwürdigen Prolog auf das Leben des künftigen Königs und Kaisers nennen sollte, der einmal zum großen Gegenspieler der päpstlichen Monarchie werden würde, was jetzt freilich, im März 1741, niemand vorhersehen mochte und konnte. Das Taufgeschenk des Papstes an sein königliches Patenkind war eine vom Pontifex eigenhändig geweihte Wiege, die ihren Bestimmungsort allerdings erst nach mehr als fünf Jahren erreichen sollte. Und zu jenem Zeitpunkt war der Papst dann längst nicht mehr den Habsburgern, sondern eher schon den Bourbonen geneigt, was dazu führte, daß Maria Theresia sich schweren Herzens genötigt sah, dem Nuntius, der als Überbringer der Wiege in Erscheinung hätte treten sollen, eine diesbezügliche Audienz zu verweigern. Erst am 26. Dezember 1746 erreichte das Taufgeschenk dann endlich doch noch seinen Empfänger, der nun allerdings wirklich nicht mehr in der Lage war, das Präsent zu benützen.

Der andere Pate war August II. von Polen, den man auch den Starken genannt hat, welche Bezeichnung einer bestimmten Fähigkeit dieses Mannes schmeichelte, einer Fähigkeit oder Begabung oder auch besonderen Form von Lebensgier, die sich der königliche Täufling in seinen späteren Lebensjahren niemals aneignen würde, da er alles andere denn fähig sein sollte zum frivolen Umgang mit dem weiblichen Geschlecht. Und so könnte man sagen, daß die hervorstechendsten Merkmale der beiden Taufpaten Josephs – nämlich die Frömmigkeit und die Promiskuität – sich nicht im mindesten auf diesen selbst übertragen haben. Es waren selbstverständlich sowohl der Papst als auch der König von Polen und Kurfürst von Sachsen durch andere Persönlichkeiten vertreten, und zwar August durch den Prinzen von Hildburghausen, während die Rolle des Papstes ein Kardinal namens Kollonitsch übernommen hatte.

Noch zwei andere Ereignisse, die in einem engen Zusammenhang mit der Geburt und der Taufe Josephs standen, sollte man erwähnen, weil sie etwas von der Geisteshaltung deutlich machen, die damals sowohl die Habsburger selbst als auch einige der ihnen befreundeten Monarchen bewegte. So stiftete Maria Theresia dem bevorzugten habsburgischen Wallfahrtsort Mariazell ein Porträt des Kindes aus purem Gold, wobei das Gewicht der Weihegabe mit jenem des Neugeborenen übereinstimmte. Der Umstand, daß man eigentlich gar kein Geld mehr besaß für solche Präsente, störte die Regentin dabei nicht im mindesten. Auch das Volk, das darbte und unter immer härter werdenden Steuern ächzte und, wenn es nach Schlesien blickte, künftiges Unheil heraufkommen sah, jubelte angesichts derartiger Geschenke und war glücklich, daß es einen echten Anlaß hatte, sich in die schlimmsten Schulden zu stürzen. Und der türkische Gesandte in Wien erbat und erhielt vom Goldenen Horn die Erlaubnis, Geld »in überreichlich bemessener Menge unter die Armen der Hauptstadt auszustreuen«, wovon anscheinend ausgiebig Gebrauch gemacht wurde. Jedenfalls hatten die Wiener manche Ursach', der Existenz dieses Josephs Dank abzustatten. Denn dieselbe garantierte Zerstreuung, unverhoffte Einnahmen, Überraschungen und ein neuerwachtes Selbstbewußtsein. Und einer Monarchie, so argumentierte man, der endlich ein männlicher Erbe zugewachsen war, konnte eigentlich nichts mehr passieren. Derlei gleichsam auf natürlichem Wege dem Reich, der Monarchin und den Menschen überlieferte Garantie rechtfertigte immerhin einigen Luxus, den man sich eigentlich gar nicht leisten durfte, und war ein Wechsel auf die Zukunft, den man bedenkenlos jederzeit würde einlösen können.

So glaubte man zumindest. Mit diesem Aberglauben spekulierte man. Und war dieser Joseph, Sohn des Franz von Lothringen, des Großherzogs der Toskana, und der Maria Theresia, der habsburgischen Erzherzogin von Österreich, nicht im Zeichen des Mars geboren worden? Daran klammerte man sich jetzt. Dilettierende und berufsmäßig agitierende Wahrsager und Diplomaten prophezeiten diesem Kind, um dessen sehnsüchtig erwartete Ankunft und Existenz so viel Geschrei gemacht wurde, eine glanzvolle Zukunft, wobei man – da man nicht gut überhören konnte, daß das habsburgische Imperium buchstäblich in allen Fugen ächzte und krachte – an militärische Leistungen dachte, die das Reich nunmehr und auch in Zukunft würde dringend brauchen können. Der laute Jubel um Joseph deckte nur mühsam zu, was seit dem Amtsantritt Maria Theresias den Höflingen und sogenannten Granden des Reiches fast schon zur Gewohnheit geworden war – das Unbehagen vor einer Entwicklung, die geradewegs in einen Abgrund zu führen schien. Ein Graf Kaunitz zum Beispiel, später einmal allmächtiger Minister der Kaiserin, würde seinen angeblich schlechten Gesundheitszustand ins Treffen führen, um nicht als Gesandter zum König von Sardinien gehen zu müssen. Ihm waren seine mährischen Güter vorerst noch wichtiger als die Arbeit für ein Vaterland, das auseinanderzufallen drohte und das man als solches ohnedies nicht begriff.

Einen zukünftigen König, dem Mars wohlgesonnen war, benötigte man in Wien also dringend. Denn niemand mochte sich vorstellen, daß die hübsche, durchaus resolute, insgesamt ungemein weibliche Maria Theresia tatsächlich in eine Rolle schlüpfen würde, in der erfolgreich zu sein man sich nur einen Mann vorstellen konnte. Sie war eine vorzügliche Landesmutter, mehr nicht. Auf gar keinen Fall war sie ein Feldherr. Und Franz Stephan, der Lothringer, zählte in dieser Hinsicht nicht viel. Er war der Prinzgemahl und blieb es zeitlebens.

Also war der Jubel, mit dem Joseph empfangen wurde, auch

Ausdruck eines befreiten Aufatmens. Einer, der im Zeichen des Mars geboren wird, mußte ganz einfach ein vortrefflicher Soldat werden. Und genau das benötigte man – Militaristen mit Instinkt und Glück. Alles andere würde sich dann schon von selbst ergeben.

Inzwischen nahm, von Wien vorerst noch so gut wie unbemerkt, das Unheil seinen Lauf. Schon am 9. März, vier Tage vor der Geburt des Thronfolgers, war es den Preußen gelungen, sich der wichtigen Stadt und Festung Glogau zu bemächtigen, was bedeutete, daß die alten preußischen Ansprüche auf schlesisches Gebiet jetzt nicht mehr bloß eine diplomatische Phrase waren. Außerdem waren diese Ansprüche nicht gänzlich unangebracht, denn es hatte sich seinerzeit (1728) Karl VI. mit dem Preußenkönig Friedrich Wilhelm I. dahingehend arrangiert, daß Preußen die Pragmatische Sanktion anerkennen und bei der allfälligen Kaiserwahl seine Stimme dem Gatten Maria Theresias geben würde, wenn der Habsburger der ohnedies berechtigten preußischen Erbfolge im Fürstentum Jülich-Berg zustimmen sollte. Der Preußenkönig hielt sich an die gemachten Vereinbarungen. Karl aber unterzeichnete zehn Jahre nach dem ersten Abkommen einen Vertrag mit Frankreich und England, in welchem die Aberkennung der preußischen Rechte auf Jülich-Berg ratifiziert wurde.

Es war dann Friedrich, der alle diese Verträge, die eingehaltenen wie die schändlich umgangenen, auf seine Weise erledigt sehen wollte, indem er ganz einfach in Schlesien einmarschierte. »Jetzt war es möglich, sich zu helfen und das noch dazu mit jenem Anschein von Recht, mit welchem eine ihrer Aufgabe gewachsene Diplomatie immer ihre Kriegsentschlüsse zu umkleiden bemüht sein wird«, argumentierte der österreichische Historiker Kretschmayr zugunsten Friedrichs. Wobei man ohne Umschweife feststellen muß, daß Jülich-Berg im Vergleich zu Schlesien natürlich ein Bettel war und daß Friedrich, gesehen mit seinen Augen und gemessen an seinem Charakter, natürlich das Richtige tat, als er ohne jede Kriegserklärung und unter Brechung aller noch bestehenden Verträge in Schlesien einfiel. Einem schwachen Weib – und als solches galt Maria Theresia zu jenem Zeitpunkt gewiß noch – mochte er die reichste, blühendste, einkommensträchtigste aller österreichischen Provinzen entreißen dürfen. Er raubte zum Wohle Preußens. Das entschuldigte in den Augen der Preußen alles. Außerdem war Maria Theresia so wenig auf diesen Krieg vorbereitet, daß sie den Oberstkommandierenden in Schlesien, den Feldmarschall Neipperg, erst aus dem Gefängnis befreien mußte, um diesem sein unangenehmes Amt zu ermöglichen. »Allein weil Mangel an Speichern, schlechte Wege und strenge Jahreszeit diesem Feldherrn nicht gestatteten, vor Ende des Märzmonats über die mährischen und oberschlesischen Gebirge zu gehen, mußte Friedrich einen nicht unbedeutenden Vorsprung gewinnen«, erzählte ein Zeitgenosse. Er verschwieg diskret die Wahrheit, daß nämlich die Preußen besser ausgebildet, vortrefflicher motiviert und vernünftiger geführt waren als die Österreicher, die nicht wußten, wie ihnen geschah.

Wen wundert's, daß man an die Ankunft Josephs so enthusiastische Hoffnungen knüpfte? Und daß, als das Ergebnis von Mollwitz in Wien ruchbar wurde, sogleich wieder Weltuntergangsstimmung herrschte?

Das Erbe (2)

Friedrich der Große selbst hat die Schlacht von Mollwitz – die am
10. April 1741 stattfand und bei welcher mehr als nur die in
Schlesien stationierte österreichische Armee zerschlagen wurde,
nämlich die politische Lage in Europa endgültig instabil wurde –
eine »der merkwürdigsten Schlachten« seines Jahrhunderts genannt.
Zuerst einmal verursachte sie, an der übrigens keine sonderlich
großen Truppenkontingente teilnahmen, die also nicht mit späteren
Waffengängen vergleichbar war, wo Hunderttausende aufeinander-
prallten, eine radikale Umkehr der bis dahin üblichen Vorstellungen
von militärischer Qualität. Es »erwarben sich Preußens Soldaten
einen Ruhm, welchen weder Zeit noch Neid ihnen würden entreißen können«, wie das sogar österreichische Kommentare einbe-
kannten. Dafür sanken die Österreicher jetzt tief in der Achtung der
Öffentlichkeit. Ein Publizist namens Carl Namshorn, der um die
Mitte des 19. Jahrhunderts eine seinerzeit vielgelesene Biographie
Josephs veröffentlichte, meinte, daß die »bisher für tüchtig, kriegs-
gewohnt, schwer besiegbar gehaltenen österreichischen Truppen«
fast ihr ganzes Ansehen verloren hätten, während »die bisher nur
wenig geachteten Preußen in der öffentlichen Meinung mit jedem
Tage höher stiegen«.

Das Ergebnis, nämlich die Wirkung auf die Öffentlichkeit, war
dementsprechend. »Friedrich II. war der bewunderte Held des
Tages, der Mann des Volkes und von den Feinden Maria Theresias
als ihr jugendlicher Vorkämpfer angestaunt.« Vor allem die Wiener,
die noch mit dem Jubel über die Geburt Josephs beschäftigt waren
und denen es behagte, unter den Triumphbögen, die zu Ehren des
neugeborenen Thronfolgers errichtet worden waren, zu lustwan-

deln, staunten jetzt voll scheuer Bewunderung über das militärische Genie des preußischen Erbfeindes. Friedrich und mit ihm die Preußen wurden selbstverständlich verachtet. Aber es war eine Verachtung auf sozusagen höchstem Niveau. Man wäre, hätte man sich das bloß von der Veranlagung her erlauben können, gern so gewesen wie dieser Unhold, der fast nach Belieben mit den Österreichern umsprang und der schon wenige Wochen nach Ausbruch dieses nichterklärten Krieges halb Schlesien in der Tasche hatte.

Ihm, nämlich Friedrich, der mit der Schlacht von Mollwitz, wo das Schicksal Schlesiens tatsächlich bereits entschieden worden war, nützlichen Ruhm geerntet hatte, drängte sich nun halb Europa auf. Ein französischer Marschall namens Belle-Isle eilte ins Lager des Preußenkönigs, um eine Allianz anzubieten. Der englische Lord Hyndfort folgte mit ähnlichen Absichten auf dem Fuße. Abgesandte aus Hannover und den Niederlanden biederten sich an. Und schon machte man Pläne, wie das Erbe Kaiser Karls VI., über das bloß ein damals noch wenig geachteter und nicht im mindesten respektierter Weiberrock verfügte, am vorteilhaftesten verwertbar wäre. Den Spaniern wären jedenfalls die Lombardei, Parma, Piacenza und Mantua angenehm gewesen. Frankreich reflektierte auf die habsburgischen Besitzungen in Deutschland und den Niederlanden. Bayern griff begehrlich nach Oberösterreich, Tirol und dem Breisgau. Kursachsen machte Ansprüche geltend auf Mähren und Oberschlesien. Und Preußen, in diesem besonderen Fall überraschend bescheiden, wäre mit Niederschlesien und der Grafschaft Glatz vorerst einmal zufrieden gewesen.

Der Rest? Er wäre nach den damaligen Vorstellungen von dem, was ein Monarch brauchte, um sich Untertanen leisten zu können, nicht mehr lebensfähig gewesen. Aber darüber, was mit diesem Rest geschehen sollte, der nach einer ersten Verteilung der üppigen Beute übrigbleiben würde, machte man sich vorerst noch keine Gedanken. Man war in Aufbruchstimmung. Österreich schien so gut wie erledigt. Der nächste Schritt mußte darauf abzielen, diesem Österreich endgültig den Gnadenstoß zu versetzen.

Drüben im Westen überquerte eine französische Armee den

Rhein. In der Lombardei erwartete man stündlich das Eintreffen savoyardischer und spanischer Truppen. Lebensbedrohend und existenzvernichtend ging es in der unmittelbaren Nachbarschaft Wiens zu. In der Umgebung von Stockerau, das heute nur ein paar Autominuten von Wien entfernt ist, tauchten die ersten preußischen Vorhuten auf. Und bayrische Kompanien besetzten zuerst Passau, drangen dann bis nach St. Pölten vor, welches heute die neugeschaffene Landeshauptstadt von Niederösterreich ist, und machten sich ähnlich den Preußen bereit zum Vormarsch auf Wien. Gab es überhaupt noch Truppen oder sonst irgendeine Macht, die diesen Vormarsch hätten aufhalten können? Die oberösterreichischen Stände betrachteten die Lage jedenfalls realistisch. Sie huldigten Karl Albrecht von Bayern, der sich höchst offiziell bereits als Erzherzog von Österreich bezeichnete, und es war nur eine Frage der Zeit, der sich bietenden Gelegenheit, bis auch andere Behörden dem oberösterreichischen Beispiel folgen würden. Charakter, Vaterlandsliebe, Treue zur Dynastie konnte sich nur leisten, wer eine wohlausgerüstete, kampferprobte Armee zur Verfügung hatte. Und derlei existierte in und rund um Wien schon längst nicht mehr.

Außerdem waren die Österreicher noch nie ein sonderlich heroisches Volk gewesen. Und stets suchten und fanden sie einzelne Verantwortliche für jene Niederlagen, an deren Zustandekommen alle mitgewirkt hatten. »Denn hinter vorgehaltener Hand machte die Hofkamarilla ebenso wie das einfache Volk nur eine Tatsache für die militärischen Fehlschläge und das diplomatische Unvermögen verantwortlich: daß in der Hofburg ein gekrönter Unterrock Befehle erteilte . . .«

Was Hans Magenschab in seiner Biographie Josephs eher vereinfachend ausdrückte, bringt die Sache doch auf den Punkt. In Wien, wo man offenen Mundes die Erfolge des Preußenkönigs bestaunte, aber von sich aus nicht imstande gewesen wäre, gegen diese Katastrophe etwas zu unternehmen, schob man vorerst einmal alle Schuld auf den Umstand, daß Karl VI. keinen männlichen Erben hinterlassen hatte. Das war bequem, erforderte keine übertriebene Reaktion, war der eigenen Feigheit und Unfähigkeit ein angenehmes Alibi. Fürst Kaunitz war nicht der einzige Mann von Rang, Einfluß und Bedeutung, der in jenen schweren Augenblicken die kunstvollsten Ausreden gebrauchte, um sich vor jeglicher Verantwortung drücken zu können. Niemand glaubte wirklich an Maria Theresia. Niemand gab dem Reich, das glücklich zu regieren man ihr nicht zubilligte, eine echte Chance. Und auch Maria Theresia selbst, die wohl wußte, wie wenig Vertrauen man ihr entgegenbrachte, machte sich keine Illusionen. »In diesen Umständen fand ich mich ohne Geld, ohne Credit, ohne Armee, ohne eigene Experienz und Wissenschaft. In solcher Situation befand ich mich, da ich von dem König von Preußen feindlich angegriffen wurde«, schrieb sie in einer Denkschrift zur tatsächlich fast ausweglosen Situation von 1741.

Der endlich geborene Thronfolger, der bis zum Tag des Bekanntwerdens der Niederlage von Mollwitz alle Aufmerksamkeit auf sich gezogen und die Gefühle der wie stets recht wankelmütigen Wiener aufs rührendste und freilich auch hysterischste beherrscht hatte, konnte bei allen diesen Überlegungen, die den Fortbestand des Staates betrafen, vorerst nur eine sekundäre Rolle spielen. Er war ein Wechsel auf die Zukunft. Was Maria Theresia im Augenblick brauchte, war Bargeld.

Aber die Welt sollte bald begreifen, daß diese Frau in der Wiener Hofburg zu mehr fähig war als bloß zum Gebären »und nach der Weiber Art Tränen zu vergießen, wenn es knüppeldicke kömmt«, wie ein preußischer Anonymus das wenig höflich darstellte. Sein Wiener Pendant reagierte darauf dann auch sogleich mit einer Replik, daß Maria Theresia früh schon »große Klugheit, richtigen Takt und dabei eine so unerschütterliche Festigkeit ankündigte, daß man sie in jeder Beziehung eine außergewöhnliche Erscheinung nennen muß«. Im übrigen habe das Volk jetzt, da »die Stunde der Prüfung angebrochen ist, mannigfache Anregung gefunden, Vergleiche anzustellen«. Und was sollte verglichen werden? Der huldigende Autor, dessen Reaktion auf die preußischen Schmähungen Balsam für die Wunden der wenigen noch verbliebenen Patrioten gewesen sein mag, gab darauf eine unmißverständliche Antwort:

»Mußten solche Vergleiche nicht zugunsten Maria Theresias ausfallen? Mußte dabei nicht immer Karls VI. Bild in den Hintergrund treten? War nicht Maria Theresias ganze Persönlichkeit von der Art, daß ihr Achtung, Vertrauen und Liebe im reichsten Maße zu Teil werden mußten?«

Diese rhetorische Fragestellung verfehlte nicht ihren Zweck, vor allem nicht bei den Wienern, deren sprichwörtliche Unzuverlässigkeit in allen patriotischen Angelegenheiten – eine Eigenschaft, die sich über die Jahrhunderte hinweg bis in unser Zeitalter hinein wohlgefällig und unvermindert erhalten hat – vom Autor dieser Huldigungsschrift durchaus einkalkuliert gewesen sein könnte. »Und so knüpfte sich schon bei ihrem ersten Auftreten zwischen ihr und ihrem Volk ein Band, das sich als ein unauflösbares erwies ... und in seiner ganzen Herrlichkeit ganz besonders in den Momenten dem aufmerksamen Beobachter vorleuchtete, wo eine mit dem gemeinsten Wortbruch gepaarte Habsucht dasselbe zu zerreißen drohte.« Solche Phrasen verfehlten nicht ihre Wirkung.

Außerdem waren die Rollen in dieser Tragödie vortrefflich verteilt. Es gab den (nicht gänzlich unsympathischen, weil kühnen und erfolgreichen) Schurken. Und es existierte ein Opfer, wie man es sich rührender und schutzbedürftiger kaum noch vorstellen konnte. Jetzt kam es nur noch darauf an, nach einem (aus österreichischer Sicht) gänzlich verpfuschten ersten Akt eine günstigere Ausgangsbasis für die Fortsetzung des Stückes zu finden. In Wien jedenfalls, wo man gerade zuvor noch gelärmt und gejubelt hatte, und zwar eines Thronfolgers wegen, an dessen Existenz sich zahllose Hoffnungen knüpften, trocknete man sich nun die Tränen, die man über die Niederlage von Mollwitz vergossen hatte. Und man begriff, daß die Zeit des Jubelns wie des Lamentierens vorbei war, daß man, wollte man nicht hilflos untergehen im Strudel der Ereignisse, tüchtig würde schwimmen, sich kräftig würde abmühen müssen.

Maria Theresia unternahm jetzt alles, um ihr Erbe und damit auch das ihres erstgeborenen Sohnes zu retten. Sie war bereits im Juni des Jahres 1740 nach Ungarn gegangen, damals übrigens knapp vor der Niederkunft mit einer ihrer Töchter stehend, was die junge, ehrgeizige, willensstarke Monarchin nicht daran gehindert hatte, die Strapazen einer Reise über schlecht befestigte Landstraßen und die nicht unerheblichen Aufregungen eines politischen Abenteuers auf sich zu nehmen, von dessen Ausgang freilich ihre eigene Existenz abhing. Sie hatte damals in durchaus richtiger Einschätzung der sich abzeichnenden Lage – lediglich den Angriff Friedrichs und seinen Raubzug nach Schlesien hatte sie nicht vorhersehen können – neben der magyarischen Krone auch die Sympathien der Ungarn für sich zu gewinnen verstanden, wobei sie am 25. Juni 1740 anläßlich ihrer feierlichen Krönung zur Königin von Ungarn geschworen hatte, »die alten Rechte und Freiheiten der ungarischen Nation unangetastet zu belassen«. Bald schon, nämlich nur vierzehn Monate nach dieser ergreifenden Szene, würde sie neuerlich nach Ungarn eilen, um in Preßburg – die Krone des heiligen Stephan auf ihrem Haupt würde ungemein wirkungsvoll ihre politischen Absichten und Hoffnungen unterstützen – die Hilfe Ungarns gegen den Preußenkönig zu erflehen.

Vorerst freilich erforderte die heillose Situation eine augenblickliche Reaktion, und zwar nicht bloß irgendeine, die man als Alibi hätte mißverstehen können, sondern eine tatkräftige, den eher schwachen Mut der Wiener provozierende Reaktion. In diesem Zusammenhang sollte man daran erinnern, daß viele begüterte Bürger, viele Aristokraten bereits Wien verlassen hatten, weil sie in ihrer ängstlichen Phantasie die Preußen schon am jenseitigen Donauufer oder an den Abhängen des Kahlenberges oder vielleicht in den waldreichen Tiefen des Wienerwaldes zu entdecken glaubten. Es gab in jenen Tagen und Wochen nach der Niederlage von Mollwitz manche Panik in der Hauptstadt der Monarchie, von der die Skeptiker bereits vermuteten, daß sie demnächst schon die Residenz eines unbedeutenden Fürstentums sein könnte. Und dementsprechend handelten die Wiener, indem sie gemäß ihrem Charakter und Temperament nichts unternahmen, was diese schreckliche Vision gegenstandslos hätte machen können.

Dagegen setzte nun Maria Theresia ihr eigenes Temperament, ihre Überzeugungskraft, ihren Mut und wohl auch ihren Charme.

Zuerst mußte sie ihre eigenen Berater von der Möglichkeit eines Sieges über Friedrich II. überzeugen, mußte sie ihnen mühsam beibringen, was im Augenblick tiefster vaterländischer Not zu tun ist, um sich gegen das Unheil zu wehren, bevor sie von ihren Untertanen Pflichterfüllung und möglicherweise sogar Begeisterung für eine gerechte Sache fordern konnte. Sie mußte es zustande bringen, daß man sie bei der Bewältigung des Unmöglichen – oder unmöglich Scheinenden – nicht nur unterstützte, sondern dafür auch noch Freude aufbrachte. Sie mußte aus mürrischen und verzweifelten Menschen jene patriotische Zuneigung zur Dynastie – vor allem für ihre Person – herausholen, daß man von ihnen, die nun in begeisterte Verteidiger ihres Vaterlandes umgewandelt wurden, Unmögliches fordern durfte. Die Geburt des Thronfolgers, seine vor kurzem noch begeistert akklamierte Existenz haben ihr dabei gewiß geholfen.

Feldzeugmeister Graf Ludwig Andreas Khevenhüller, einer der treuesten Paladine des Reiches, übernahm es nun, die Hauptstadt in einen möglichst passablen Verteidigungszustand zu versetzen. Es war dazu eine Leistung vonnöten, wie sie unhandlicher, schwieriger auch für einen Sisyphos nicht hätte sein können. Denn es war nichts vorhanden, was die Verteidigung Wiens gegen einen möglichen Angriff durch die Preußen hätte realistisch aussehen lassen. Es gab keine Truppen, die man auf nichtvorhandenen oder brüchigen Festungswällen hätte einsetzen können. Es gab kein Geld, um solche Truppen in aller Eile anwerben, einkaufen, ausrüsten zu können. Die Vorratslager waren halb leer oder erst gar nicht organisiert worden. Es fehlte an Pulver, Gewehren, Kanonen. Und es mangelte an den passenden Fortifikationen, um diese militaristischen Voraussetzungen auch zweckentsprechend zu verwenden. Lebensmittel, um eine befürchtete Belagerung überstehen zu können, gab es gleichfalls keine. Allerdings mögen sich Zyniker gesagt haben, daß es zu einer Belagerung ohnedies nicht gekommen wäre, weil Wien sich gegen eine preußische Armee nicht einmal vierundzwanzig Stunden lang hätte halten können.

Das war die Lage, die Maria Theresia in dem Augenblick vorfand, als ihr unmißverständlich bewußt wurde, daß sie um ihr Erbe einen verzweifelten Kampf würde führen müssen. Aber sie war bereit, den Kampf aufzunehmen. Und sie war auf eine fast mythisch zu nennende Weise entschlossen, daraus als Siegerin hervorzugehen.

Das Unmögliche oder für beinahe aussichtslos Gehaltene gelang. Eine mühsam genug initiierte Begeisterung, für deren Zustandekommen Maria Theresia ihre ganze Kraft und ihre nicht unerhebliche Fähigkeit, Menschen zu überzeugen, aufgewendet hatte, brach sich wie ein Naturereignis Bahn und schwemmte alle Bedenken und Ängstlichkeiten fort, mit denen die Wiener bisher ihre Gleichgültigkeit gegenüber den Schicksalsschlägen, unter denen die habsburgische Dynastie erzitterte, bemäntelt hatten. Carl Namshorn gab noch mehr als hundert Jahre nach diesen Ereignissen seiner patriotischen Freude nach und beschrieb einen Zustand, wie er jedem Fürsten, der in Schwierigkeiten gerät, nur hochwillkommen sein kann. Es wurde die Zeit der Türkennot beschworen und daran erinnert, daß in einem solchen Augenblick der höchsten Gefahr alles Private, Egoistische zurückstehen muß. »Alle bürgerlichen Arbeiten ruhten. Alles war beschäftigt mit (der) Ausbesserung der Festungswerke, Waffenfertigung, Einübung des Kriegsdienstes. Eine unermüdliche Rührigkeit ging durch die ganze Stadt. Kein Stand schloß sich aus, selbst solche, die bereits ihre schuldigen Kriegsdienste geleistet, oder die durch ihre Stellung von demselben frei waren, griffen zu den Waffen. Künstler, Jäger, Hofbefreite bildeten eigene Corps. Sogar das zarte Geschlecht, Frauen und Jungfrauen, legte mit Hand ans Werk und beteiligte sich bei den zur Verteidigung der alten Hauptstadt notwendig gewordenen Arbeiten ebenso wie die Mitglieder des Magistrats und wie die an stille Ruhe gewöhnten Klosterbrüder.«

Es war allerdings kaum zu erwarten, daß der spontane Eifer, mit welchem die Wiener nun darangingen, ihre Stadt in eine Art Verteidigungszustand zu bringen, von dem gewiß nur sie selbst glaubten, daß er irgendeine Wirksamkeit gegenüber einem entschlossenen Angreifer besaß, daß also dieser Eifer irgend etwas Entscheidendes verursachen könnte. Er hatte höchstens psychologische, aber vorerst einmal noch gar keine anderen Folgen. Doch reichte das schon aus, um der jungen Königin manche unverhoffte Hilfe zu gewähren. So etwa fanden sich im Ausland, vornehmlich in England, unterstützende Komitees, die es sich jetzt zur Aufgabe machten, die junge Königin vor allem mit Geld, welches sie in der Tat dringend benötigte, zu unterstützen. Es wurden sogenannte Subskriptionslisten aufgelegt, wobei, wie man das zeitgenössischen Berichten entnehmen kann, eine einzige englische Subskribentin die Summe von 50 000 Pfund Sterling zeichnete. Solche Spenden waren schon mehr als bloß ein Tropfen auf den heißen Stein. Mit 50 000 Pfund Sterling konnte man um die Mitte des 18. Jahrhunderts ein kriegsstarkes Corps nicht nur bewaffnen, einkleiden und feldmarschmäßig in den Kampf führen, sondern ihm auch jene Depots an Lebensmitteln und sanitären Materialien beistellen, die notwendig waren, um mehr als nur einen einzigen Einsatz zu gewährleisten.

Außerdem beschämten und animierten solche Stiftungen das vermögende Wiener Bürgertum und – wenngleich in einem geringeren Ausmaß – die reiche Aristokratie. Und es flossen nun auch aus einheimischen Quellen zumindest ansatzweise jene Geldmittel, ohne die an eine Verteidigung Wiens und damit auch der Dynastie nicht zu denken gewesen wäre.

Dennoch hätte das alles nicht im mindesten ausgereicht, um gegen Preußen, Bayern und die im Westen bedrohlich aufmarschierenden Franzosen etwas Wesentliches zu erreichen. Wohl verhielt sich England nach wie vor auf eine wohltuende Weise freundschaftlich gegenüber den Österreichern, wobei man allerdings in Wien ziemlich genau wußte, daß diese Haltung bloß ein Ausdruck kühler diplomatischer Kalkulation war. England konnte nicht daran interessiert sein, Preußen auf Kosten Österreichs erstarkt zu sehen oder Frankreichs europäische Vormachtstellung weiter ausgebaut zu wissen. Im übrigen plädierten selbst Englands Politiker für gewisse Gebietsabtrennungen, mit denen Maria Theresia die aktuell gewordene Habgier ihrer Gegner vorerst einmal besänftigen sollte. Das war eine Meinung, die sogar einige Minister der jungen Königin teilten, weil sie sich nicht vorstellen konnten, daß Maria Theresia aus einer ausweglos scheinenden Situation doch noch einen Ausweg finden würde – ein Ansinnen, das Maria Theresia aber als Zumutung empfand und wogegen sie sich aus verständlichen Gründen leidenschaftlich wehrte.

Es war jedenfalls charakteristisch für diese Tage und Wochen nach der Schlacht von Mollwitz, daß alle Welt die Frau in der Wiener Hofburg sträflich unterschätzte. Und niemand sah in der Tochter Karls VI. eine Löwin, die mit dem Mute der Verzweiflung um ihr bedrohtes Erbteil kämpfen würde.

Auftritt in Ungarn

In der ungarischen Botschaft in Wien existiert ein Gemälde der beiden heute längst vergessenen Historienmaler Messner und Kohl, auf welchem Maria Theresia mit dem damals gerade sechs Monate alten Joseph vor dem ungarischen Reichstag in Preßburg auftritt. Diese rührende Szene hat zwar so, wie sie auf diesem Bild dargestellt wird, niemals stattgefunden, aber sie entspricht dennoch einer höheren und damit profunderen Wahrheit, als sie der übliche platte Naturalismus darzustellen vermag, mit dem historische Auftritte in der Regel versehen werden. Tatsächlich versammelte sich der ungarische Reichstag auf der Festung von Preßburg, der damaligen Hauptstadt des Landes, am 11. September des Jahres 1741, und zwar pünktlich um elf Uhr vormittags. Und tatsächlich kam der Thronfolger in Begleitung seines Vaters Franz Stephan von Lothringen neun Tage später, nämlich am 20. September, in Preßburg an, auf einem Schiff, welches das Wickelkind sanft schaukelnd die Donau abwärts geführt hatte. Und in der Tat wurden Gemahl und Sohn der Monarchin am Morgen des 21. September dem ungarischen Reichstag vorgeführt. Nur war zu diesem Zeitpunkt bereits alles entschieden, war Franz Stephan als Mitregent akzeptiert und war das fast flehentliche Ersuchen Maria Theresias um Hilfe erhört worden. Aber der tiefere Sinn, welcher sich hinter dieser Vorführung Josephs verbirgt, wird in diesem Gemälde Messners und Kohls durchaus deutlich. Maria Theresia, die eine feine Witterung besaß, wenn es um die Inszenierung rührseliger Inhalte ging, dürfte die Herbeiholung Josephs nicht ohne Grund veranlaßt haben. Schließlich mußte jetzt alles, was sie erreicht hatte, bewahrt werden, und damit auch die Zukunft des königlichen Wickelkindes.

Denn ungeachtet aller Anstrengungen, die man in Wien unternommen hatte, um die preußische Gefahr abzuwehren und Bayerns (oder Frankreichs) Begehrlichkeit zurückzuweisen, war Österreich allein zu schwach, um sich gegen die Vielzahl der Gegner behaupten zu können. Auf Ungarn setzte Maria Theresia ihre letzte begründete Hoffnung, obgleich der stolze magyarische Adel immer schon darauf bedacht gewesen war, seine Unabhängigkeit vom Hause Habsburg zu demonstrieren und nach Möglichkeit überhaupt als Gegner oder zumindest als Konkurrent Österreichs aufzutreten. »Zu Ungarn hatten die Habsburger nie volles Vertrauen gehabt und betrachteten es als einen zwar wesentlichen Bestandteil ihres Reiches, aber auch ein wenig als dessen Feind«, hat ein ungarischer Historiker (François Fejtö, Paris 1953) festgestellt.

Aber Maria Theresia hatte keine andere Wahl mehr. Das Schicksal des Hauses Habsburg lag nun tatsächlich in den Händen jener ungarischen Magnaten und Mächtigen, die zuletzt noch den Spanischen Erbfolgekrieg (1701–1714) dazu benutzt hatten, um sich von Österreich zu lösen und ihre Unabhängigkeit zu erlangen.

Die junge Monarchin erwies sich nunmehr als eine ungemein tüchtige Inszenatorin ihres zukünftigen Schicksals. Sie berief die ungarischen Stände zur Beratung der Lage nach Preßburg ein, wo sie am Vormittag des 11. September in einer ebenso geschickt gewählten wie wirkungsvollen Einkleidung auftrat, die man nur deshalb nicht als Verkleidung bezeichnen kann, weil sie wahrscheinlich den augenblicklichen Gefühlen Maria Theresias durchaus entsprach. Sie trug nämlich Trauerkleider, um anzuzeigen, daß der sich abzeichnende Verlust Schlesiens und die drohende Niederlage Österreichs auch ein Zugrundegehen der habsburgischen Dynastie bedeuten würden. Das konnte zwar – wie sie wohl wußte – in Ungarn selbst spontane Freude hervorrufen, würde aber auf längere Sicht nichts anderes als eine Katastrophe für alle beteiligten Länder und deren Völker bedeuten. Und weil sie nicht nur eine gefühlsbetonte Frau, sondern auch eine kluge und damit kühl berechnende Politikerin war, hatte sie überdies die ungarische Nationaltracht angelegt, was wiederum nicht einer tiefen Symbolik entbehrte – daß nämlich auch Ungarn unter dem Zusammenbruch Österreichs zu leiden haben würde und daß die Trauer, die sie so sichtbar zeigte, auch ihre magyarischen Landeskinder mit einschloß.

Dazu hatte die Königin die Krone Stephans auf dem Haupt und war umgürtet mit dem königlichen ungarischen Schwert. Man kann sich gut vorstellen, daß der Eindruck, den sie in jenen Augenblicken vermittelte, als sie langsamen Schrittes den Festsaal der Preßburger Burg durchquerte, ein feierlicher und zugleich erhebender war. Maria Theresia war eine recht passable Erscheinung. Sie war in einem landläufigen, beinahe rustikalen Sinne sogar hübsch. Das Schwarz der Trauer, aber auch die Farbenpracht und die üppige Dekoration der ungarischen Tracht erhöhten noch den Reiz, den sie ohnedies ausstrahlte. Manchmal hängt der politische Erfolg von scheinbaren Nebensächlichkeiten ab. Hier waren die Nebensächlichkeiten so gut organisiert, so diskret und zugleich wirkungsvoll arrangiert, daß der Erfolg nicht ausbleiben konnte.

Eine »heilige Stille« habe sich über die in erwartungsvoller Spannung verharrende Menge gesenkt, als die Königin das Wort ergriff, berichteten später Augenzeugen dieser feierlichen Szene. Zuerst hatte der Kanzler mit einer kurzen Ansprache, die eine durchaus realistische Schilderung der politischen Situation lieferte, den Reichstag eröffnet. Dann sprach Maria Theresia zur Versammlung, wobei sie sich, indem sie eine zuvor schon aufgesetzte Rede ablas, des Lateinischen bediente, welches damals die Hoch- und Geheimsprache der magyarischen Diplomatie war. Eine auszugsweise Übersetzung dieser Rede macht vielleicht verständlich, welche stilistischen und psychologischen Möglichkeiten sich die junge Frau auf der Preßburger Burg zunutze machte, um ans Ziel zu kommen. Und dieses Ziel war höchst einfach: Miteinbeziehung der Ungarn in den Kampf gegen Friedrich II. sowie offizielle Anerkennung ihres Gemahls, der, wenn er erst einmal ihr rundum akzeptierter Mitregent sein konnte, auch den Griff nach der Kaiserkrone des Heiligen Römischen Reiches Deutscher Nation wagen durfte. Im übrigen wußte Maria Theresia ganz genau, daß sie ungeachtet ihrer – von ihr selbst niemals bezweifelten – Fähigkeiten und Begabungen in den

Augen der Welt zumindest so lange als schwaches Weib erscheinen mußte, solange sie nicht in der Sicherheit eines männlichen Schutzes stand. Daran änderte auch nichts, daß jener Mann, nämlich Franz Stephan, der sie sichtbar und erfolgreich gegen halb Europa verteidigen sollte, ein durchaus liebenswerter, jedoch eher schwächlicher Charakter war.

Maria Theresia redete auf der Preßburger Burg wahrscheinlich ohne besonderen Nachdruck, ohne das Feuer der Leidenschaft, was auch nur schwer möglich gewesen wäre angesichts des trockenen Parlando dieser lateinischen Ansprache, die ihre Wirkung dennoch nicht verfehlte. Nach den üblichen einleitenden Floskeln, die mit einem »Afflictus rerum nostrarum status nos movit« begannen, also mit einem Hinweis auf die »betrübte Lage unserer Angelegenheiten«, kam sie rasch zum hauptsächlichen Inhalt ihrer Rede: »Ungarn ist bedroht, meine Person ist bedroht, meine Kinder, meine Krone sind bedroht. Von allen verlassen, nehme ich meine Zuflucht zu den getreuen Ständen, zu den Waffen und zur alten Tapferkeit der Ungarn, mit der dringenden Bitte, daß die Stände des Reichs sich ungesäumt über die Mittel beraten, welche für meine, meiner Kinder und meiner Krone Sicherheit die zweckmäßigsten sind und dann zur Ausführung gebracht werden mögen. Was mich anlangt, so können die getreuen Stände und die ungarische Nation in allem, was zur Herstellung allgemeiner Wohlfahrt und des alten Glanzes dieses Reiches dient, auf meine Mitwirkung rechnen.«

Die Ansprache hatte Erfolg, einen sehr großen sogar. Und weil man schon beim lateinischen Zeremoniell war, riefen die stolzen Magnaten nach Beendigung der Rede, indem sie ihre Säbel und Schwerter zogen, der jungen, jetzt doch etwas erschöpft anmutenden, vielleicht sogar schwankenden Frau ein begeistertes »Moriamur pro rege nostro Maria Theresia« zu, was bekanntlich nichts anderes bedeutet, als daß man für Maria Theresia zu sterben bereit wäre. Derlei Pathos gehörte ganz einfach dazu.

Es war freilich etwas viel Begeisterung für herzlich wenig an realistischer Entscheidung. Denn es kostete die Ungarn nichts, jetzt in Preßburg den Wünschen Maria Theresias zu entsprechen. Es

kostete sie deshalb nichts, weil die auf der Preßburger Burg gegebene Zusage einer magyarischen Waffenhilfe für das bedrohte Wien
später nicht im mindesten eingehalten wurde, woran auch die
schönen Proklamationen nichts änderten, die noch im September
davon sprachen, daß »fünfzehntausend Edle alsbald aufsitzen, der
Königin zu helfen«. Diese Behauptung dürfte einem ähnlichen
Überschwang entsprungen sein wie jenes Gefühl, das die Magnaten
ihre Säbel und Schwerter ziehen und himmelwärts strecken ließ,
um Maria Theresia ihre patriotische Ergebenheit anzuzeigen.

Etwas Gutes hatte das alles dennoch. Denn die stürmische Begeisterung der Ungarn zu Preßburg, die nur eine theoretische, lediglich
auf den Augenblick beschränkte war, erzeugte dennoch ein Echo,
das fortrollte nach Bayern und Spanien, Frankreich und Preußen
und mit jeder Meile, die es westwärts vordrang, an Lärm, aber auch
an politischer Bedeutung gewann. Zuletzt mußte überall in Europa
der Eindruck entstehen, daß die ungarische Nation tatsächlich den
Schulterschluß gewagt hatte mit der österreichischen und daß die
Gegner Österreichs nunmehr mit gänzlich neuen Verhältnissen zu
rechnen hatten. Und aus den vorwärtsdrängenden, scheinbar unbe-
siegbaren Bayern und Preußen wurden nach den Tagen von Preßburg plötzlich vorsichtige Zauderer. An die Stelle des militärischen
Vormarsches trat wieder die behutsame Politik. Das bedeutete Zeit-
gewinn für die Österreicher und damit tatsächlich ihre Rettung vor
der letzten und endgültigen Niederlage.

Was die Herbeiführung des Thronfolgers von Wien nach Preßburg betraf, so war sie ein Akt eigentümlicher Regentenklugheit
ohne besondere politische Folgen. Der diplomatische Sieg vom
11. September wurde jetzt, da der sechs Monate alte Joseph den
Ungarn auf der Preßburger Burg gezeigt wurde, gleichsam noch einmal wiederholt, wobei der nunmehrige Augenblick von besonderer
Gefühlstiefe sein mochte, weil Josephs Vater, Franz Stephan, gleichzeitig seinen Eid als Mitregent der jungen Königin ablegen konnte.
Maria Theresia hatte sich also einer doppelbödigen Strategie bedient,
um ans Ziel ihrer politischen Wünsche zu kommen, doch sollte
man nicht übersehen, daß diese Hinabschaffung Josephs von Wien

nach Preßburg – und zwar in Begleitung seines Vaters, der in diesem Spiel um die Macht und deren Bewahrung eine ihm von seiner Frau und Monarchin diktierte Rolle spielte – keine spontane Angelegenheit gewesen sein konnte. Das war im Gegenteil von langer Hand vorbereitet. Da war alles genau geplant, da war jeder Schritt im voraus berechnet, hatte Maria Theresia ihren politischen Trapezakt mit einem Sicherheitsnetz versehen, wobei Sentimentalität und kühles politisches Kalkül einander die Waage hielten.

Die Rechnung ist dann auch prachtvoll aufgegangen. »Ein Bann war gebrochen. Das rebellischeste Volk der Monarchie war von einer schönen jungen Frau fasziniert. War nicht bis zu diesem Zeitpunkt Ungarn stets zwischen Abend- und Morgenland hin und her gerissen gewesen, hatte sich das Land nicht durch zweihundert Jahre in eine protürkische und proösterreichische Partei gespalten, hatte nicht das Magyarentum von seinen blutigen Aufständen, vom Widerstand und von der Rebellion seinen Sinn bezogen?« (H. Magenschab)

Jetzt waren solche Einwände vergessen. Und nachdem Franz Stephan, dessen weltmännische, beinahe nonchalante Haltung anläßlich der Eidabgabe allgemeine Bewunderung erregt hatte, den Ungarn sein »Vitam et sanguinem« zugerufen hatte, was nichts anderes bedeutete, als daß er mit Leib und Leben künftig auch für die Sache der Ungarn einstehen werde, antworteten die Magnaten wie aus einem Mund und mit einer Stimme gleichfalls »Vitam et sanguinem«, was den Bedarf aller Beteiligten an pathetischen und patriotischen Sprüchen hinlänglich gedeckt haben mag.

Das Kind Joseph wird von alledem nichts mitbekommen haben. Vielleicht erschreckte den Thronfolger der Lärm, der dabei verursacht wurde. Vielleicht greinte oder plärrte er einige Atemzüge lang in seine gewiß kostbar bestickten Kissen und Spitzentücher. Eine Anstrengung wird die Zeremonie für ihn wahrscheinlich schon gewesen sein, auch wenn er sanft gewiegt und liebevoll gehätschelt wurde. Und daß er der eigentliche Mittelpunkt der Szene war, daß das alles vor allem auch seinetwegen veranstaltet wurde, war ihm erstens mit Sicherheit nicht bewußt und würde ihn, auch wenn er es begriffen hätte, gleichgültig gelassen haben. Das Pathos, welches anläßlich dieser Preßburger Veranstaltung eine nationale Pflicht war, wird ihm später ein Leben lang unbehaglich sein. Außerdem wird er sich ohnedies nicht als besonderer Freund der Ungarn aufführen. »Dasselbe Kind, für welches jetzt ein biederes, treues Volk Gut und Blut freudig zum Opfer brachte, dasselbe Kind war es, welches später, zum Manne gereift, als ungekrönter König von Ungarn dem alten Nationalstolz der Ungarn sein Herz verschloß«, beklagte dann auch schon ein halbes Menschenalter nach den Tagen von Preßburg ein ungarischer Historiker. Und er erinnerte grollend daran, daß Joseph es unterlassen hatte, »auf festgewurzelte National-eigentümlichkeiten, auf alte Rechte und Freiheiten Rücksicht zu nehmen«.

Aber das Kind, das in Preßburg umjubelt wurde, war noch unschuldig. Im Augenblick war es die – allerdings ungemein wert-volle – Garantie für den Fortbestand der Dynastie und ein wenig wohl auch ein Anlaß für sentimentale Gefühle. Das genügte. Alles andere, was an Emotion vonnöten war, besorgte man selbst.

Das Echo, das von der Preßburger Burg westwärts drang, war gewaltig. Schon wenige Wochen nach jenen Ereignissen, die Maria Theresia einen so großen Erfolg beschert hatten, begann sich das Kriegsglück zu wenden. Es waren vor allem die Bayern, die Haare lassen mußten, wobei das eher symbolhaft gemeint sein soll, denn zu irgendwelchen militärischen Auseinandersetzungen von beson-derer Tragweite kam es nicht. Man marschierte hin und her, verlegte Truppen nach irgendwelchen strategischen Überlegungen, die nie-mand tatsächlich begriff, man ging einander behutsam aus dem Weg, vermied jede größere Anstrengung, und eigentlich war es dann mehr ein Zufall denn das Ergebnis einer (ohnedies nicht stattgefundenen) Schlacht, daß schon am 12. Februar 1742 öster-reichische Soldaten in München einzogen. Es waren übrigens Regi-menter, die man von der legendären Militärgrenze unten im Süd-osten des Reiches abkommandiert und nach Bayern geworfen hatte. Auch einige ungarische Husaren befanden sich darunter. Ihre Bedeutung war freilich mehr eine psychologische. Gekämpft hatten sie nämlich noch nicht. Aber sie erregten Aufsehen mit ihren feschen Uniformen, die wie Phantasiekostüme aussahen, und mit der kapriziösen Art, wie sie zu Pferde saßen. Der Krieg, der in Wahrheit kaum stattfand, hatte plötzlich eine orientalische und damit exotische Note bekommen.

Jetzt begannen aber auch die Preußen, die Vorsicht als den besseren Teil ihrer Strategie zu begreifen und ihren stürmischen Vormarsch auf Wien zuerst zu verlangsamen und dann überhaupt einzustellen. Noch nicht einmal ein Jahr nach den Ereignissen von Preßburg kam es zum sogenannten Breslauer Frieden, der am 11. Juni 1742 unterzeichnet wurde. Er sollte der erste in einer ganzen Reihe von Waffenstillständen, Verhandlungsrunden und Friedensabschlüssen sein, in denen es um das zukünftige Schicksal der schlesischen Provinzen ging. In Breslau wurde Schlesien jedenfalls Friedrich zugeschlagen, woran sich auch in den nachfolgenden Friedensverhandlungen von Dresden (1745) und Aachen (1748) nichts mehr ändern sollte. Aber der lebensbedrohende Druck auf Österreich ließ nunmehr, da man die Ungarn als Verbündete der habsburgischen Dynastie entdeckt hatte, doch spürbar nach.

»Die Geburt Josephs, die Treue der Ungarn und die Tatsache, daß die Türkei, der traditionelle Feind Österreichs, trotz aller Aufforderungen der gegnerischen Koalition die Neutralität bewahrte, sicherten den Bestand der österreichischen Monarchie«, meinte ein magyarischer Historiker bei der Beurteilung der Lage, die für Maria Theresia zwar noch immer nicht sonderlich zufriedenstellend, aber auch nicht mehr gänzlich hoffnungslos war. Sie würde Schlesien gegen ihr Gefühl, gegen alle Tradition und entgegen jeder historischen Selbstverständlichkeit, die dieses Land stets als Österreichs Schatzkammer begriffen hatte, endgültig aufgeben müssen. Sie wußte Prag in den Händen der Preußen. Aber im Gegensatz zu Schlesien würde Prag wieder österreichisch werden und Maria Theresia sich dann auch zur Königin von Böhmen krönen lassen. Dazu sollten Siege in Italien und gegen die Franzosen kommen, würde der vorsichtige, vielleicht sogar feige, aber als Politiker geniale Kaunitz nun doch den Gesandtenposten am Hof des Königs von

Sardinien übernehmen und damit offiziell in die Dienste Maria Theresias treten, was als Signal und Weichenstellung begriffen werden sollte für die zukünftige Politik des Hauses Habsburg. »Tag und Nacht mit einer wahren Verbissenheit arbeitete Maria Theresia, sie forderte Auskünfte, mahnte zur Eile, unterschrieb, beklagte sich, verlangte Rechenschaft«, schrieb François Fejtö und charakterisierte damit das Wesentliche. »Die unerschöpfliche Energie der Königin brachte es fertig, die hohe Beamtenschaft wachzurütteln.«

Demnächst schon wird ein magyarischer Aristokrat mürrisch in sein Tagebuch schreiben, daß der Wiener Hof von gefährlichen Neuerern erfüllt sei. Der Kritiker wird damit, ohne daß er es ahnt, die einzig wirkliche Chance Österreichs meinen, sich vor der drohenden Katastrophe zu retten. Und Maria Theresia, in jungen Jahren schon ein emphatischer Charakter, wird an den getreuen Khevenhüller, der nun in Bayern Ordnung macht, ihr Porträt schicken und dazu schreiben, daß sie eine von der ganzen Welt verlassene Königin sei. Ein Hinweis auf den »männlichen Erben« wird selbstverständlich nicht fehlen; und auch nicht die jetzt schon ein wenig kokette Frage: »Was vermeint Ihr, wird aus dem Kind werden?«

Aber während sie noch solche Fragen in die Welt setzte, ist sie bereits wieder willens und fähig, Wien festlich illuminieren zu lassen, weil ihr die Nachricht überbracht worden war, daß München von ihren Truppen besetzt worden sei. Angeblich stürzte Maria Theresia dann auch noch ins Zimmer des Thronfolgers, wo sie ihn aus der Wiege hob, an sich drückte, abherzte, abküßte und ausrief, daß sie ihm gerade jetzt den Thron gerettet hätte, was natürlich eine maßlose Übertreibung war; und doch, wenn die ganze Geschichte der Wahrheit entspricht, verständlich sein sollte, ebenso wie die nachfolgende Nachricht vom Maskenball, auf welchem die glückliche Königin eine ganze Nacht tanzend verbrachte. Sie hatte sich solche Ausgelassenheit wahrlich verdient.

Im übrigen wußte sie ganz genau – oder gab zumindest vor, es zu wissen –, wem vor allem sie zu Dank verpflichtet war. Dem Thronfolger zum Beispiel ließ sie, wenn es offiziell zuging, immer häufiger

»ungarische Hosen« anziehen, wie man das Anlegen der magyarischen Tracht am Wiener Hof ein wenig geringschätzig nannte. Maria Theresia selbst wird solche Geringschätzung gewiß fremd gewesen sein. Sie wußte, was die Treue der Ungarn, auch wenn sie keinen echten militärischen Niederschlag fand, politisch bedeutete. Jetzt durfte sie erst einmal aufatmen und sich einem Wirbel von Festlichkeiten hingeben, gerade so, als ob Österreich nicht nach wie vor von Feinden umstellt wäre.

Ein Kind wird dressiert

Dem päpstlichen Nuntius Serbelloni würde Maria Theresia, als dieser endlich mit der vom Papst geweihten Wiege und den diesbezüglich gleichfalls präparierten Windeln am Wiener Hofe vorstellig wurde, recht ungnädig erklären müssen, daß Joseph weder Wiege noch Windeln benötige, da er, jetzt immerhin schon fünfjährig, »hungarische Hosen« trüge. Und das schon, wie die Königin würde hinzufügen können, seit mehr als zwei Jahren, denn bereits dem zweieinhalbjährigen Thronfolger ist die magyarische Tracht angemessen worden, was man als politische Manifestation verstehen mag. Und das ungeachtet der Tatsache, daß die ungarischen Stände von jenen 100 000 Gulden, die sie im ersten patriotischen Rausch der jungen Monarchin noch in Preßburg verbindlich zugesagt hatten, damit sie Soldaten gegen den Preußenkönig anwerben und ausrüsten könnte, nicht einmal die Hälfte bezahlt hatten. Das änderte nichts daran, daß Maria Theresia den Ungarn ein liebevolles Andenken bewahrte, eine Meinung, die sie auf den Thronfolger zu übertragen wünschte, wozu gewiß auch die Anlegung dieser »hungarischen Hosen« gehörte.

Es wäre vorstellbar, daß Joseph bei solcher Gelegenheit sein alsbald berüchtigtes »I mog net! I mog net!« erstmals und lautstark geäußert hat, was ein frühes Anzeichen für einen ungemein widerspenstigen Charakter war und von dem verbürgt ist, daß es fast bei jeder Mahlzeit zu hören war. Das wiederum ließ die Königin, die auch eine strenge und nicht bloß eine liebevolle Mutter war, beinahe verzweifeln. Eines Tages mußte sich ein junger Offizier, der eine besonders kräftige Stimme besaß, unter jenem Eßtisch verbergen, an welchem der störrische Thronfolger seine rebellischen Auftritte zelebrierte, und als angesichts einer Speise, die Joseph aus tiefstem Herzen verabscheute, wieder sein schreckliches »I mog net!« ertönte, kam postwendend die Antwort. »Wirst gleich fressen, du Fratz, du!« erscholl es machtvoll unter dem Tisch, was Joseph zumindest dieses eine Mal zu schreckerstarrtem Gehorsam zwang.

Viel weiß man freilich nicht über die ersten Jahre des Thronfolgers. Er war noch nicht ganz zweieinhalb Jahre alt, als er erstmals offiziell in Erscheinung treten mußte. Angetan war er selbstverständlich mit den »hungarischen Hosen«, worunter man sich ein maßgeschneidertes magyarisches Trachtenkostüm vorstellen darf, und das zu Ehren des Schwagers der Königin, Karls von Lothringen, welcher ein miserabler Soldat und damit für Friedrich II. ein willkommenes Opfer war, was aber gar nichts an der Zuneigung Maria Theresias für den Bruder ihres vielgeliebten Mannes änderte. Außerdem war Karl der Ehemann ihrer Schwester Marianne, und diese mehrfache Verwandtschaft war allem Anschein nach eine hinreichende Legitimation dafür, daß ihm unbedenklich immer neue Mittel und Menschen zur Verfügung gestellt wurden, die er dann dank seiner Unfähigkeit postwendend verschleudern durfte.

Der Dreieinhalbjährige mußte einer Ballettaufführung beiwohnen, bei der er zum ersten Mal den ausländischen Botschaftern offiziell vorgeführt wurde. Der vierjährige Joseph bekam und überstand die Windpocken. Mit sechs Jahren wurde ihm die Hauptrolle in einer harmlosen französischen Komödie anvertraut, was übrigens gleichfalls auf eine Idee der Königin zurückzuführen war, die der durchaus begrüßenswerten Meinung war, daß das »Komödiespielen oder die Mitwirkung an kleinen Ballettaufführungen dem Thronfolger behülflich« sein werde, »auf die einfachste Art und Weise jene Selbstverständlichkeit der guten Haltung zu erlernen, die als eine der wesentlichsten Fürstentugenden für die Kunst der Repräsentation unerläßlich« sei. Also lernte Joseph französische Texte auswendig, deklamierte er – ohne besonderen Elan, wie der Obersthofmarschall griesgrämig notierte – französische Gedichte, und die ausländischen Diplomaten bemerkten bald, daß er mit ungemein leiser Stimme und so undeutlich sprach, daß fast niemand ihn verstehen konnte. Nur wenn er sein »I mog net! I mog net!« hinaustrompetete, war er fast überall im Leopoldinischen Trakt der Hofburg zu hören, in jenen Zubauten und Repräsentationsräumen der Alten Burg, die um die Mitte des 16. Jahrhunderts unter Kaiser Ferdinand I. begonnen und dann zwischen 1660 und 1667 unter Kaiser Leopold I. erweitert worden waren. Ein Brand im Jahre 1668 hatte viel zerstört und einen Wiederaufbau notwendig gemacht, der 1681 abgeschlossen worden war. Es war dann Maria Theresia, die das Hauptgeschoß des Leopoldinischen Traktes bezog, später, als Franz ihr Mitregent wurde, gefolgt von Joseph. Aber jetzt, solange er noch ein Kind, ein Jüngling war, lebte er in diesem Leopoldinischen Trakt, der freilich auch seine Nachteile hatte. Er war feucht, kalt, schwer beheizbar und auf verwirrende, gelegentlich sogar bedrückende Weise dunkel und winkelig.

Was diesen Leopoldinischen Trakt der Hofburg angeht, so beschreibt er vielleicht am besten das Doppelbödige, das Widerspruchsvolle der erzherzoglichen Existenz, der eine ebenso sorgfältige wie miserable Erziehung zuteil wurde. Joseph hätte sich wahrscheinlich liebend gern, wie das seine später geborene Schwester Marie Antoinette getan hat, gelegentlich ins Schlafzimmer der Mama geflüchtet, wo er sich einigermaßen beschützt fühlen durfte vor Gespenstern, Alpträumen und der schrecklichen Zugluft, die den ganzen Palast kühl durchwehte. Aber ihm stellte man nicht – wie rund anderthalb Jahrzehnte später der Marie Antoinette – eine »zweite Bettstatt ins Schlafzimmer der Majestät«, sondern er mußte, kaum daß er das angebliche Gardealter von sechs Jahren erreicht hatte, ein Obrist werden und dazu das Kommando über ein Regiment übernehmen. Das war französischer Brauch und vom lothringischen Gemahl der Königin am österreichischen Hof eingeführt und hernach bis zum Zusammenbruch der habsburgischen Monarchie beibehalten worden, was zu mancher Seelenpein bei den kindlichen Regimentsinhabern geführt haben mag. Joseph schien sich allerdings mit diesem frühen Machtzuwachs durchaus anzufreunden. Er entsprach zumindest in diesem einen Punkt den extravaganten Wünschen seiner Mutter, die aus ihrem Sohn einen exzellenten

Soldaten machen wollte, damit er später einmal als ein Instrument ihrer Rache den Preußen Friedrich besiegen und Schlesien zurückgewinnen würde.

Diesem Ideal wurde fast alles andere, was die Erziehung eines jungen Menschen ausmacht, untergeordnet. Maria Theresia wurde dabei vom Fürsten Karl von Bathýany, der zum Hofmeister und damit hauptverantwortlichen Erzieher des Erzherzogs berufen worden war, nach Kräften unterstützt. Bathýany war Ungar, Feldmarschall in der Armee der Kaiserin, der sozusagen in Attacken dachte und strategisch lebte. »Bathýany war Soldat, ein tapferer Degen, der in der Schlacht jeder, auch der größten Gefahr keck und verwegen sich entgegenstellte, nicht aber ein Mann, der . . . es hätte verstehen können, ein Erziehungsgeschäft auch nur mittelmäßig, geschweige denn so zu leiten, daß es sich zum Vorteile des Zöglings gestaltet hätte«, übte sogar der loyale Carl Namshorn unüberhörbar Kritik an den pädagogischen Fähigkeiten dieses Hofmeisters, der gut für den Drill, das Erlernen des Magyarischen und herzlich schlecht für alles andere war.

Aber Maria Theresia selbst drang darauf, daß bei Joseph mit Strenge vorgegangen wurde. Sie hatte schon früh an ihm eine Anlage zum Hochmut und zum unangebrachten Spott entdeckt, wogegen sie mit großer Ambition vorging. Dem Sechsjährigen zum Beispiel, der gerade die Würde eines Regimentskommandanten verliehen bekommen hatte, untersagte sie das an sich vorgesehene Zeremoniell, sämtliche Wiener Militärkommandeure empfangen und deren Huldigungen entgegennehmen zu dürfen, weil es, wie die umsichtige Mutter meinte, das an sich schon gefährlich übersteigerte Selbstgefühl ihres Sohnes ins Maßlose überhöht haben würde. Und als sie Joseph eines Tages bei dessen Andachtsübungen, die das häufig störrische Kind mit eher nachlässigem Eifer betrieben hat, auf einem weichen Kissen kniend antraf, machte sie ihm gehörige Vorhaltungen über den Grad seiner Verweichlichung und daß es außerdem ein schlechtes Beispiel mache, wenn ausgerechnet ein Prinz, welcher der Welt ein Vorbild zu sein hätte, ein Kissen benötige, um Gott zu dienen.

Es gibt allerdings auch die Meinung von Augenzeugen, die besagt, daß man sich mitunter durchaus und augenfällig bemüht habe, den Stolz oder die Arroganz des Thronfolgers noch anzufeuern, und daß er »nach den hochfahrenden Grundsätzen des Hauses Österreich« erzogen worden wäre, wie das der preußische Gesandte Podewils ausdrückte. Von diesem gibt es auch eine recht gute Beschreibung des Sechsjährigen: »Joseph ist gut gewachsen und besitzt die gleichen blauen Augen wie seine Mutter, echte Habsburgeraugen, klar, kalt, ein wenig schwimmend. Im übrigen sieht er mehr seinem Vater ähnlich, sein Blick ist stolz, sein Benehmen hochmütig.«

Vom Hochmut des Erzherzogs ist überhaupt viel die Rede. Auch andere Chronisten heben diese eher unrühmliche Charaktereigenschaft hervor und vergessen nicht zu erwähnen, daß das Kind »alle Welt mit dem Du-Wort« beleidige und »wie eine böse Marionette« seine Hände automatisch allen sich nähernden Damen und Herren zum Handkuß entgegenstrecke.

Man sollte, wie das zuweilen geschieht, solche Augenzeugen nicht der bewußten Irreführung verdächtigen. Außerdem herrschten am Wiener Hof in der Tat erschreckend servile Sitten, deren Joseph frühzeitig überdrüssig wurde, denn in einem seiner allerersten Erlässe als Kaiser untersagte er mit Nachdruck, daß man vor ihm das Knie beugte oder ihm die Hand küßte. Aber da war er längst schon als hochmütiger und arroganter Charakter abgestempelt. Und alle Welt – oder zumindest die des Wiener Hofes – war sich darin einig, daß dieser Erlaß nur der Gipfel seines übersteigerten Selbstbewußtseins wäre.

Es wäre übrigens völlig verfehlt, wollte man stets nur Maria Theresia als die hauptsächliche Urheberin aller pädagogischen und disziplinarischen Maßnahmen in Verbindung mit Joseph akzeptieren, gerade so, als hätte außer ihr niemand Einfluß zu nehmen versucht auf die Entwicklung des Thronfolgers. Es traf zwar zu, daß die Monarchin die wesentlichen Punkte der Erziehung bestimmte, was übrigens sehr rasch zu einer heillosen Überfrachtung des vorgesehenen Lehrstoffes führte und das wiederum – da Joseph auf

Dinge, die ihm lästig waren, mit Lethargie reagierte – eine weitere Verschärfung des Unterrichts notwendig machte, aber es bekümmerte sich durchaus auch der Vater des Thronfolgers, also Franz Stephan, um diese Erziehung. Davon legt eine Art Instruktion Zeugnis ab, die den Erziehern Josephs überantwortet wurde. Und darin heißt es unter anderem: »Es soll meinem Sohn die Historie so tradiret werden, daß die Fehler und die bösen Taten der Regenten so wenig als ihre Tugenden und das Gute, so sie getan haben, verschwiegen werde. Diese Geschichten sollen meinem Sohne immer so appliziert werden, daß er gute Anmerkungen und gute Prinzipien sich machen lerne, durch welche er die Fehler der vorigen Regierungen zu vermeiden frühzeitig angewöhnt werde . . .«

Die Wahrheit war, daß die königlichen Eltern des Thronfolgers wie völlig durchschnittliche Bürgerliche aufrichtig darum bemüht gewesen sein mögen, aus ihrem Sohn zuerst einmal einen anständigen Menschen und dann einen passablen Nachfolger ihrer eigenen politischen Existenz zu machen. Das Fatale daran war bloß, daß die überragende Stellung, die sie einnahmen, und eine damit zusammenhängende Machtvollkommenheit sowie gewisse absolutistische Überlieferungen und Neigungen ihnen immer wieder den Blick heillos trübten für die erzieherischen Notwendigkeiten, die dem Thronfolger nützlich gewesen wären.

Und das widerfuhr nicht nur den königlichen Eltern. Auch jene Männer, die von Amts wegen mit der Erziehung Josephs beauftragt waren, schwankten und schwanken im Urteil ihrer Zeitgenossen und späteren Biographen heftig hin und her, was ihre Fähigkeiten und Charaktereigenarten angeht. Das wiederum läßt die für die Erziehung des Thronfolgers nicht gerade schmeichelhafte Meinung zu, daß diese Erziehung eine zwar heftige, zeitaufwendige, alle möglichen Gebiete umfassende, jedoch nicht unbedingt eine pädagogisch zweckmäßige gewesen sein muß. Es wurden dem Knaben zwar die Kissen verboten, mit deren Hilfe er sich seine kniend vorgetragenen Gebetsübungen erleichtern wollte, aber es wurde ihm ebenso untersagt, ein kommoder, das heißt, ein ganz normaler Mensch mit ganz normalen Neigungen und Meinungen zu sein.

Maria Theresia zum Beispiel wollte aus ihm um jeden Preis einen hervorragenden Soldaten und Heerführer geformt sehen, einen besseren Soldaten jedenfalls, als es ihr Mann war – den sie aufrichtig und heißblütig liebte –, der »wie ein bürgerlicher Volkswirtschafter, Großunternehmer und Spekulant« wirkte, wie das Fejtö charakterisierte, wobei freilich verschwiegen wird, daß Franz Stephan das alles mit außerordentlichem Erfolg gewesen ist.

Gleichzeitig aber wurde in der Person des Staatssekretärs und Freiherrn Christoph von Bartenstein ein Betreuer für den Thronfolger gefunden, dessen Einfluß nicht anders als verheerend gewesen sein muß. Der vierundsechzigjährige Bartenstein wurde von einem Zeitgenossen so charakterisiert: »Ausgerüstet mit manchen Kenntnissen, tüchtig in Schrift und Sprache, geschmeidig im Umgang, gewandt genug, von anderen auf gleicher oder höherer Stufe des Ranges Stehenden den Blick des Beobachters hinweg und auf sich zu lenken, vorsichtig und klug beim Geltendmachen seiner Ansichten und Meinungen und dabei hochbegeistert für die Interessen des österreichischen Hauses ... war es Bartenstein gelungen, sich des unbedingten Vertrauens seiner Monarchin zu erfreuen und selbst unentbehrlich zu sein.«

Vernichtender kann das Urteil über einen Pädagogen nicht ausfallen. Schlimmer und gefährlicher kann es um die Erziehung eines Thronfolgers nicht bestellt sein, als wenn solche Kreaturen Macht über die Seele, den Verstand eines Kindes gewinnen, das später einmal selbst fast uneingeschränkte Macht besitzen wird. Und aus solchen und ähnlichen Charakteren setzte sich die ganze, zahlenmäßig eher geringe, Hofhaltung zusammen, die mit der geistigen und körperlichen Heranbildung Josephs betraut war, wobei Bartenstein freilich eine führende Rolle spielen durfte. Da gab es unter der Leitung des Oberstkämmerers und nachmaligen Obersthofmarschalls Khevenhüller-Metsch einen Marquis de Poal sowie die Grafen Salm, Starhemberg, Saurau, Harrach und Goess, alles Namen, die in der österreichischen Hocharistokratie einen vortrefflichen Klang besaßen, was hingegen gar nichts über die pädagogischen Qualitäten dieser Herren aussagt. Diese mögen eher dürftig gewe-

sen sein. Bathýany zum Beispiel behandelte Joseph, »wie alte Soldaten ihre eigenen Kinder behandeln« (F. Fejtö), also knurrig und
brummig und stets darauf bedacht, daß dem Militärischen der
Vorrang gegeben wurde. Und Bartenstein sorgte dafür, daß »die
Erziehung des Erzherzogs auf den Grundsätzen reiner Zweckmäßigkeit« beruhte (F. Fejtö), was nichts anderes bedeutete, als
daß einem möglicherweise phantasievollen Kind alles Phantasievolle, Schwärmerische, Musische gründlich ausgetrieben wurde
und statt dessen das öde Auswendiglernen trockener Texte prakti-
ziert wurde.

Der Drill trat also an die Stelle einer vernünftigen Erziehung.
Dazu kamen andere Einflüsse, die nicht minder schädlich waren.
»Einen wenig günstigen Eindruck mußte auf seinen aufgeweckten
jugendlichen Geist die Last des eitlen Prunkes und steifen Zeremo-
niells machen, welches damals am österreichischen Hofe herrschte
und jedes rasche Emporschwingen des Geistes hemmte«, kritisierte
ein Hofbeamter jene Umstände, welche Joseph beinahe zum seelischen Krüppel machten. Denn später einmal würde er seiner bizarren Gewohnheiten wegen auffällig werden, Gewohnheiten, deren
Wurzeln zweifellos in seiner Kindheit liegen mußten, als er abwech-
selnd zum ersten Soldaten seines Landes und zum Friedensstifter
erzogen werden sollte, als ihm gleichsam mit einem einzigen Atemzug äußerste Demut und schrankenlose Arroganz beigebracht wurden und er einem Wechselbad der Empfindungen ausgesetzt wurde, das auch einen robusteren Charakter zuschanden gerichtet
hätte.

Später einmal würde er sich darin gefallen, seinen gehorsam
erstarrten Sekretären beim Diktat die kunstvoll gedrehten Zöpfe
abzuschneiden und auf Hunde, die sich auf den Wällen herumtrie-
ben, Schießübungen zu veranstalten. Nichts sollte ihn dann mehr
ergötzen – erzählen zumindest anonyme Berichte –, als Schwangeren bei ihrer Niederkunft zuzusehen oder sich stundenlang
im Bereich des sogenannten Narrenturms aufzuhalten, dort, wo
die Geistesgestörten untergebracht oder eher kläglich eingeschlos-
sen waren, um sich deren infernalisches Geheul anzuhören. Und

»Demoisellen, die ihm Bittschriften überreichen wollten«, würde er eigenhändig mit der Peitsche davonjagen.

Jetzt, als Sieben-, Zehn- oder Fünfzehnjähriger, gehorchte er eher mürrisch, gelegentlich widerstrebend, insgesamt aber doch klaglos einem Reglement, das zu nichts anderem tauglich schien, als einem Menschen das geistige Rückgrat zu brechen und ihm das vielleicht ohnedies kümmerlich blakende Lämplein der Phantasie endgültig auszublasen: morgens um sieben der Weckruf, dann schon der Geistliche fürs erste Morgengebet; das daran anschließende Waschen und Anziehen besorgten Kammerherren und die unvermeidlichen Lakaien; danach die Morgenmesse in der Schloßkapelle; nun das Frühstück; dann Unterricht bis zum Mittagstisch, der eher kärglich gehalten wurde und in der Hauptsache dazu diente, dem Erzherzog vortreffliche Manieren beizubringen. Der frühe Nachmittag wurde in den erzherzoglichen Gemächern zugebracht, wobei Erzieher und Kammerherren ihn beim Studium, Spiel und Sport zu überwachen hatten, was nichts anderes bedeutet, als daß der junge Mensch nicht einen Atemzug lang unbeaufsichtigt, unbeobachtet, unkritisiert bleiben durfte. »Man muß ihn daran gewöhnen, daß er sich nicht so leicht in Verlegenheit bringen läßt«, hieß es in den offiziellen Instruktionen zur Erziehung des Thronfolgers, der allem Anschein nach ein eher furchtsames, beinahe verängstigtes, in jedem Fall ziemlich schüchternes Kind war, eigensinnig und nachlässig als Schüler, widerspenstig als Charakter, vielleicht aber auch bloß verzweifelt, ratlos angesichts der Überfülle an Verordnungen, Verboten und sonderbaren Verhaltensweisen, die ihm ständig von neuem aufgezwungen wurden.

Also wurde er zum Gegenteil hin erzogen, bis der Obersthofmarschall erstaunt feststellte, daß ihm da ein »linkischer kleiner Wildling« heranwuchs, »leutscheu und embarassiert«, was wiederum sogleich pädagogische Gegenmaßnahmen erforderte: »Die Herren sollen mit ganz besonderer Sorgfalt darüber wachen, aus ihren Gesprächen alle Grobheiten und Unhöflichkeiten zu verbannen. Sie sollen in der Seele ihres königlichen Schülers Mitleid für Unglückliche erwecken und vor allem die Liebe zur Gerechtigkeit und Güte bei ihm fördern.« Die Instruktionen folgten und traten einander auf den Fuß. Und ebenso jagte ein Examen das andere. Der Elfjährige zum Beispiel wurde in Metaphysik, Ontologie und Ethik ausgiebig geprüft, wobei das alles, was Fejtö entsetzt berichtet, in lateinischer Sprache vor sich ging. Und Josephs Kenntnisse der Geschichte stützten sich beispielsweise auf ein Riesenwerk von nicht weniger als sechstausend Seiten, das dem unermüdlichen Bartenstein aus der Feder geflossen war und doch zu nichts anderem taugte, als den Thronfolger täglich von neuem vollends zu erschöpfen.

Ein solches Kind muß scheitern. Es hat keine Chance, sich seiner eigenen Fähigkeiten wirklich bewußt zu werden oder die Grenzen seiner Fähigkeiten zu erkunden. Es bleibt ihm auch verwehrt, sich auf seine Neigungen zu besinnen oder tatsächlich zu begreifen, wovor es zurückschreckt und sich ängstigt. Ein solches Kind wird zur Maschine. Und es wird vollends unberechenbar, wenn es mit den ersten Schicksalsschlägen konfrontiert wird, auf die man Joseph während seiner ganzen Kindheit und Jugend nie wirklich vorbereitet hatte. Maria Theresia mag eine leidenschaftliche Gattin und durchaus liebevolle Mutter gewesen sein. Nur als übergeordnete Erzieherin, welche die Lehrer ihres Sohnes hätte kritisch beaufsichtigen müssen, versagte sie fast völlig. Und so konnte der preußische Gesandte Podewils an seinen König überzeugend, weil der allgemeinen Meinung entsprechend, und wortreich berichten, daß nichts darauf hindeute, in Joseph ein Genie entdecken zu müssen.

Es war diese Meinung freilich bei weitem nicht die ganze Wahrheit. Sie verbarg nämlich das Wesentliche, nämlich daß hier ein Geschöpf, das ein Genie wohl hätte sein können, höchst offiziell zur seelischen Mißbildung freigegeben wurde.

Isabella

Joseph wurde geformt durch Drill, Krankheit und durch das, was man Liebe nennt, und auch durch den tragischen Verlust dessen, was er zu lieben vermeinte. Der Siebzehnjährige erkrankte an den Blattern, was den Hof, Wien, das Reich in außerordentliche Unruhe versetzte, in eine größere womöglich als der Ausbruch des sogenannten Siebenjährigen Krieges oder der unaufhaltsame Vormarsch des Preußen Friedrich im Frühling des Jahres 1757 auf Prag. Die Blattern forderten damals mehr Opfer als alle kriegerischen Unternehmungen. Es gab außer Gottvertrauen und die üblichen Vorsichtsmaßnahmen kein brauchbares Mittel gegen diese Krankheit, die der Jüngling freilich mit Glück überstand. Das war Maria Theresia ein feierliches Tedeum in der Burgkapelle des Hofes wert und vermittelte den in Wien akkreditierten Diplomaten die Überzeugung, daß sowohl das angestrengte Studium als auch die mühsam überstandene Krankheit den Thronfolger gewissermaßen zur Reife gebracht hätten. Er war schmal geworden. Sein Gesicht war sanft und nachdenklich. Es war das eines Kindes, das endgültig gelernt hatte, als Erwachsener aufzutreten.

Der Siebenjährige Krieg, dessen Verlauf Joseph mit heftiger Leidenschaft verfolgte, was die Vermutung erlaubt, daß seine Erziehung zum möglichst perfekten Soldaten erste Früchte getragen hatte, brachte den Österreichern in seinen Anfängen manche peinliche Niederlage. Friedrichs hauptsächlicher Anlaß, diesen Krieg zu entfesseln, war seinem Ehrgeiz entsprungen, Preußen groß zu machen und es auf Kosten vor allem der Österreicher zu einer europäischen Macht erster Ordnung aufsteigen zu lassen. Diese verhältnismäßig naive Strategie war so lange von absolutem Erfolg gekrönt, als Karl von Lothringen, der Bruder Franz Stephans, oberstkommandierender Feldmarschall der Österreicher war.

Aber dann erfolgte endlich ein längst fälliger Wechsel im Oberkommando, Leopold Graf Daun trat an die Stelle des ebenso unfähigen wie glücklosen Karl. Und schon im Juni 1757 kam es nahe der Ortschaft Kolin zu einer Schlacht, in welcher den sieggewohnten Preußen eine schwere Niederlage beigebracht wurde. Daun war der Held der Stunde. Sein Triumph wertete das schwer angeschlagene Selbstbewußtsein Österreichs wieder auf. Die Kaiserin stiftete in Erinnerung an diesen Tag den später legendär gewordenen Maria-Theresien-Orden. Und österreichische Truppen, nämlich Husaren und Milizen von der Militärgrenze gegen die Türken unter dem Kommando eines Grafen Andreas Hadik, stießen in der Folge bis nach Berlin vor, das sie vorübergehend besetzten und wo sie es sogar zuwege brachten, eine Art Lösegeld zu fordern und auch tatsächlich zu erhalten.

Friedrich kämpfte mit dem Rücken zur Wand. Russen und Franzosen hatten gleichfalls in den Krieg eingegriffen, die Österreicher fügten den Preußen, etwa bei Kunersdorf, weitere Niederlagen zu, eine russische Armee schlug eine preußische bei Groß-Jägersdorf, die Franzosen drangen in Sachsen ein. Und der kaiserliche Hof zu Wien veranstaltete über viele Monate hinweg eine Unzahl von Festlichkeiten, mit denen Österreich einmal mehr seine Begabung demonstrierte, selbst einer so ernsten und blutigen Sache wie dem Krieg alle nur erdenklichen komödiantischen Möglichkeiten abzugewinnen. Es war das eine genießerische Leichtlebigkeit oder ein frivoler Leichtsinn, der hier zum Ausdruck kam, dem der frühreife, immer noch widerspenstige, auch arrogante, aber jetzt längst schon vorsichtig gewordene und dadurch einer gefährlichen Vereinsamung verfallende Thronfolger nicht folgen konnte. Er war spöttisch, zynisch, arrogant, aber Leichtlebigkeit und Leichtsinn widersprachen seinem Wesen.

Joseph wurde geformt durch die Erfahrungen, die er machte, und durch Beobachtungen, zu denen er allmählich fähig wurde, auch durch die Freundschaft zu einem der fähigsten Offiziere eines

Zeitalters, das kleinen Chargen immer wieder Gelegenheit gab, sich ganz nach vorne zu spielen und den Rang eines Hauptdarstellers zu erreichen. Ernst Gideon Laudon, ein Bürgerlicher, der erst später zum Freiherrn gemacht wurde, war ein solcher Glücksritter. Er begann als kleiner Hauptmann bei den Grenztruppen im Südosten des Reiches und avancierte innerhalb weniger Jahre zu einem der berühmtesten Heerführer Österreichs. Ein anderer bedeutender Karrierist war der junge General Joseph Franz Moritz Lacy, der, Sohn eines in russischen Diensten stehenden Feldmarschalls, 1744 im Alter von neunzehn Jahren in die österreichische Armee eingetreten war und sich sehr rasch, etwa in der Schlacht von Lobositz, hervorragend bewährt hatte. Lacy war ein schneidiger Mensch. Und das Zeitalter, in welchem er groß wurde, war wie geschaffen für schneidige Menschen.

Anläßlich einer Schlittenpartie im Januar 1758, bei welcher er im Schlitten des Thronfolgers mitfahren durfte, war der General imstande, den Prinzen für sich zu interessieren, indem er ihn mit ebensolcher Begeisterung wie Offenheit mit den tatsächlichen Problemen eines Feldzuges vertraut machte. Denn durch Lacy erfuhr Joseph erstmals von den konkreten Schwierigkeiten einer Armee, von der Bedeutung des Nachschubs und der Abhängigkeit der sogenannten Kampfkraft durch eine perfekte Versorgung. Auch über die eklatante Unfähigkeit mancher Marschälle und vieler Offiziere wurde Joseph durch Lacy gründlich aufgeklärt, was ihm, der bis dahin in der Beurteilung aller öffentlichen Angelegenheiten eher durch Spottlust und bösen Zynismus aufgefallen war, einige Nachdenklichkeit abnötigte.

Es entstand jedenfalls aus dieser ersten Begegnung eine Freundschaft, die Jahrzehnte überdauern sollte. Möglicherweise war Lacy sogar der einzige Mensch, zu dem Joseph uneingeschränktes Vertrauen hatte und dessen Ratschläge er stets blindlings befolgte. »Lacy erreicht bei ihm alles, was er bloß will«, meinte in späteren Jahren einmal Prinzessin Eleonore Liechtenstein, als sie über das Verhältnis Lacys zum Kaiser befragt wurde.

Aber die allmähliche Menschwerdung Josephs, wie sie einem

habsburgischen Thronfolger automatisch vorgezeichnet war, besaß ihre Tücken. Eine sich anbahnende innige Freundschaft zu einem Manne, auch wenn er ein erfolgreicher General war, mußte da viel zuwenig und also ungenügend sein, um aus einem unausgeglichenen Jüngling einen Mann und ernsthaften Kandidaten auf den ältesten Thron Europas zu machen. Affären, aus denen man wie aus einem beliebigen Kaffeesud die Zukunft Josephs hätte herauslesen können, gab es keine. Schon die Gräfin Kaunitz, die ein so boshaftes Frauenzimmer war, wie der Thronfolger ein boshafter Lümmel sein konnte, hatte bemerkt, daß er die Frauen auf eine Weise betrachtete, »wie man Statuen ansieht«. Und ein zeitgenössischer französischer Diplomat meinte sogar, daß der Österreicher dem weiblichen Geschlecht gegenüber »kalt wie der in Ägypten« bleibe und spielte damit auf jenen anderen, biblischen Joseph an, der seinen Ruhm dem wenig erfreulichen Umstand verdankte, daß er einer gewissen Potiphar gegenüber standhaft geblieben war.

Jedenfalls war kaum zu befürchten, daß ein scheinbar so gleichgültiger Mensch irgendwelche Schwierigkeiten machen würde, wenn ihm die Mutter, die zugleich seine Vorgesetzte war, eine Braut ins Bett legte, noch dazu eine, von der etwa ein siebenbürgischer Adeliger namens Georg Rettegi allen Ernstes behauptete, daß sie eine Schönheit war. »Der stolze Wuchs der Braut, ihre schwarzen Augen und Brauen, ihre kunstvolle Frisur, das mit kostbaren Steinen überladene Diadem zogen alle Blicke an.« Sie habe ein Puppengesicht, schwärmte ein anderer Augenzeuge. Sie war um einige Monate jünger als Joseph, war im Kloster aufgewachsen, wo sie eine sorgfältige Erziehung genossen hatte, außerdem war sie die Tochter eines Herzogs, jenes von Parma nämlich. Und weil dieser immerhin den Rang eines spanischen Infanten einnahm, was ein brauchbarer Titel ohne besondere politische Wirkung war, durfte man sich am Wiener Hofe dennoch einbilden, daß eine solche Verbindung die eher gespannten Beziehungen zu Spanien erheblich erleichtern würde.

Selbstverständlich hatte Maria Theresia diese Ehe eingefädelt, von der Joseph, als ihm das Ergebnis der langwierigen Recherchen und diplomatischen Verhandlungen mitgeteilt wurde, zuerst keineswegs entzückt war. Ein Medaillon betrachtend, welches das Porträt der Auserwählten oder eigentlich ihm offiziell Zugedachten zeigte, soll er erschrocken ausgerufen haben: »Ich fürchte mich mehr vor dieser Heirat als vor einer Schlacht!« Und tatsächlich muten alle Lobeshymnen und entzückten Beschreibungen der Braut ein wenig übertrieben an, wenn man ein Porträt Isabellas betrachtet, wie der Name der Braut lautete, die zwar recht rassig und dem Anscheine nach leidenschaftlich wirkte, jedoch auch einen Anflug von Verbiesterung und Querköpfigkeit zeigte. Das war möglicherweise das Ergebnis der Prägung durch das Klosterleben oder auch bloß spanisches Erbteil, welches diese Isabella von Parma eine Spur zu kritisch aussehen ließ, so daß es fast schon wie ein Nörgeln wirkte, wenn sie bloß neugierig die Umwelt prüfte.

Dabei war Isabella zweifellos ein kluges Mädchen, das über manche ungewöhnliche Begabung verfügte. Sie wußte, daß sie nicht viel mehr als eine Figur in einem politischen Schachspiel war. Sie akzeptierte, daß sie einen Mann ehelichen mußte, den sie nicht kannte und den sie wahrscheinlich auch niemals wirklich kennenlernen würde. Aber hätte Isabella mehr Herzenswärme als nur exaltierte Neigungen besessen, wäre sie tatsächlich ein warmherziger, gutmütiger Mensch und nicht bloß ein intellektueller Charakter gewesen, dann wäre ihr zweifellos nicht verborgen geblieben, daß Joseph auf eine etwas verquere, widerspruchsvolle Art durchaus der Liebe fähig war; und daß er sie, die dem oberflächlichen Anschein nach eine melancholische Schönheit war, nach einem ersten Zurückschrecken und Zögern in seiner ganzen jünglingshaften Unerfahrenheit, in seinem ganzen Verlorensein wie ein Geschenk betrachtete, das allen seinen Qualen, den eingebildeten wie den tatsächlichen, ein Ende bereiten könnte.

Aber Isabella, die viel zu sehr mit sich selbst und alsbald auch mit einer verhängnisvollen Leidenschaft für Josephs Schwester Marie Christine beschäftigt war, sollte weder Zeit noch Gelegenheit finden, sich mit Joseph zu beschäftigen. Dafür würde sie, die fast lustvoll am eingebildeten Elend ihrer aus politischen Gründen ar-

rangierten Ehe litt, einige Zeit nach ihrer Eheschließung schreiben:
»Der Trost, auf den die unglücklichste Frau in ihrer Hütte hoffen
kann, bleibt einer Prinzessin im Schoß ihrer Familie versagt. In der
glänzenden Welt, in der sie leben muß, hat sie weder Bekannte noch
Freunde. Sie muß ihre Familie und ihr Heim verlassen. Und warum? Um einem Mann anzugehören, den sie nicht kennt, um in eine
Familie zu kommen, die sie nur mit Eifersucht aufnimmt, um das
Opfer der unglücklichen Politik eines Ministers zu werden, der von
dieser Heirat ein ewiges Bündnis erhofft, das in Wahrheit nur allzu
zerbrechlich ist.«

Dumm war Isabella also keinesfalls. Der galante Ungar Fejtö
meinte, daß sie eine romantische Frau gewesen sei, »deren Seele
erfüllt war von Schatten und Ahnungen, die sie nicht auszudrücken
vermochte«. Das war aber nicht die allerglücklichste Voraussetzung, um einem ohnedies schwierigen, höchstwahrscheinlich ungemein komplexbeladenen und daher unter schmerzhaften seelischen
Spannungen leidenden Jüngling den mühsamen Ausstieg aus einer
allzu lange andauernden Pubertät zu erleichtern. »Sie war schwer-
mütig und geheimnisvoll wie ein Garten in der Abenddämmerung.
Joseph dagegen war einfach, etwas ungeschliffen und gänzlich unerfahren.«

So einfach, so auf Schwarz und Weiß abgestimmt, wie François
Fejtö das darstellt, sollte man sich die Affäre – aus der nur durch
Zufall und den frühen Tod Isabellas keine Ehetragödie wurde –
allerdings auch nicht vorstellen. Da gab es Zwischentöne, existierten
Barrieren, die unüberwindbar blieben, war im Wesen des jungen
Mannes etwas spürbar, das einem Mädchen, das schon von seiner
Veranlagung her dazu verurteilt war, auf schmalem Grat einherzu-
wandern, mehr als sonderbar und vielleicht sogar unheimlich erscheinen mußte. Der Herzog Albert von Sachsen-Teschen wiederum, ahnungsloser Ehemann jener Marie Christine, welche in dem
sich alsbald anbahnenden Liebesdrama die zweite Hauptrolle spielen sollte, lobte Isabella wie fast alle Augenzeugen wegen ihrer
geheimnisvollen, etwas strengen Schönheit aus vollem Herzen und
unterschlug, während er sie rühmte, alles andere, was weniger

rühmenswert gewesen wäre: »Sie ist noch nicht zwanzig Jahre alt, aber sie ist mit allen Eigenschaften des Herzens begabt, sie hat alle Kenntnisse, die man in dem vollendeten Jüngling suchen darf. Ihre Mutter hat ihren Charakter geformt und sie weiß nicht nur das, was eine Dame von Rang wissen muß, auch für militärische Dinge hat sie Verständnis und für die Abstraktionen der Mathematik. Vortrefflich spielt sie Violine. Sie zeichnet und malt, sie erteilt sogar Künstlern und Technikern Weisungen. Und sie schreibt mit seltener Leichtigkeit.«

Diesen Ausbund an Begabungen ehelichte Joseph also am 6. Oktober 1760, und es dauerte nicht lange, bis »das Herz des jungen Prinzen voller Glut und Begeisterung war«, wie sich ein Hofschranze ausdrückte. Der Thronfolger, völlig unerfahren im Umgang mit dem weiblichen Geschlecht, entdeckte sozusagen über Nacht seine Natur und gehorchte zuerst überrascht und dann sichtlich erfreut und von den Annehmlichkeiten körperlicher Liebe außerordentlich angetan seinen Instinkten. Ein poetisch veranlagter Biograph hat das etwas umständlich so ausgedrückt: »Er nahm, was Isabella ihm bewußt oder auch unbewußt schenkte – die unsagbare Süße ihres jungen Körpers, die südländische Musik ihrer Sprache.«

So kann man das selbstverständlich auch darstellen, was sich zwischen den beiden jungen Menschen entwickelte. Oder, um es genauer zu formulieren, was stattfand im Leopoldinischen Trakt der düsteren Wiener Hofburg an dynastischer Pflichterfüllung und Gehorsam, weil eine eheliche Verbindung, an welcher der österreichische Thronfolger beteiligt war, keine private Angelegenheit mehr sein durfte. Das hatte bereits mit der sogenannten Hochzeitsnacht begonnen, die den Rang einer öffentlichen Affäre besaß, denn »auch in Wien war der Vollzug der Ehe ein Staatsakt, der Erfolg oder Mißerfolg im Bett entscheidend, ob man Krieg oder Frieden haben würde« (H. Magenschab). Jedenfalls fanden die intimen Umarmungen des jungen Paares vor einer respektvoll lauschenden Öffentlichkeit statt, wußte Joseph nur zu genau, »daß hinter jeder Tür ein neugieriges Augenpaar lauerte« (H. Magenschab) und war er allerdings allein schon durch Erziehung und Gewohnheit abgestumpft genug, um diese permanente Öffentlichkeit ohne größere seelische Aufregung zu ertragen.

Aber war Isabella fähig, ihr Sexualleben als einen Akt von höchstem Staatsinteresse und daher als öffentliches Schauspiel zu begreifen? Angeblich soll sie sich ohne sonderliche Aufregung ins ohnedies Unvermeidliche gefügt haben. Sie war dem Thronfolger eine respektvolle Gattin, erfüllte alle seine Wünsche im Bett – beobachtet von den Hofschranzen, die jede Regung und Bewegung dem allgegenwärtigen Khevenhüller hinterbrachten, der dann die Selbstverständlichkeiten einer Ehe seinem Tagebuch anvertraute, bevor er damit zu Maria Theresia pilgerte – und ermöglichte so eine erotische Harmonie, die dem jungen Ehemann sichtlich behagte. Es vollzog sich der Akt seiner Menschwerdung nunmehr mit Riesenschritten. Joseph begann jetzt sogar, ausgeglichen zu werden. Er wurde erträglich. Er liebte.

Aber liebte auch sie ihn? »Auf dem Grunde seiner Seele ist eine unbezwingliche Härte«, notierte Albert von Sachsen-Teschen, der Schwager Josephs, über diesen, und in diesem Urteil mag wohl mehr als nur ein Körnchen Wahrheit enthalten gewesen sein. Eine empfindsame junge Frau, die zwar gehorsam ihren Leib, nicht aber ihre Gedanken, Sehnsüchte, geheimen Wünsche dem Staatsinteresse opferte, wird von dieser Härte mehr als einmal verletzt worden sein. Sie konnte ja nicht verstehen, daß eine solche Härte aus nichts anderem bestand als aus Narben, aus nichts anderem sich entwickelte als aus Enttäuschungen und eigentlich eine Krankheit der Seele war, die sich unaufhaltsam entwickeln, die ständig fortwuchern konnte, weil niemand ihre wahren Ursachen entdeckte. Ein habsburgischer Prinz besaß nicht das Glück einer normalen Entwicklung, durfte nicht werden und wachsen wie jeder gewöhnliche Mensch, der ins Leben eintritt, ohne seinen Neigungen gewaltsam entfremdet und seinen Instinkten hilflos ausgeliefert zu sein.

Joseph war auf eine Weise exaltiert, die jetzt, solange er noch ein Jüngling, ein heranwachsender Mann war, vergleichsweise harmlos blieb, weil das Schroffe, Zerrissene, Spröde an ihm noch von seiner durchaus liebenswerten Jugendlichkeit verdeckt wurde. Außerdem war er aufrichtig verliebt in seine Frau, empfand er für Isabella eine Leidenschaft, die weit über die sexuelle Aufregung hinausging, welche sie ihm ermöglichte und vermittelte. Denn auch sie dürfte sehr wohl temperamentvoll gewesen sein, so daß sie ungeachtet ihrer alsbald erkennbaren Unfähigkeit, ihn wirklich zu lieben, zumindest gewisser erotischer Zuckungen fähig war. Sie reagierte auf seine Zärtlichkeit, auch wenn diese Reaktion eine rein körperliche blieb, gleichsam automatisch geschah und weit davon entfernt war, ein Ausdruck von aufrichtiger Zuneigung zu sein.

Die Welt oder doch der Wiener Hof mit seinen tausend Augen und Ohren sah, empfand das anders. »Mit Joseph und Isabella schien neuerlich der Beweis erbracht, wie sehr die Liebe im Haus Habsburg dynastischen Verbindungen den notwendigen Unterbau gab« (H. Magenschab). Joseph geriet, weil er liebte, sogar in einen Zustand ständiger Erregung, den man nur noch als rührend bezeichnen kann. Er war ständig von Sehnsucht erfüllt, er beklagte sich, wenn Isabella, entführt vom leidigen Protokoll, an der offiziellen Hoftafel nicht neben ihm sitzen konnte, er war so sehr und so ausschließlich auf ihre Nähe erpicht, daß ihn bereits minutenlange Trennungen von der Angebeteten unruhig und störrisch machten.

Aber liebte auch sie ihn? Im Oktober hatten sie geheiratet, im darauffolgenden August durfte es als gewiß gelten, daß Isabella schwanger war. Am 3. August hatte man sie jedenfalls zur Ader gelassen, um ihr eine beständig aufkommende Übelkeit zu erleichtern. Zu jener Zeit mag es auch geschehen sein, daß sich zwischen Marie Christine, der Schwester Josephs, und der schwangeren Isabella etwas anbahnte, das weit über das hinausführte, was zwischen Schwägerinnen üblich und schicklich sein mochte und was jetzt mit elementarer Gewalt die ganze Tragweite dessen offenbarte, was ein aufmerksamer Biograph Josephs feststellte: »Isabella, eine fügsame Ehefrau, die den Aufruhr in sich unterdrückte, lebte neben dem Mann, den weder ihr Körper noch ihre Seele begehrte, dem sie aber alles gewährte, wozu Gehorsam, politisches Interesse und das Sakrament der Ehe sie verpflichteten.«

Jetzt, da mit Marie Christine ein Mensch in ihr Leben trat, der sie beherrschte, erfüllte, auf jede ihrer Regungen reagierte, wie sie auf alles reagierte, was nun an neu entdeckter Liebesfähigkeit auf sie zukam, jetzt lernte Isabella wohl endgültig begreifen, daß es nicht genügte, wenn sie bloß körperlich reagierte. Das war ihr bei Joseph bisher gelungen, ohne daß ihr deshalb die flammende Heftigkeit eines Gefühls bewußt geworden wäre, das stärker war als das rein körperliche Reagieren, dessen automatische Mechanik sie bald abstoßend finden sollte.

»Ich beginne den Tag mit dem Gedanken an den Gegenstand meiner Liebe, und ich schließe ihn, indem ich mich mit dem Wesen beschäftige, das meine Gedanken nie verläßt. Warum kann ich an Gott nicht ebensoviel denken? Weil Gott unsichtbar ist und man nur lieben kann, was man sieht.« Die solcherart angehimmelte, beschworene, angebetete Person war Isabellas Schwägerin. Und was zuerst möglicherweise bloß ein Ausdruck stürmischer Jugendlichkeit gewesen war, was als freudig erkannter Gleichklang der Seelen begonnen hatte, entwickelte sich sehr rasch, zumindest bei Isabella, zur unbändigen und damit gefährlichen Leidenschaft.

Träumereien

Es hat, sofern diese ganze Affäre nicht überhaupt diskret verschwiegen wurde, viele mehr oder minder originelle Versuche gegeben, das merkwürdige Verhältnis zwischen Isabella und Marie Christine zu erklären. Die meisten dieser Erklärungen waren allerdings eher Verharmlosungen, deren eigenwilligste zweifellos diejenige war, die davon sprach, daß Isabella eine ausgezeichnete Schriftstellerin geworden wäre, wenn sie das Schicksal bloß nicht nach Wien und an die Seite »des trockenen, rauhen Joseph« geführt hätte. Nun war Isabella in der Tat für alles Literarische und Geistige begabt. Sie vertiefte sich mit großem Eifer in die Schriften Voltaires, arbeitete an Studien über »Die Sitten aller Nationen seit Gründung des ältesten Kaiserreiches bis in unsere Tage« oder »Die Seele des Staates«, sie schrieb Gedichte in französischer Sprache und dilettierte mit einem kleinen Werk über »Die Preußen« als eine Art Seelenanalytikerin, die immerhin zur fundamentalen Erkenntnis gelangte, daß der Preußenkönig Friedrich vielfältige Talente besessen haben mußte, die Umstände aus ihm jedoch einen Soldaten gemacht hätten.

Aber das allein, nämlich die Ausflüchte ins Musische oder in die Historie, werden den umfassenden Ehrgeiz Isabellas nicht befriedigt haben. Denn dieser Ehrgeiz war auf wesentlich mehr als nur auf tote Materie ausgerichtet. Keine historischen Reminiszenzen und pseudowissenschaftlichen Studien konnten davon ablenken, daß in der Person Josephs ein Gegenstand sozusagen unüberwindbar vorhanden war, an dem sich weder Ehrgeiz noch Liebe entzünden konnten. Es war möglicherweise ein kräftiger Anflug von notorischer Unzufriedenheit mit sich selbst, der Isabella in die Arme von Marie Christine trieb. Oder es war diese mieselsüchtige Verbiesterung, die man von den Porträts der Gemahlin Josephs ablesen kann, die sie das Gewohnte und damit – nach ihrer Meinung – das Gewöhnliche verabscheuen ließ.

In Marie Christine, am Hofe nur Mimi genannt, hatte Isabella endlich eine Anlaufperson für ihre bizarren Wünsche gefunden. »Ich kann sagen, daß es meine einzige Freude ist, wenn ich Dich sehe und bei Dir sein kann«, schrieb Isabella an die heftig Angebetete. »Ich kann die Unruhe nicht ertragen, ich kann an nichts anderes denken als an die Liebe zu Dir. Ich liebe Dich wie eine Wahnsinnige, wenn ich nur wüßte, weshalb . . .« Wie war das eigentlich möglich, daß zwei durchaus honorige Frauen so völlig hemmungslos übereinander herfielen, sich so vollkommen einander auslieferten, daß aus Zuneigung Raserei, aus Liebe Obsession wurde?

Darauf hat Hans Magenschab eine Antwort zu geben versucht, die etwas überraschend, dabei jedoch recht logisch anmutet. Er bezeichnet die Mode jener Zeit als die eigentliche Kupplerin zwischen den beiden jungen Frauen, denn »das Aus- und Ankleiden, die ständige Anprobe der Rokoko-Kostüme, die Wahl der Frisuren bildeten ein wesentliches Element des weiblichen Tagesablaufes. Man kann sich vorstellen, daß die beiden Mädchen in ständigen konkreten körperlichen Kontakt kamen, der hinter dem Paravant der Chinoiserien und vor dem Spiegel der Rokoko-Boudoirs seinen Anfang nahm.«

Vielleicht hat es tatsächlich auf diese Weise angefangen. Vielleicht ist aus dem Umstand, daß »Haut und Seide Partnerschaft suchten«, tatsächlich etwas entstanden, das auch um die Mitte des 18. Jahrhunderts nicht gänzlich ungewöhnlich gewesen sein mag. Und alle Versuche, daraus eine bloß intellektuelle Verbindung herstellen zu wollen oder diese blutvolle, in ihrer fast brünstigen Sinnlichkeit eindeutige Affäre als koketten Freundschaftsdienst unter gelangweilten jungen Ehefrauen zu verharmlosen, müssen angesichts der leidenschaftlichen Aufschreie verstummen, mit denen sich Isabella immer wieder zu ihrer Liebe bekannte. »An nichts vermag ich zu denken, als daß ich verliebt bin wie ein Narr«, schrieb sie an die Angebetete. »Erzeige mir die Gerechtigkeit, die Du meiner Zärtlichkeit schuldest. Verlange Beweise, befiehl alles, was Du willst, selbst das Härteste ... ich will es mit Freuden tun.«

Und Marie Christine, die in diesem Abenteuer der gleichgestimmten Seelen, wie man diese ganze Angelegenheit höflich umschreiben könnte, der robustere, eher nüchterne Partner war, blieb die Antworten auf solche Ergüsse nicht schuldig und verstieg sich gelegentlich selbst zu recht gewagten Bildern und Huldigungen. So schwärmte sie rückhaltlos von Isabellas körperlichen Vorzügen, beschrieb jedes delikate Detail bis hin zu den »reizvoll geformten Brüsten« und verteidigte sich energisch gegen die Vorwürfe der geliebten Freundin, eine flatterhafte Person zu sein. Isabella revanchierte sich wiederum mit Intimitäten aus ihrem Eheleben und beklagte sich ausdauernd über die sexuelle Anteilnahme, die Joseph ihr zuteil werden ließ. Übrigens fand sie auch in ihrem Beichtvater, einem Kanonikus namens Gürtler, einen gehorsamen Adressaten für diese Klagen. Gürtler, verschreckt und aufgestört durch die kompromißlose Sprache Isabellas, empfahl sogleich Mäßigung und Ablenkung, und zwar dem Thronfolger, der selbstverständlich von alledem, was an Unglaublichem und Bizarrem rund um ihn passierte, keine Ahnung hatte. »Man wird in Zukunft Sorge tragen«, diktierte Gürtler sein mäßigendes Gutachten, »daß der Erzherzog durch Jagden, Spazier- und militärische Ritte ermüdet wird. Seine Sinne werden dadurch von selbst besänftigt werden.«

Beinahe empfindet man Mitleid für den ahnungslosen Thronfolger, der sich aufrichtig darum bemühte, ein guter Ehemann und passabler Liebhaber einerseits und zugleich auch ein seriöser Staatsmann, ein brauchbarer Politiker zu sein, ohne daß er von beiden Geschäften wirklich etwas verstanden hätte oder in ihre absonderlichen Geheimnisse eingedrungen wäre. Joseph nahm zwar frühzeitig schon an den Sitzungen des Kriegsrates und auch an denen des Staatsrates teil, wo die wesentlichen politischen Entscheidungen vorbereitet wurden, aber er stand am Beginn seiner Karriere als Staatsmann und Politiker so vollkommen im Schatten seiner Mutter, daß er weit davon entfernt war, eigenständiges Handeln demonstrieren zu können. Dennoch bewältigte er unverdrossen die anfänglichen Schwierigkeiten seines Handwerks. Er mutete sich dabei alsbald eine solche Fülle von Arbeit zu, daß es des Gürtlerschen Gutachtens, die Besänftigung seiner Sinne betreffend, eigentlich gar nicht mehr bedurft hätte, um die durch seine Umarmungen irritierte Isabella zu schonen.

Was sie betraf, die mehr und mehr zum exaltierten Frauenzimmer wurde, so bildete sie sich nunmehr auch Todessehnsüchte ein, die vor allem zu der Zeit eine fast dramatische Dimension annahmen, als sie, die 1762 eine Tochter namens Maria Theresia zur Welt gebracht hatte, erneut in andere Umstände kam. Leidvorstellungen plagten nun die nach wie vor heillos in ihre Schwägerin Verliebte, sie wurde beinahe süchtig nach sogenannten Todesahnungen und beklagte immer häufiger ihr Dasein, das nach ihren eigenen Darstellungen ausweglos und jammervoll war. »Der Tod ist wohltätig«, schrieb sie an Mimi. »Nie in meinem Leben habe ich mehr daran gedacht als zu dieser Stunde. Alles erweckt in mir den Wunsch, ein Leben zu verlassen, in welchem ich ihn jeden Tag beleidige. Das einzige Leid ist, daß ich Dich verlasse . . .« Und dann wieder seufzte sie elegisch: »Was habe ich in der Welt noch zu tun, ich bin zu nichts nützlich, und wenn es erlaubt wäre, sich selbst zu töten, ich wäre versucht, es zu tun.«

Das schrieb eine junge, verwöhnte Frau und Mutter, die zudem eine fanatische Katholikin war, deren Glaube freilich etwas überdreht Mystisches, etwas unangenehm Verzerrtes besaß, etwas, das man auch bigott nennen könnte und das in einem schroffen Gegensatz zu ihrer unbestreitbaren Intelligenz und Bildung stand. Aber wahrscheinlich begriff Isabella ihre Gefühle für Marie Christine als Sünde, als Fehltritt oder Mißgriff der Natur, für den jede Buße außer der allergrößten und allerhärtesten zu klein war. Möglicherweise war ihre Koketterie mit dem Tod eine Art frommer Selbstbetrug, mit dem sie ihr Gewissen zu beschwichtigen versuchte. Denn daß die hysterischen Inszenierungen, die sie veranstaltete, nicht sonderlich glücklich oder geschmackvoll waren, hat sie wohl geahnt. Das hielt sie zwar nicht davon ab, auch weiterhin ihr eheliches Intimleben als unaufhörliche Wehklage an die Geliebte heranzutragen oder sich der Mitwirkung eines ahnungslosen Kanonikus zu versichern, aber zur gleichen Zeit mochte sie so etwas wie Unbehagen empfunden haben angesichts ihrer intriganten Spiegelfechtereien. Denn als nach wie vor zufriedenstellend reagierender Leib war sie dem Thronfolger die gehorsamste Ehefrau von der Welt. Der abgöttisch geliebten Schwägerin war sie eine leidenschaftliche Gefährtin. Der alles beherrschenden und dennoch nichts begreifenden Kaiserin war sie eine scheinbar liebevolle Schwiegertochter. Und möglicherweise wäre sie, hätte sie bloß länger leben dürfen, sogar ihren Kindern noch eine annehmbare bis gute Mutter geworden. Denn Frauen wie Isabella besitzen Zähigkeit und Ausdauer und verfügen überdies über eine tüchtige Portion Härte, die sie davor bewahrt, von ihren eigenen Bekundungen des Selbstmitleids und ihren düsteren Prophezeiungen tatsächlich eingeholt zu werden.

Manche Autoren führen die latente Verzweiflung Isabellas auch auf den Umstand zurück, daß ihre schier maßlose Leidenschaft für Marie Christine unerfüllt geblieben ist. Diese Meinung hat manches für sich, obgleich es andererseits nur schwer vorstellbar ist, daß es für die beiden jungen Frauen keine Gelegenheit gegeben haben soll, einander handfeste Beweise ihrer Zuneigung zu schenken. Die Reaktionen Mimis auf die ständig wiederkehrenden Klagen und todessüchtigen Seufzer Isabellas waren gelegentlich sehr energisch. So schrieb sie zum Beispiel in besonders stürmischen Krisenzeiten: »Erlaube mir, Dir zu sagen, daß Deine große Sehnsucht nach dem Tode ein ganz übel angebrachtes Gefühl ist. Entweder wurzelte es in Eigenliebe oder in der Sucht, heroisch zu erscheinen, denn es würde mit Deinem guten Herzen nicht in Einklang stehen, wenn Du mit Leuten, die Dir so nahestehen, nur deshalb solche Gespräche führst, damit Du sie ärgerst.«

Diese barsche Vernunft hätte Isabella wahrscheinlich von allem Anfang an benötigt, um von ihren gefährlichen Träumereien loszukommen. Aber dazu hätte sie von jenen, die nun ihre Familie bildeten, gewissermaßen entdeckt werden müssen. Und das überstieg die physischen und vor allem psychischen Möglichkeiten aller Habsburger bei weitem.

Joseph spielte in dieser delikaten Dreiecksgeschichte naturgemäß die undankbarste Rolle. Er war der Tölpel vom Dienst. Er ahnte nichts, begriff nichts und hätte, selbst wenn man seinen träumerischen und von Illusionen beeinflußten Zustand einer Aufklärung zugeführt hätte, wahrscheinlich auch nichts verstanden. Er liebte und war fest davon überzeugt, gleichfalls geliebt zu werden. Und da die körperlichen Begleiterscheinungen dieser Liebe für ihn ungemein erfreulich waren, konnte er sich nicht vorstellen, daß es jenseits des ehelichen Glücks noch etwas anderes gab, Bedrohliches geben sollte, an dem dieses Glück unter Umständen scheitern könnte. An Maria Theresia schrieb er bereits im ersten Ehejahr: »Sie wissen wohl, liebe Mutter, daß ich auf dieser Welt nichts begehre als die Zuneigung Eurer Majestät, die Freundschaft meiner Frau und mein Seelenheil, und da ich sicher bin, die ersten beiden dieser Güter zu besitzen, können Sie sich mein Glück vorstellen.« Und selbst Isabella dürfte manchmal von der schönen Selbstverständlichkeit überwältigt gewesen sein, mit der Joseph das vollkommene Glück für sich in Anspruch nahm. »Obwohl ich Dich von ganzem Herzen liebe«, wandte sie sich in solchen Augenblicken um Verständnis heischend an Mimi, »habe ich gestern gespürt, daß der Erzherzog vorgeht.«

Niemand kann sagen, wie diese bittersüße Komödie ausgegangen wäre, hätte nicht der Tod allen diesen Affären und Aufregungen ein abruptes Ende bereitet. Immerhin erledigte der Sensenmann alle Vorurteile und alles aufkeimende Mißtrauen auf die natürlichste Art von der Welt. Selbst Maria Theresia, die endlich doch mißtrauisch geworden war und die sonderbare Kälte Isabellas beklagte, worunter sie eine Kälte des Gefühls verstand, die ihr, der vollblütigen und gelegentlich auch warmherzigen Frau, völlig fremd gewesen sein mußte, selbst Maria Theresia reagierte mit der gebührenden Trauer auf den Verlust Isabellas, die sie nun, da diese im Sterben lag, plötzlich wieder eine reizende und unvergleichliche Tochter nannte.

Es war im Herbst 1763, daß der Wiener Hof wie schon so oft vorher von den Pocken heimgesucht wurde. Der Reihe nach erkrankten Marie Antoinette, Marie Christine und schließlich auch

Isabella an dieser Seuche, aber während sich die beiden Töchter Maria Theresias gegen alle verheerenden Begleiterscheinungen und Folgeschäden der Krankheit behaupten konnten, erlitt die schwangere Isabella eine Frühgeburt. Das Kind, ein Mädchen, kam tot zur Welt. Und Isabella, die nun alle ihre Todessehnsüchte von einer höheren Instanz beglaubigt fühlte, machte sich mit erschreckender Bereitwilligkeit daran, dem herbeigesehnten Tod zu folgen. Später würden sich die Ärzte nicht darüber einigen können, ob es die Seuche, die Anstrengungen der Frühgeburt oder der vollkommene Mangel an Lebensmut waren, woran Isabella letztendlich scheiterte.

Joseph war verzweifelt. Er verbrachte viele Stunde am Krankenlager seiner jungen Frau, und als sie am 23. November 1763 nach einem verhältnismäßig kurzen, aber heftigen Todeskampf starb, war er es, der ihr die Augen für immer schloß. Sie, die ihm während eines kurzen Ehelebens nie wirklich angehört hatte, war ihm, ohne daß er es ahnte, wohl erst durch den Tod ganz nahegekommen.

Der trostlose Witwer aber, der ein junger Mann von gerade zweiundzwanzig Jahren war, zerbrach fast am Schmerz, der ihn jetzt mit wütender Heftigkeit überschwemmte. An seinen Vater schrieb er: »Wer kann ermessen, welch ein Verlust das für den Staat, für unsere ganze Familie und für mich Unglückseligen ist! Unersetzlich muß er genannt werden, denn niemals hat es eine Prinzessin, eine Frau gegeben wie sie ...« Und dann nannte der Ahnungslose das, was er soeben verloren hatte, auch noch den »besten Ehestand«. Das bestätigt nur, was man von jedem jungen Mann seines Alters und seiner geringen Lebenserfahrung sagen kann, daß er nämlich gar nichts von dem verstand, was das Leben der Menschen manchmal zur Hölle und gelegentlich fast paradiesisch macht.

Ein Gerücht muß noch erwähnt werden, für das es allerdings außer den Behauptungen einer Wiener Literatin keinen brauchbaren Hinweis gibt. Karoline Pichler, eine Schriftstellerin, die Zutritt zu den besseren bis respektablen Wiener Gesellschaftskreisen hatte, erzählte jedenfalls, daß Marie Christine bald nach dem Tod Isabellas ihren Bruder über alles, was dessen Ehe zur trügerischen Angelegenheit gemacht hatte, gründlich aufgeklärt hätte. Dazu hätte sie vor allem die Briefe verwendet, welche die Verstorbene an sie, Mimi, geschrieben hatte und deren Zahl rund zweihundert erreichte, was immerhin ein ebenso beredtes wie erdrückendes Zeugnis für die Untreue oder mehr noch für die eher männerfeindliche Veranlagung Isabellas gewesen wäre. Sie hätte so allen romantischen Illusionen des jungen Witwers ein brutales, jedoch wirkungsvolles Ende bereitet. Außerdem hätte Mimi ihrem Bruder auch einen mündlichen Bericht erstattet, der so schonungslos gewesen wäre, daß dadurch auch der letzte Zweifel über den wahren Charakter oder die tatsächlichen Neigungen Isabellas beseitigt wurde.

Das alles behauptete zumindest Karoline Pichler. Einen fundierten Beweis für diese Behauptung mußte sie allerdings schuldig bleiben. Und die nüchterne Vernunft läßt uns am Wahrheitsgehalt einer solchen Erzählung zweifeln. Marie Christine hätte sich schließlich selbst auf die peinlichste Weise kompromittieren müssen, nur um das Unglück eines Unglücklichen bis ins Grenzenlose zu vergrößern. Sie hätte einer reichlich fragwürdigen Wahrheit wegen, die außerdem eine Tote betraf, das Glück ihres eigenen Lebens zerstören müssen. Und sie hätte dadurch letztlich gar nichts verhindert, verändert oder verbessert. Außerdem blieb Josephs Verhalten gegenüber dem Andenken an seine erste Frau unverändert, was zweifellos nicht der Fall gewesen wäre, wenn ihm die sogenannte Wahrheit tatsächlich bekanntgemacht worden wäre.

Am aufrichtigsten und auch ergreifendsten gab Joseph jedenfalls seinem Schmerz Ausdruck, als er unmittelbar nach dem Tod Isabellas an deren Vater schrieb, daß er die Trennung von der geliebten Frau nur überdauern werde, »um mein ganzes Leben hindurch unglücklich zu sein«. Die von den meisten Biographen Josephs vertretene Meinung, daß der frühe Tod seiner ersten Frau den Charakter des Thronfolgers maßgeblich beeinflußt, die bis dahin ziemlich natürlich verlaufene Entwicklung eines an sich schwierigen Menschen nunmehr dramatisch verändert habe, hat wohl manches für sich.

Denn Joseph hatte Isabella zweifellos nicht nur als nur jenes Geschöpf geliebt, das er begehren und an welchem er sein Begehren auf die erfreulichste Art von der Welt abreagieren durfte, sondern er war auch einem Zauber erlegen, der weit über alles Körperliche hinausreichte. Es dürfte dieser jungen südländischen Frau nämlich tatsächlich gelungen sein, ihn aus dem Kokon einer selbstgesponnenen Vereinsamung zu reißen, ihn der Welt, der er mit einer unendlich melancholischen, weil so rührend jünglingshaften Geste bereits den Rücken gekehrt hatte, wiederzugeben. Das war wahrscheinlich Isabellas größte Leistung, auch wenn ihr dieser Erfolg eher zufällig und möglicherweise sogar gegen ihren Willen gelungen war. Sie hatte ihn berührt und aus einem tiefen Schlaf erweckt. Und sie hatte ihm Träume erlaubt, die zwar für jeden jungen Mann, der verliebt und zudem einer gesunden Sinnlichkeit fähig ist, ganz natürlich sind, ihm aber, dessen psychische Entwicklung durch die übliche habsburgische Erziehung ohnedies schon gefährdet gewesen war, wie ein Wunder vorgekommen sein müssen. Der Tod Isabellas hatte dieses Wunder grausam zerstört.

Und noch etwas bewirkte der Verlust jenes Menschen, dessen bloße Existenz bereits eine so große Chance für Joseph gewesen war. Es wurde der niederdrückende Einfluß seiner Mutter, der in den kurzen Ehejahren automatisch zurückgedrängt worden war, nunmehr wieder stärker. Damit ergaben sich aber auch fast zwangsläufig jene Situationen, in denen schwierwiegende Konflikte zwischen der beinahe autoritär herrschenden Kaiserin und dem erneuerungswilligen, schon aus Gründen der Opposition radikalen Sohn vorprogrammiert waren. Alles das, was in der späteren Folge das Leben zwischen diesen beiden Menschen so unleidlich machen sollte, hatte seine Wurzel im Tod Isabellas. Denn sie war es gewesen, die durch ihr bloßes Vorhandensein mögliche Zwistigkeiten geglättet hatte. Das hatte gar nichts damit zu tun gehabt, daß sie ein besonders ausgeglichener und damit des Ausgleichs fähiger Charakter gewesen wäre. Aber weil Joseph sie geliebt hatte und diese Liebe über ihm wie eine seligmachende Woge zusammengeschlagen war, hatte er weder Lust noch Veranlassung gehabt, sich in den Staatsgeschäften kategorisch gegen die Mutter zu stellen. Einem eifrigen Liebhaber bleibt nur wenig Zeit, um sich anderen Dingen zu widmen. Und ein wie eifriger Liebhaber Joseph gewesen war, wissen wir aus den Klagen Isabellas über ihr allzu heftiges Intimleben.

Jetzt war gleichsam über Nacht alles anders geworden. Es mangelte dem Thronfolger nicht nur an der artigsten Zerstreuung, die man sich für einen jungen Mann vorstellen kann, sondern er war auch keiner anderen vernünftigen Unterhaltung mehr zugänglich. Er war vollkommen verdüstert. Und er begriff in seinem Elend ausgerechnet die Politik als eine mögliche Ablenkung, etwas also, für das er – neben allem Militärischen – immer schon eine starke Neigung gehabt hatte.

Bereits 1761, also noch in jenem glücklichen Jahr, da Joseph mit Isabella Hochzeit gefeiert hatte, war der Thronfolger mit einer Denkschrift an seine Mutter herangetreten, die er »Träumereien« nannte und in welcher der damals Zwanzigjährige sein politisches Konzept erstmals zu formulieren versucht hatte. Joseph begriff dabei den Absolutismus als die wichtigste Voraussetzung für die Durchführung von Reformen, aber er verhehlte auch nicht die Notwendigkeit einer gänzlich neuen Wirtschaftsordnung, um die wichtigsten Staatsausgaben überhaupt finanzieren zu können. Denn selbst einem sehr jungen und durchaus egoistischen und daher noch keiner klaren Meinungsbildung fähigen Mann wie ihm mußte auffallen sein, mit welchen Schwierigkeiten Maria Theresia immer wieder zu kämpfen hatte, wenn es um die Finanzierung irgendwelcher Vorhaben ging. Geldsorgen waren etwas, das der Thronfolger, wenn auch gewissermaßen nur aus zweiter Hand, durchaus kannte. Genau da würde er eingreifen, wenn er erst einmal an die Macht gekommen sein sollte. Und er würde eine Politik machen, die, anders als jene seiner Mutter, auf Sparsamkeit gegründet sein würde. Aber das durfte nicht bedeuten, daß er ein knausriger Monarch sein wollte.

Plötzlich empfand Joseph ein neues, starkes Gefühl. Er hatte Sehnsucht nach der Macht. Ihn schwindelte. Und er vergaß seinen wütenden Schmerz. Er begann tatsächlich neugierig zu werden auf etwas, von dem er ahnte, daß es möglicherweise jenem Zauber ähnlich sein könnte, den die Liebe auf ihn ausgeübt hatte.

Ausflug nach Frankfurt

Die Hofschranzen und die gehorsamen Mitschreiber der erzherzoglichen Lebensumstände übten sich in der gewohnten Devotheit. »Gegen einen Schmerz, wie der war«, schrieben sie in jenen Wochen und Monaten nach dem Tode Isabellas, »in welchen Joseph durch den frühzeitigen Tod seiner Gattin versetzt ward, gab es nur ein Mittel, und dies war dasselbe, dessen wohltätige Wirkung Joseph schon aus früherer Erfahrung kannte. Ein eifriges wissenschaftliches Studium. Und auch jetzt waren es die Kriegswissenschaften wieder, womit er sich fast ausschließlich beschäftigte.«

Voll des eilfertigen Trostes notierten die Sekretäre und Kämmerer, daß ohnedies bald ein politisches Ereignis erfolgte, »welches Josephs Interesse auch nach einer anderen Seite hin in Anspruch nahm«. Eher wortkarg blieb man hingegen, wenn es um die reichlich düstere Laune des Thronfolgers ging. Dabei war es nur natürlich, daß Joseph von Anfällen grimmiger Melancholie überfallen wurde, mit sich selbst haderte, sich vor der Welt verkroch und – wenn er einmal in sogenannten Staatsgeschäften tätig zu sein versuchte – den Ratgebern und Ministern der Kaiserin nur noch mit Spott und Hohn begegnete.

Man sollte freilich diese wenig erfreuliche Reaktion auf die Umwelt nicht ausschließlich als ein Ergebnis seiner tiefen Trauer um Isabella mißverstehen, sondern doch eher auch als einen adäquaten Ausdruck seines Charakters. Arroganz und Zynismus gehörten sozusagen zu seinem Alltagsgesicht. Joseph hatte längst verlernt, sein Temperament oder seine Launenhaftigkeit zu zügeln. Dazu kam, daß seine Mutter ihn in den Augenblicken seines wütendsten Schmerzes nicht mit pädagogischen Verhaltensmaßregeln belästigte. In jener Trauerzeit, die für den jungen Mann eine qualvolle gewesen ist, kamen sich Mutter und Sohn wieder nahe, was freilich auch bedeutete, daß die Zügel locker hingen für Joseph, der möglicherweise gerade in diesen heiklen Augenblicken einer strengen Disziplinierung bedurft hätte.

Was jenes politische Ereignis angeht, von welchem die Hofschranzen berichteten, so war es die Krönung Josephs zum Römischen König, die jetzt ohne weitere Verzögerung in Frankfurt vor sich gehen durfte, nachdem am 15. Februar 1763 auf dem sächsischen Jagdschloß Hubertusburg zwischen Österreich und Preußen wieder einmal Friedensverhandlungen stattfanden und die Feldzüge des Siebenjährigen Krieges damit ihren Abschluß gefunden hatten. Friedrich II. hatte nämlich dem österreichischen Erzherzog seine Zustimmung zur Erlangung der römischen Königswürde zugesagt, was den hartnäckigen Widerstand sowohl der deutschen Kurfürsten als auch Frankreichs gegen diese an sich vernünftigste Art, die Frage der habsburgischen Thronfolge zu lösen, vollkommen gegenstandslos machte.

So bestieg also Joseph rund vier Monate nach dem Tode Isabellas in Begleitung seines Bruders Leopold und seines Vaters Franz Stephan, des Kaisers, am 13. März 1764 die prachtvollen Reisekarossen. In diesen mußten nicht nur die Hoheiten nebst dem Reichsvizekanzler Colloredo, dem Oberstkämmerer Khevenhüller, dem Oberststallmeister Auersperg und den Generälen Salm und Thurn untergebracht werden, sondern auch das gewaltige Reisegepäck und die vielen Kleinigkeiten, ohne die ein habsburgischer Prinz nicht einmal von Schönbrunn bis Purkersdorf unterwegs sein konnte. Und genau diese verhältnismäßig kurze Wegstrecke begleitete Maria Theresia ihren Sohn und ihren Gemahl, bevor man – streng katholisch, wie man war – mit einer feierlich zelebrierten Messe und dem Aufsagen zahlreicher Gebete voneinander gebührend Abschied nahm. Dann durfte sich Joseph endgültig nach Frankfurt aufmachen, wo er seinen Fuß auf die erste wichtige Sprosse jener Leiter setzen konnte, an deren Ende die Kaiserwürde und das Heilige Römische Reich Deutscher Nation auf ihn warteten.

Auf der Reise nach Frankfurt kam man natürlich auch durch Bayern. Schon beim ersten Frühstück auf bayrischem Boden belästigte ihn ein kurfürstlicher Oberststallmeister mit plumpen Anspielungen auf den Witwerstand, der nichts Endgültiges zu sein brauche. Und der österreichische Gesandte am bayrischen Hof, ein gleichfalls wenig diskreter Herr namens Podstatzky, pries einen Tag später vollmundig und nicht unbedingt geschmackvoll eine gewisse Josepha an, Tochter des verstorbenen Kurfürsten Karl Albrecht und Schwester des regierenden Kurfürsten Max Joseph, was den österreichischen Thronfolger zuerst in einige Verlegenheit brachte und dann schlichtweg wütend machte. Schließlich rettete er sich durch eine Ausflucht, von der er zu diesem Zeitpunkt noch nicht ahnen konnte, daß sie der Realität entsprach, aus der peinlichen Situation. Er denke nicht daran, jetzt schon, nur vier Monate nach dem frühen Tod Isabellas, auch bloß die Möglichkeit einer neuerlichen Vermählung in Erwägung zu ziehen, ließ er die Diplomaten wissen, ausgenommen den für ihn freilich nicht vorstellbaren Umstand, daß die Kaiserin darauf bestünde.

Genau das aber, nämlich Joseph zur Ehe mit der bayrischen Josepha zu animieren, war die erklärte Absicht Maria Theresias. Immerhin besaß der regierende Kurfürst keinen männlichen Erben, es würde also Bayern durch eine solche eheliche Verbindung näher an Österreich rücken, und es bestand durchaus die legitime Möglichkeit, daß Bayern eines nicht allzu fernen Tages überhaupt österreichisch würde, was wiederum den Verlust Schlesiens einigermaßen ersetzen könnte.

Joseph befand sich jedenfalls, was seine psychische Situation betraf, in einer wenig beneidenswerten Lage. Er verschloß sich nach Möglichkeit gegen die Umwelt, obgleich er gerade jetzt, da er vor dem ersten Höhepunkt seiner politischen Karriere stand, die aufrichtige Mitarbeit dieser Umwelt dringend nötig gehabt hätte. Aber die Trauer um Isabella und der Ekel über die eitle Selbstverständlichkeit, mit der ihm eine neue eheliche Verbindung schmackhaft gemacht werden sollte, verhinderten jene lockere Ungezwungenheit, die jetzt notwendig gewesen wäre, um Joseph für die kleinen und größeren Intrigen rund um seine Person gerüstet sein zu lassen. Er mußte unentwegt eine Komödie spielen, der er weder von seiner Begabung noch von seinem Seelenzustand her auch nur im mindesten gewachsen war.

Er sei unfähig, diese grausame Prüfung zu vergessen, beklagte er sich noch von Bayern aus bei seiner Mutter, die ungeachtet der Nähe zu seinem Vater doch die einzige Bezugsperson war, zu welcher er uneingeschränktes Vertrauen hatte. Ihr schrieb er fast allabendlich und gestand ihr dabei in manchmal rührenden und gelegentlich peinlich anmutenden Episteln seinen grenzenlosen Kummer ein, für den er keinen Trost fand. »Wie ist mein Zustand doch beklagenswert, Mutter«, schrieb er, »Kummer zerfleischt mein Herz, und dabei soll ich so tun, als ob eine Würde mich entzückt, von der ich doch nur die Last, nicht aber die Vorzüge empfinde. Ich liebe die Einsamkeit. Ich scheue mich, Leuten, die ich nicht gut kenne, mein Vertrauen zu schenken. Doch den lieben langen Tag muß ich plaudern und wohlgesetzte banale Dinge sagen.«

Joseph wußte selbstverständlich ungeachtet seiner Jugend ganz genau, daß die auf ihn zukommende Würde eines Römischen Königs, zu welchem er nun in Frankfurt gekrönt werden sollte, lediglich ein Symbol ohne jeden praktischen Wert darstellte. Aber, wie Hans Magenschab das ausgedrückt hat, »das Heilige Reich spukte noch in den Vorstellungen der jungen Menschen, noch waren Himmel und Erde durch die Kraft des Gebetes verbunden, des Wunders der Religion«. Und wenngleich Joseph jetzt schon, da er noch weitgehend dem Einfluß seiner tiefreligiösen Mutter ausgesetzt war, kein sonderlich frommer Mensch mehr gewesen sein mochte, war er doch empfindsam, phantasiebegabt genug, um an die Kraft eines Mythos zu glauben.

Am 3. April war es dann endlich soweit. Es gibt eine ausführliche Beschreibung jener Szenen, die sich auf dem Frankfurter Roßmarkt abspielten, wo der ebenso feierliche wie pompöse und in mancher Hinsicht auch lachhafte Aufmarsch für das eigentliche Krönungszeremoniell stattfand. Der Augenzeuge war Johann Wolfgang Goethe, damals fünfzehnjährig, wißbegierig, eifrig auf Details bedacht und durchaus imstande, noch Jahrzehnte später das Gesehene und Gespeicherte in »Dichtung und Wahrheit« so niederzuschreiben, als hätte es erst vor wenigen Stunden oder Tagen stattgefunden: »Der von dem Markt her ertönende Jubel verbreitete sich nun auch über den großen Platz und ein ungestümes Vivat erscholl aus tausend und abertausend Kehlen und gewiß auch aus den Herzen. Denn dieses große Fest sollte ja das Pfand eines dauerhaften Friedens werden, der auch wirklich lange Jahre hindurch Deutschland beglückte.« Und über Joseph schrieb Goethe: »Der junge König schleppte sich in den ungeheuren Gewandstücken mit den Kleinodien Karls des Großen wie in einer Verkleidung einher, so daß er selbst, von Zeit zu Zeit seinen Vater ansehend, sich des Lächelns nicht enthalten konnte. Die Krone, welche man sehr hatte füttern müssen, stand wie ein übergreifendes Dach vom Kopfe ab. Die Dalmatika, die Stola, so gut sie auch angepaßt und eingenäht worden, gewährten doch keineswegs ein vorteilhaftes Aussehen. Szepter und Reichsapfel setzten in Verwunderung. Aber man konnte nicht leugnen, daß man lieber eine mächtige, dem Anzug gewachsene Gestalt um der günstigen Wirkung willen damit bekleidet und ausgeschmückt gesehen hätte.« Wobei Goethe durchaus nur das ausdrückte, was auch Joseph selbst, der keinesfalls unkritisch war, wenn es um die eigene Person ging, deutlich empfunden hatte. »Ich tue mein möglichstes, um mich geradezuhalten, damit meine Knie unter dem Gewicht nicht einknicken«, erklärte er lächelnd seiner Umgebung, nachdem ihm das schwere Prunkgewand angelegt worden war.

Im übrigen hatte alles seine feste Ordnung. Die Ratsherren von Frankfurt empfingen den jungen König außerhalb der Stadtmauern, wo ihm die Schlüssel der Stadt überreicht wurden. Vor einem Zelt, das auf freiem Feld aufgestellt und dem Anlaß gemäß geschmückt worden war, fand die offizielle Begrüßung Josephs durch die Kurfürsten und das diplomatische Korps statt. Dann, begleitet vom Geläute der Glocken und dem Dröhnen der abgefeuerten Kanonen, setzte sich der Krönungszug langsam in Bewegung. Freudenrufe begleiteten den Österreicher, Jubel brandete rund um ihn auf, wobei es wohl dahingestellt bleiben sollte, wem oder was dieser Jubel galt. Dem jungen Mann, dem schönen Zeremoniell, der feierlichen Stunde ... jedoch ganz gewiß nicht, wie Joseph alsbald in einer begreiflichen Selbsttäuschung anzunehmen bereit war, dem Faktum, daß hier ein Römischer König gekrönt wurde, den die sogenannte Vorsehung möglicherweise dazu auserwählt hatte, das zerrissene, geschwächte und in vielfacher Hinsicht längst fragwürdig gewordene Heilige Römische Reich Deutscher Nation wieder zu vereinigen.

Wurde Joseph von Rührung übermannt? War er plötzlich Illusionen zugänglich, die gefährlich sein konnten? »Die Zeremonie war wunderbar und erhaben«, schrieb er noch am gleichen Abend an seine Mutter in Wien.

Nichts hingegen vermittelte er von jenen Eindrücken, welche das ihm feindliche Klima in Frankfurt dargestellt hätten. »Die großen Herren machten ihm widerstrebend die Aufwartung und brachten ihm nur zögernd ihre Huldigungen dar«, schrieb ein ungarischer Chronist. Beim Festmahl im Ratshaus, dem sogenannten Römer, blieben die Plätze der weltlichen Kurfürsten leer, lediglich die drei geistlichen waren zu diesem immerhin bedeutungsvollen gesellschaftlichen und politischen Ereignis erschienen. Der preußische Gesandte mißachtete überhaupt die primitivsten Regeln des Anstandes und leistete sich dem jungen König gegenüber einen ärgerlichen Affront, der schon als gezielte Provokation betrachtet werden mußte. Und selbst ein so unbedeutender, nebensächlicher Charakter wie der Prinz von Zweibrücken, der in diesem kolossalen Historienspektakel bestenfalls eine Charge geben durfte, verweigerte dem König fast den standesgemäßen Handkuß. »Auf Schritt und Tritt ließ man ihn fühlen, daß sein Königtum nur künstlich, seine Würde nur eine imaginäre Würde war« (F. Fejtö). Auch aus den eigenen Reihen gab es kritische Stimmen. So etwa verübelte ein Hofrat namens Jarcke, der später einmal ein intimer Mitarbeiter des Fürsten Metternich sein würde und im übrigen ein erzkonservativer Mensch war, dem jungen König jenen natürlichen Humor, jene lebensrettende Ironie, welche ihm das alles zwar auch nicht angenehm sein, aber es ihn doch leichter ertragen ließen: »Die alte glorreiche Krone, das alte priesterliche, strenge Herrschergewand war dem Sohne der neuen Zeit zu weit und zu schwer, er wußte es nicht mit Ernst und Majestät zu tragen, es fehlte ihm der wahre Sinn für die Hoheit und Würde seiner Stellung.«

Solche Selbstgerechtigkeit, wie sie hier zum Ausdruck gebracht wurde, wußte nichts von den Spannungen, die Josephs Gedanken und Empfindungen beherrschten. »Dieser Einzug hat mich im Innersten aufgeregt«, schrieb er an seine Mutter, »und ich bedurfte all meiner Kraft, um mich aufrecht zu erhalten. Gerade vier Monate nach dem Tage, an welchem ich jene schöne und geliebte Seele von dem Körper sich loslösen sah, fand meine Wahl statt, und am 29., an welchem ich von ihrer Leiche mich trennen mußte, war der Einzug. Sie kennen das Gefühl, das mich beseelt, Sie wissen daher meinen Zustand zu beurteilen und Ihren unglücklichen Sohn zu bedauern ... Mit meiner Trauer bin ich jedermann zur Last, ich muß daher alles in mich selbst hinabwürgen und mich den ganzen Tag hindurch verstellen ...«

Ein anderes Mal hieß es: »Ich lache, doch meine Seele weint.« In Frankfurt und anderswo im Reich, unterwegs auf abendlichen Empfängen, die dem jungen König zu Ehren gegeben und auf denen nicht nur die Möglichkeiten einer neuen Verehelichung erörtert wurden, sondern die auch dem raschen, diskreten Vergnügen vorbehalten sein sollten, blieb er kühl, unempfindsam, gewissermaßen unberührbar. Eine merkwürdige Kälte ging von ihm aus. Er war keineswegs blind und taub gegen das, was ihm des öfteren angeboten wurde. Aber er fühlte sich außerstande, auch nur ein einziges dieser gelegentlich doch recht verheißungsvollen Angebote zu akzeptieren. Seiner Mutter gestand er brieflich ein, daß er sich »im Stande der Unschuld« befinde, »doch schreibe ich dies Ergebnis nicht meiner eigenen Stärke zu, sondern allein meinem großen Vertrauen zu Gott, meinem Gehorsam gegen die Befehle Eurer Majestät und der unvergänglichen Liebe, die ich empfand und heute noch empfinde, als wenn die Frau, der sie galt und die sie zweifellos verdiente, noch am Leben wäre. Sie wurde mir entrissen, als meine

Liebe dem Höhepunkt zustrebte. All diese Prüfungen haben meine Denkungsart zutiefst verwandelt.«

Joseph war also außerstande, sich von dem, was er als sein Schicksal oder als die Katastrophe seines Lebens begriff, wenigstens vorübergehend zu lösen. Er empfand nachgerade so etwas wie Lust an dem Schmerz, der in ihm wütete. Und aus diesem sonderbaren Gefühl, aus der Verwirrtheit seiner Empfindungen, aus dem tiefen und aufrichtigen Schmerz heraus, der ihn bewegte, entstand schließlich jener absonderliche Plan, den er umgehend Maria Theresia mitteilte. Wenn er, wie alle Welt plötzlich so hartnäckig behauptete, tatsächlich wieder heiraten mußte, weil es die Pflicht eines Römischen Königs war, einen Sohn zu zeugen, so sollte es niemand anders sein als Louisa Maria Theresia, die dreizehnjährige Schwester Isabellas, dieser ähnlich vom Aussehen und dem Charakter nach. Allerdings war sie längst schon dem spanischen Königshaus versprochen. Aber Joseph vertraute in dieser Hinsicht ganz seiner Mutter – entweder Louisa oder gar keine. Er, gepeinigt von seiner Obsession für eine Tote, verrannte sich jetzt in eine Illusion für eine Lebende, die ebenso unerreichbar war wie die verstorbene Isabella.

Selbstverständlich sollte es auch Maria Theresia unmöglich sein, eine ernsthafte Verbindung mit Louisa herzustellen. Sie ging dabei sogar so weit, an den König von Spanien einen Brief zu richten, in welchem sie ihn bat, das ältere Anrecht auf die Prinzessin von Parma zugunsten Josephs aufzugeben, obgleich Louisa längst dem Infanten von Asturien versprochen war. »Mein Sohn empfindet eine Abneigung gegen alle Prinzessinnen, die älter sind als er, so gegen die Tochter des Kurfürsten von Sachsen oder gegen Prinzessin Josepha von Bayern«, schrieb Maria Theresia, wohl wissend, in welch ausweglose Situation sie sich selbst und ihren Sohn mit diesem Schreiben manövrierte, das nur peinlich und demütigend sein konnte, weil es nicht vom diplomatischen Ehrgeiz der Kaiserin, sondern von der Zuneigung der Mutter diktiert worden war. Die Absage des spanischen Königs, der nicht daran dachte, die Heirat seines Sohnes mit Louisa den habsburgischen Interessen zu opfern, war dementsprechend eindeutig. Und an den Fürstenhöfen Europas, wo diese merkwürdige Art einer Brautwerbung und auch Josephs Marotten hinsichtlich einer neuen Eheschließung bald bekannt wurden, machten die bösartigsten Gerüchte die Runde. Der junge König sei ein Sonderling, hieß es. Und das war noch die am wenigsten verletzende Meinung, die man sich über Joseph erzählte, der sich schon als Zweiundzwanzigjähriger als ein vom Leben betrogener Mensch empfand.

Der junge König hatte die Macht kennengelernt. Er hatte etwas von der Lust empfunden, die durch Macht vermittelt werden kann. Ihm war auch das unendlich Verführerische bewußt geworden, das aller Macht innewohnt. Und er war durchaus willens, die Macht und alle ihre Konsequenzen zu genießen. Aber wenn er einen Augenblick lang gehofft hatte, daß er dadurch seinen Schmerz angesichts des Verlustes von Isabella vergessen würde, so mußte er nun erkennen, daß dieser Schmerz stärker war als jede andere Empfindung.

Die ablehnende Antwort des Königs von Spanien war nur eine weitere Eskalation dieses unendlichen Schmerzes, den sich Joseph hartnäckig einbildete. Er wußte, daß er sich einer neuerlichen Verheiratung nicht widersetzen durfte. Und jetzt, da die Schwester seiner angebeteten Isabella für ihn unerreichbar blieb, war ihm alles andere vollkommen gleichgültig. Er verfiel von einem Extrem ins andere. Und er verfolgte damit eigentlich nur eine Linie, die sich bereits auf der Heimkehr von Frankfurt abgezeichnet hatte.

Da schon hatte er sich heftig gegen das allzu feierliche, prunkvolle Zeremoniell gewehrt, das ihm aufgezwungen werden sollte. Seinen Einzug in Wien, der ein Staatsakt hätte werden sollen, nachdem er als Erzherzog fortgezogen und als Römischer König heimgekehrt war, hatte er entgegen allen Wünschen und diskreten Anregungen seines verzweifelten Obersthofmeisters nicht im Festanzug, sondern in den Reisekleidern mitgemacht. Hofbälle sagte er kategorisch ab. Vielleicht habe er aus dem Frankfurter Krönungsmahl, das Joseph als eine Art Totenmahl für Isabella begriffen hätte, ein seelisches Trauma zurückbehalten, meinte Ernst Benedikt in seiner Biographie des Habsburgers. »Es blieb ihm der bleibende Abscheu vor jedem offiziellen Getue. Vielleicht hat er sich geschworen, nie mehr zum willenlosen Objekt einer kalten Maschinerie zu werden, wie damals, da er so gerne hätte weinen mögen in Erinnerung an seine einzige Liebe . . .«

Jedenfalls kam ein ziemlich veränderter Thronfolger zurück nach Wien. Und er verhielt sich nun auch entsprechend seiner neuen Würde und seines neuen oder auch bloß aller einengenden Beschränkungen endlich völlig ledigen Charakters. »In befehlendem Ton greift er in die Beratungen ein«, notierte erstaunt François Fejtö, als ob Joseph nicht schon vorher immer wieder Beweise seines Eigenwillens und seiner Fähigkeit zur Spontaneität geliefert hätte. Nunmehr wurde das, was sich bisher erst durch Andeutungen bemerkbar gemacht hatte, zur Manie. Der junge Mensch warf sich in jede ihm zugängliche Arbeit mit einer fast zügellosen Heftigkeit, die unmißverständlich demonstrierte, daß sein Schmerz zur Psychose geworden war. Was Joseph jetzt unternahm, war nichts weiter als ein unausgesetzter Hilferuf. Er wollte den privaten Verlust, den er erlitten hatte, durch ein Übermaß an öffentlicher Selbstdarstellung ausgleichen. Er bildete sich allen Ernstes ein, den vollkommenen Mangel an Liebe durch vermehrte politische Tätigkeit vergessen zu können. Er wollte verlorene Gefühle durch gesteigerten Machtzuwachs kompensieren.

Aber alles, was er dadurch tatsächlich erreichte, war eine Erstarrung, die schrecklicher war als der schneidende Schmerz einer offenen Wunde. Joseph begann zu versteinern oder abzusterben. Und niemand konnte ihm helfen, weil niemand begriff, wie bedrohlich die Lage für den Thronfolger bereits war.

Josepha

Es war nicht ganz einfach, für Joseph eine passende neue Gemahlin zu finden, nachdem jene, die er begehrt hatte – nämlich die jüngere Schwester Isabellas –, unerreichbar geblieben war. Die Infantin von Portugal galt zwar als anziehendes Geschöpf und wäre auch, was die wichtige Frage des Glaubens anging, so katholisch gewesen, wie sich das ein Habsburger nur wünschen konnte; aber Portugal galt doch als etwas zu exotisch, war zu sehr von England abhängig und mit den Bourbonen auf eine zu lästige Weise verfeindet, was im Falle einer Verehelichung mit einem habsburgischen Prinzen nur neuen Konfliktstoff produziert hätte. Zwei passable deutsche Kandidatinnen, nämlich die Prinzessin von Wolfenbüttel und Prinzessin Wilhelmine von Preußen, eine Nichte ausgerechnet Friedrichs des Großen, kamen ihres protestantischen Glaubens wegen kaum oder gar nicht in Frage. Eine vierte, Kunigunde von Sachsen, wurde, was der Wiener Hof mit Mißvergnügen beobachtete, von Spanien und Frankreich favorisiert, da sie mit den beiden Königshäusern verschwägert war; andererseits galt sie als tugendhaft, besaß sie einen gesunden Frauenverstand – wie sich beispielsweise Ernst Benedikt ausdrückte, der sie auch sanft und familienfreundlich nannte – und wäre Sachsen, das über eine aufstrebende Industrie verfügte, keineswegs als Mitgift zu verachten gewesen. Also reiste Joseph, der dem staatspolitisch bedingten Drängen seiner Mutter nach einer neuerlichen Vermählung längst resignierend nachgegeben hatte, nach Prag und Teplitz, wo er mit Kunigunde zusammentraf, die allerdings viel zu schüchtern oder auch schlichtweg zu wenig anziehend war, um das Interesse des jungen Witwers zu wecken. Die gegenseitige Besichtigung blieb jedenfalls ergebnislos.

Eine andere Brautbesichtigung – oder wie man derlei Begegnungen nennt, die doch nur dem hochpolitischen Zwecke der Zusammenführung zweier Herrscherhäuser dienten – fand im bayrischen Straubing statt, wo die immerhin schon fünfundzwanzigjährige Josepha, Schwester des regierenden Kurfürsten von Bayern, Joseph vorgeführt wurde. Der hatte nichts anderes zu tun, als sogleich an den Vater seiner verstorbenen Isabella nach Parma zu schreiben: »Eine kleine und dicke Gestalt ohne jugendlichen Reiz, Bläschen und rote Flecken im Gesicht, häßliche Zähne, alles das konnte mich nicht versuchen, zu einem Ehestand zurückzukehren, in welchem ich gerade das Gegenteil gefunden hatte . . .«

Auch der ergebene Obersthofmarschall fand es der Aufzeichnung wert, was Joseph noch in Straubing, wo während des dort angesetzten Festbanketts übrigens fast ausschließlich die Zubereitung von Dampfnudeln und dergleichen Wichtigkeiten mehr erörtert worden waren, über die ihm zugedachte Josepha wörtlich geäußert hatte: »Es ist, als ob in ihr die Königin von Polen wieder auferstanden wäre.« Dazu muß man wissen, daß diese – überdies bereits alt und schwerfällig gewordene – Monarchin als ungemein linkisch galt, häßlich war und Anlaß bot für manchen derben Witz, was Josephs Takt, wenn er tatsächlich diesen Vergleich angestellt hatte, nicht gerade das beste Zeugnis ausstellte.

Aber Maria Theresia hatte für die ästhetischen Überlegungen ihres Sohnes jetzt kein Verständnis mehr. Sie hatte sich für eine Verbindung mit den Wittelsbachern entschieden, da es hier weder konfessionelle noch politische Hindernisse gab, Bayern in jedem Falle ein guter, saftiger Bissen war, der dem ausgehungerten oder zumindest seit dem Verlust Schlesiens doch reichlich abgemagerten Österreich vortrefflich munden mußte, und Josepha außerdem über zahlreiche Vorzüge verfügte, die nicht verschwiegen werden sollten. Denn war Josepha, wie nicht bestritten werden konnte, häßlich und linkisch, so schien sie offenbar doch auch gutmütig, ja herzensgut gewesen zu sein, ein armes Menschenkind, das sich seiner physischen Nachteile wohl bewußt war, das diese Nachteile aber durch einen verträglichen Charakter auszugleichen versuchte.

Sie dürfte auch nachgiebig bis zur Selbstentäußerung gewesen sein, und das, was so schrecklich linkisch wirkte an ihr, war wohl nichts anderes als eine scheue Furcht davor, in irgendeiner Weise aufzufallen. Es gibt Frauen, die in den Augen der Welt wie das berüchtigte Mauerblümchen wirken, bis sie von einem Zauber – vielleicht jenem der Liebe – berührt und dann zum Erblühen gebracht werden, weil es ihnen jetzt erst ermöglicht wird, ihre Vorzüge richtig und wohltuend einzusetzen. Aber Josepha hatte nicht das Glück, jemals auf irgendeine Art erweckt zu werden. Und der Ehestand, in den man sie jetzt wie ein beliebiges Objekt hineinzwang, würde für sie bloß ein Martyrium werden.

Es ging nämlich nun, da eine andere Braut für Joseph nicht mehr ausfindig gemacht werden konnte, alles sehr rasch und glatt über die Bühne. Am 10. Januar 1765 wurde in München der Heiratsvertrag unterzeichnet, neun Tage später reiste Joseph von Wien ab, um Josepha im oberösterreichischen Lambach sozusagen offiziell entgegenzunehmen, und am 23. Januar schließlich wurde in Schönbrunn Hochzeit gehalten. Das bedeutete vor allem eine ganze Reihe glanzvoller und kostspieliger Feste, die den ganzen Winter über andauerten und zumindest der österreichischen Hocharistokratie das Gefühl vermittelten, an einem sogenannten glücklichen Ereignis teilzunehmen. Die scharfzüngige Gräfin Kaunitz schrieb allerdings ihrer Schwester Eleonore Liechtenstein, daß die Dinge wechselhaft wären, denn »im vorigen Jahr war um diese Zeit allgemeine Trauer wegen des Todes der armen Isabella, heute herrscht Freude und wenige gedenken der schönen Frau. Vielleicht ist es gut, denn der Vergleich würde ihrer Nachfolgerin schaden. Wie bedauere ich die arme bayrische Prinzessin, so den Blicken aller Leute ausgesetzt zu sein.«

Selbst Maria Theresia, die doch wirklich alles unternommen hatte, um diese Verbindung herzustellen, vermochte angesichts des wenig glücklichen Äußeren der jungen Ehefrau ihre skeptische Meinung über die fraulichen Vorzüge der Gemahlin des Thronfolgers nicht zu unterdrücken. Im Tagebuch des kaiserlichen Oberst-hofmeisters Khevenhüller kann man nachlesen, wie wenig angetan bis bestürzt die Kaiserin war, wenn ihr Josepha einmal außerhalb des engsten familiären Kreises begegnete, und daß man ihr »ganz leicht anmerken konnte«, wie unangenehm ihr das war, was sie an ihrer Schwiegertochter zu sehen bekam. Selbstverständlich blieb das alles auch den Hofschranzen nicht verborgen, und es dauerte nicht lange, bis Josepha buchstäblich zum Gespött des ganzen Wiener Hofes wurde. Das bedauernswerte Geschöpf, schüchtern und kurzatmig, plump, schwerfällig, außerstande, sich seiner Haut zu wehren oder seine Situation aus eigenem Antrieb zu verbessern, grämte sich naturgemäß fast zu Tode, was in diesem tragischen Fall keine beiläufige Phrase, sondern nur eine nüchterne Darstellung der realen Vorgänge ist. Denn wenn auch so gut wie alle Biographen Josephs meinen, daß die Geschichte dieser heillos unglücklichen Ehe, die in Wahrheit die Geschichte einer heillos unglücklichen Frau war, rasch erzählt wäre, so übersehen sie doch alle das Martyrium Josephas, für das vor allem Joseph selbst verantwortlich war. Seine Schwester Marie Christine empörte sich in einem Brief: »Ich glaube, wenn ich seine Frau wäre und so behandelt würde, ich wäre entflohen und hätte mich in Schönbrunn an einem Baum aufgehängt.«

Joseph unterließ in der Tat nichts, um seine Frau zu kränken und zu demütigen. »Alle Zeitgenossen sind sich darüber einig, daß seine Frau ihn liebte, unendlich an ihm hing und alles tat, seine Sympathie zu erregen, daß aber schon ihr Anblick ihn verdroß und er sie nicht berühren konnte, ohne ein Gefühl des Abscheus zu empfinden.« Es mag sein, daß François Fejtö übertreibt, was die Liebe Josephas für den jungen König anging, aber zweifellos dürfte sie alles, was ihr möglich war, versucht haben, um ihm eine gute oder zumindest angenehme Ehefrau zu sein. Sie war weder ein widerspruchsvoller Charakter, noch besaß sie ein störrisches Gemüt, und erst recht war ihr nicht jene scharfe, analytische Intelligenz zu eigen, die ihr ihren demütigenden Zustand wahrscheinlich vollends unerträglich gemacht hätte. Sie war eher das, was man schicksalsergeben nennen könnte. Sie fügte sich resignierend und todunglücklich ins scheinbar Unvermeidliche. Und genau das war ihr eigentliches Verhängnis.

Als sie, zutiefst getroffen von den Ekelgebärden Josephs und seiner deutlich bekundeten Abneigung gegen sie, ein einziges Mal sich darüber beklagte, daß er offensichtlich ihre Nähe mied und selbst dann, wenn er in Wien weilte, einen Abgrund zwischen sie beide legte und außerdem nicht willens wäre, ihr während seiner Abwesenheit auch nur einen einzigen Brief zu schreiben, da antwortete Joseph auf diese beredte Klage ausgerechnet seiner Mutter. Er erklärte ihr, daß er durchaus bereit wäre, seiner Gattin einen Brief zukommen zu lassen, aber leider wüßte er nichts, was er Josepha tatsächlich schreiben könnte; und dann die vernichtende Feststellung: »Ich würde lieber und mit minderer Beschwerde dem Groß-mogul schreiben, denn sie begnügt sich nicht mit Respektgefühlen und hat mir darüber schon Vorwürfe gemacht. Aber urteilen Sie selbst, liebe Mutter: Wo zum Teufel wollen Sie, daß ich ein Gefühl auffischen gehe!«

Manche moderne Autoren haben das Verhalten Josephs seiner Ehefrau gegenüber, das ein wenig respektvolles bis grausames und schändliches war, als Ausdruck eines Aufbegehrens gegen die all-mächtige Mutter interpretiert, die ihn zu dieser Ehe gezwungen hatte. »Maria Theresia, die eiserne Mutter, mag ihn zwar zur Ehe gezwungen haben – zum Ehebett konnte sie ihn nicht verpflichten«, schrieb zum Beispiel Hans Magenschab. Und an anderer Stelle heißt es: »Die äußere Grausamkeit des Verhaltens Josephs ist nicht nur aus kalter Rücksichtslosigkeit zu erklären. Sie ist Ausdruck einer Revanche gegenüber seiner Mutter, der er nicht mehr zubilligen wollte, über ihn als nunmehr Erwachsenen einfach mit mütterlicher Allmacht hinwegzuregieren.«

Es mag in solcher Meinung etwas Wahres sein, die ganze Wahr-heit ist es jedoch gewiß nicht. Joseph war eines ungemein verletzen-den Sarkasmus fähig. Er war überhaupt ein schwieriger, wider-spruchsvoller Charakter, dem nie jene selbstverständliche Disziplin beigebracht worden war, die jeder gewöhnliche Sterbliche akzeptie-ren mußte, wenn er nicht an der eigenen Maßlosigkeit scheitern wollte. Joseph durfte launenhaft, egozentrisch, grausam und unge-recht sein, ohne daß ihn jener Mensch, der ihn am nachhaltigsten beeindruckte und den er als einzigen respektierte und sogar fürchtete, ernsthaft zur Verantwortung gezogen hätte. Seine Mutter dachte, was seine Erziehung anging, mehr in staatspolitischen als in pädagogischen Kategorien. Er hätte manche lehrreiche Unterweisung darin, wie man die Feinde des Hauses Habsburg besiegt, eher entbehren können als die strenge, jedoch liebevolle Hilfestellung einer Mutter, die ihren Sohn aus privaten und nicht aus politischen Gründen zum erwachsenen Mann erziehen will.

Die ganze Wahrheit, was diese unglückliche Geschichte mit Josepha betraf, mag gewesen sein, daß Joseph ganz einfach zu wenig Herzenstakt besaß, um über die physischen Nachteile seiner Frau hinwegzusehen und ihr ein braver Ehemann zu sein, wie sie verzweifelt versuchte, ihm eine gehorsame und fügsame Ehefrau zu sein. So aber verdroß es ihn, sie bloß anzusehen. Und es ist sogar fraglich, ob er mit ihr die Ehe vollzogen hat. Er werde ihr zwar jene Ehre erweisen, die sie verdiene, hatte er doppelsinnig am Beginn dieser sonderbaren Verbindung festgestellt, aber »nicht einmal solch kargen Rest kann er ihr widmen«, schreibt dann frustriert der Historiker Benedikt. »Das Unbändige in ihm wütet gegen die Fesseln der Staatsraison und Josepha schadet sich noch mehr, indem sie anfangs Besseres verlangt als bloßen Respekt.« Wobei, um das in aller Deutlichkeit festzuhalten, von Respekt gar keine Rede sein kann, denn die Art der Verachtung, die Joseph für seine Frau empfand, war schlichtweg niederschmetternd. Selbstverständlich bezog er ein getrenntes Schlafzimmer. Selbstverständlich mußte sogar der gemeinsame Balkon, den beider Eheleute Gemächer hatten, sorgfältig unterteilt und abgetrennt werden, so daß der junge König ganz gewiß nicht Gefahr lief, seiner Frau zu begegnen, wenn er in Wien weilte.

Ernst Benedikt hat von Josepha als dem häßlichen Entlein im habsburgischen Schwanenteich gesprochen und damit zum Ausdruck gebracht, was fast alle Autoren mehr oder minder diskret empfunden und formuliert haben, wenn von der bayrischen Prinzessin die Rede war. Und auch das ist ungerecht einem Menschenkind gegenüber, das manche gute Veranlagung besaß, um nicht nur eine ordentliche Ehefrau, sondern auch eine tüchtige Landesmutter zu werden. Denn Josepha, unentwegt zurückgesetzt und gekränkt von jenen, die ihr eigentlich mit Liebe oder zumindest mit Respekt hätten begegnen sollen, begann sich um die Nöte der sogenannten kleinen Leute zu kümmern, nahm sich der sozial Schwächeren an, wurde so etwas wie eine Hoffnung für jene, die in unverschuldetes Elend geraten waren. Das rührte wiederum daher, daß Josepha im Kreise ihrer eigenen Familie, also weder bei Joseph noch bei Maria Theresia und erst recht nicht bei den zahlreichen Schwägerinnen, Gehör für ihren eigenen Kummer fand; und daß sie, unentwegt auf der Suche nach Anteilnahme für ihren eigenen und keineswegs unerheblichen Kummer, Stufe um Stufe abwärtsschreiten mußte, um endlich doch auf Menschen zu stoßen, bei denen sie Herzenswärme oder wenigstens aufrichtige Neugier zu entdecken glaubte. Sie pflegte sich meistens an »kleine Leute mit ihren Sorgen zu wenden«, schrieb etwas hochmütig Khevenhüller in sein berühmtes Tagebuch, um dann sogleich anzufügen: »Womit die gute Frau ihre Aktien freilich nicht besser machte . . .« Und von ihrer Obersthofmeisterin, der Gräfin Aspremont-Reckheim Lynden, wissen wir, daß sie sich sogar ihren Abschied erbeten hatte, weil sie die ständigen Ehezerwürfnisse und die unselige Atmosphäre, welche das Dasein Josephas verdüsterten, nicht mehr länger ertragen mochte.

Aber niemand am ganzen Wiener Hof kam auf die Idee, daß hier einer Unschuldigen Unrecht zugefügt wurde, daß eher Joseph als dieses bedauernswerte Geschöpf zu verurteilen war; oder eigentlich Maria Theresia, die darauf gedrungen hatte, daß zwei Menschen, die weder physisch noch psychisch zueinander paßten, buchstäblich ins Lotterbett der Politik gezwungen worden waren.

Dann starb Josepha, übrigens an den Windpocken, wie zuvor schon Isabella. Sie starb am Morgen des 28. Mai 1767, nachdem sie rund zweieinhalb Jahre am Wiener Hof buchstäblich das Leben einer Verfemten, einer Ausgestoßenen hatte führen müssen. Ihr Tod beendete eine Tragödie, bevor sie zur Katastrophe werden konnte.

Von irgendwelchen besonderen Bekundungen einer aufrichtigen Trauer über den plötzlichen Tod Josephas ist nichts bekannt, weder von Joseph noch von Maria Theresia, noch von sonst irgendeiner Persönlichkeit am Wiener Hof, zu welcher die Unglückliche und Vereinsamte eine nähere Beziehung hätte haben können. Josepha war solcher Beziehungen gar nicht fähig gewesen. Sie starb so, wie sie gelebt hatte, nämlich schüchtern, linkisch, kurzatmig und völlig unauffällig.

Drei Jahre später, am 23. Januar 1770, starb auch Maria Theresia oder eigentlich Marie Therese, wie sie häufiger genannt wurde, also jene Tochter, die Joseph mit Isabella gezeugt hatte und der er nach dem Tod seiner ersten Frau schon aus sentimentalen Gründen seine ganze unverbrauchte und freilich auch sonderbare Liebe hatte zuteil werden lassen. Das teure Unterpfand seiner Liebe zu Isabella wäre Marie Therese gewesen, auch sein zweites Ich, hatte er später einmal erklärt. Bei der Erziehung seiner einzigen Tochter hat er »alle Angebote des so schrecklich verehrungswürdigen Korps der Ajas und Obersthofmeisterinnen ebenso ignoriert wie die stumme Forderung der schnurrbärtigen Matronen, die nur darauf warteten, daß ich einer von ihnen das Schnupftuch zuwerfe«. Er holte sich die Gouvernante seiner Tochter aus dem Niederländischen, eine Marquise d'Herzelle, die wie die zweite Erzieherin, eine Gräfin Chanclos, alle erdenklichen Freiheiten genoß und so gut wie unabhängig blieb vom einengenden Reglement des Wiener Hofes.

Unmittelbar nach dem Neujahrstag 1770 begann Marie Therese zu hüsteln und zu fiebern. Wahrscheinlich war es ursprünglich eine eher harmlose Erkältung, verursacht durch das zugige und eisige Klima im Leopoldinischen Trakt. Man ließ die Kleine zur Ader, zweimal. Es brachte jeweils nur eine kleine Erleichterung. Das Hüsteln blieb. Das Fieber stieg. Und als man endlich entdeckte, daß es eine Lungenentzündung war, an welcher die Siebenjährige auf den Tod erkrankt war, da halfen alles verzweifelte Fürbitten des Vaters und auch die sogenannte Kunst der Ärzte nichts mehr. Die letzten Tage dämmerte das Kind hoffnungslos in den Tod hinüber. Joseph war, wie einst schon in den verlöschenden letzten Lebensaugenblicken ihrer Mutter Isabella, fast unaufhörlich bei ihr. »Sie will nicht Speisen, nicht Heilmittel nehmen außer von der Hand des

Vaters«, berichtete Ernst Benedikt. Das erlaubt uns eine Vorstellung davon, wie innig die Beziehung gewesen sein muß zwischen Joseph und dessen einziger Tochter.

Später, als alles vorbei, die Kleine begraben war, verhandelte er mit Madame d'Herzelle über eine letzte Gunst, die er sich dringend erbat, nämlich jenes »weiße Hauskleid aus Wollstoff, mit Blumen bestickt, und einige ihrer Schriften«, Dinge also, die für ihn eine ungeheure Bedeutung gehabt haben müssen. »Sicher haben seine Hände oft noch zitternd den weißen Stoff liebkost«, schreibt Benedikt etwas rührselig und wahrscheinlich doch bloß der historischen Wahrheit entsprechend. »Und er wird sie in ihrer Grazie, in ihrer süßen Jugend wieder erweckt haben, da sie nun auch in die Kapuzinergruft versenkt war, neben dem Sarg der Mutter.«

Isabella. Josepha. Marie Therese. Der Tod war dem jungen Mann ein Vertrauter geworden. Joseph war zu diesem Zeitpunkt, da ihm auch das einzige Kind verstarb – auch sein Vater, Franz Stephan von Lothringen, war fünf Jahre zuvor in Innsbruck gänzlich unerwartet verschieden –, noch nicht einmal dreißigjährig. Aber er war körperlich und geistig ausgereift. Er war in jeder Hinsicht ein Erwachsener geworden.

In einer patriotischen Flugschrift, die 1845 erschienen war, hatte ein Autor namens Karl August Schimmer eine wahrscheinlich ziemlich realistische Darstellung Josephs gegeben. Schimmer erwähnte zum Beispiel die Vorliebe des Habsburgers für »den Dialekt seiner Hauptstadt«, was bedeutete, daß Joseph meistens so redete, wie ihm der wienerische Schnabel gewachsen war. Und was sein Aussehen betraf, so war er »von mittlerer Größe, sehr gut gebaut, stark und kräftig«. Auffallend war die Farbe seiner Augen, ein helles, intensives Blau, mit einem Leuchten und Gleißen, welches dieses Blau noch verstärkte. »Seine Stimme war hell und durchdringend, er sprach meist hastig und laut und, wenn er sich ereiferte, was nicht selten geschah, mit starrem glühenden Auge und heraufgezogener Oberlippe, so daß man die Zähne sah« – was wiederum die Vermutung nahelegt, daß er nicht justament das gewesen ist, was man einen schönen Mann nennt.

Ob er sich jemals gefragt hat, auf welche Weise sein Äußeres Isabella oder Josepha angenehm, unangenehm gewesen sein mag? Aber wahrscheinlich stellt sich ein Mensch, der vom ersten Augenblick seiner Existenz an in den Purpur der Kaiserwürde hineinwachsen muß, solche Fragen erst gar nicht.

Der Sohn als Mitregent (1)

Jenes Ereignis, durch welches Joseph politisch am meisten gewinnen sollte, war der Tod seines Vater am 18. August 1765 in Innsbruck. Der Kaiser war eher ungern dorthin gereist, um an den Hochzeitsfeierlichkeiten seines zweitgeborenen Sohnes Leopold mit Marie Luise, einer Tochter des Königs von Spanien, teilzunehmen. Franz Stephan hatte ursprünglich darauf gedrungen, dieses Zeremoniell in Graz durchzuführen, aber sowohl seine Frau als auch der Staatskanzler Kaunitz hatten auf Innsbruck bestanden, wo übrigens heute noch die sogenannte Triumphpforte am Ausgang der Maria-Theresien-Straße an diese Hochzeit erinnert.

Joseph war Augenzeuge des Sterbens seines Vaters. Dieser, im siebenundfünfzigsten Lebensjahr stehend, eher fettleibig und von Schlagflüssen heimgesucht, aber bis zum Augenblick seines Hinscheidens den Freuden des Lebens stets genießerisch hingegeben, hatte den Hochzeitsball vorzeitig verlassen, um sich zur Ruhe zu begeben. Sein Sohn folgte ihm in einiger Entfernung und beobachtete nun, wie der Vater plötzlich taumelte und dann fiel. Joseph stützte den Kaiser, der mit schwankenden Schritten seinen Weg durch einen schmalen Korridor fortzusetzen versuchte, was freilich erst mit Hilfe eines rasch herbeigerufenen Kammerdieners gelang. Ein Arzt, der gleichfalls geholt worden war, ließ den inzwischen bewußtlos Gewordenen am Arm und an der Schläfe zur Ader. Aber es war alles vergeblich. Franz Stephan starb nach einem kurzen Todeskampf in den Armen seines Sohnes.

Der Tod des Kaisers und die dadurch notwendig gewordene Abwicklung seines Nachlasses eröffneten dem überraschten, weil ahnungslosen Sohn einen interessanten Einblick in die verborgenen geschäftlichen Aktivitäten seines Vaters. Joseph, zum Erben Franz Stephans erklärt, entdeckte nämlich, daß dieser seit vielen Jahren schon einen »kaum versiegenden Strom an Einkünften« (H. Magenschab) genossen hatte, und zwar nicht nur aus der reichen Toskana, wo der Kaiser und Prinzgemahl Maria Theresias als Großherzog zugleich auch oberster Steuereinnehmer gewesen war, sondern auch aus zahlreichen Manufakturen und Fabriken in Österreich sowie aus allen möglichen geschickten – freilich nicht immer moralisch einwandfreien – Geschäften, die ihm ein beachtenswertes Vermögen eingebracht hatten. Franz Stephan hatte beispielsweise nichts daran gefunden, sich über Mittelsmänner auch den kriegführenden Parteien im Siebenjährigen Krieg als Heereslieferant anzudienen, was den Preußenkönig Friedrich dazu bewogen hatte, den österreichischen Kaiser einen famosen Mann zu nennen, der »während des Krieges Freund und Feind mit Munition und Lebensmitteln versorgt hat«. Die daraus erwirtschafteten Gelder hatte Franz Stephan dann in ausländischen Banken angelegt, vornehmlich in Venedig, Genua und Amsterdam, was es auch verständlich machte, daß seine eigene Familie so gut wie nichts vom Reichtum ahnte, über den er verfügt hatte.

Joseph vermachte die auf ihn gekommene Erbschaft unverzüglich dem Staat, was bedeutete, daß die Staatsverschuldung, die seit dem Siebenjährigen Krieg beträchtlich war, erheblich reduziert werden konnte. Seine Einschätzung des Vaters aber, zu dem er schon zu dessen Lebzeiten ein eher distanziertes Verhältnis gehabt hatte, wird durch einen Ausspruch charakterisiert, den Joseph unmittelbar nach den Begräbnisfeierlichkeiten gemacht haben soll: »Ich habe nicht die Denkungsart, um die Rolle meines hochseligen Vaters spielen zu können.« Dieser Satz, ob historisch verbürgt oder bloß gut erfunden, meinte Franz Stephans Neigung für das schöne Geschlecht, woraus für die eifersüchtige Maria Theresia mancher Kummer entstanden war, aber auch des verewigten Kaisers Leidenschaft fürs Wohlleben und, wie sich nach seinem Tod herausstellte, seine glückliche Hand im Umgang mit dem Geld.

Das alles mußte dem eher puritanischen, maßlos ehrgeizigen,

dem Leben selbst sich spätestens seit dem Tode Isabellas düster verweigernden Joseph weitgehend fremd geworden sein. Er war, wenn man es auf einen so einfachen und nicht ganz richtigen Nenner bringen will, ein kalter Ehrgeizling, ein von seinem vermeintlichen Charisma besessener Politiker, jedoch alles andere denn ein sybaritischer Mensch, der sogenannte zivile Neigungen, denen er hätte nachgeben können, nicht einmal ansatzweise besaß.

Maria Theresia, die ihren Mann aufrichtig und leidenschaftlich geliebt hatte, war durch den Tod Franz Stephans zutiefst getroffen. Sie unterwarf sich einer Trauer, die fast archaisch anmutet. Ihr langes Haar, dessen füllige Schönheit sprichwörtlich gewesen war, fiel jetzt der Schere zum Opfer. Aller Schmuck, den sie besaß, wurde versperrt. Die kostbaren Toiletten verteilte sie an Hofdamen und Kammerjungfern. Die Wände ihres ehedem pupurfarbenen Schlafzimmers wurden mit dunkelgrauer Seide überzogen. Und ihr Bett wurde nun von einem dunkelgrauen Vorhang umschlossen, als sollte dadurch der Verlust, den sie als Frau und Geliebte erlitten hatte, sichtbar demonstriert werden.

Vor allem aber war die Kaiserin plötzlich unfähig oder nicht mehr willens, die Regierungsgeschäfte wahrzunehmen. Einige Wochen lang spielte sie sogar mit der Idee, zugunsten ihres Sohnes abzudanken, und es war Kaunitz, dem es schließlich gelang, Maria Theresia von diesem gefährlichen Vorhaben wieder abzubringen.

Joseph echauffierte sich wesentlich weniger über den Verlust seines Vaters. »Zweifellos hatte er den dicken, bequemen Herrn mit dem schlichten, umgänglichen Wesen geliebt, doch zugleich hatte er ihn auch ein wenig verachtet. Im Grunde seines Herzens hielt er ihn der Kaiserwürde nicht für wert, und die zweideutige, untergeordnete Stellung des Vaters am Hof, wo man ihn ein wenig wie einen vornehmen Ausländer ansah, nagte an Josephs Selbstbewußtsein« (F. Fejtö).

Es war daher nur natürlich, daß sich der zum Mitregenten erhobene Thronfolger jetzt mit einem leidenschaftlichen Tatendrang, der durch keine Etikette und keine Verordnungen mehr gehemmt werden konnte, auf alle Regierungsangelegenheiten stürzte und dabei alsbald dem ebenso allmächtigen wie ehrgeizigen, ebenso tüchtigen wie allerdings auch eitlen Kaunitz empfindlich in die Quere kam. Joseph war nie ein besonderer Freund des Staatskanzlers gewesen, der sehr viel mehr war als bloß ein politischer Berater seiner Mutter, als welchen ihn Joseph noch am ehesten neben sich hätte dulden können. Jetzt, da der Tod Franz Stephans ihn automatisch zum Kaiser und Mitregenten gemacht hatte, empfand er es als eine fast unerträgliche Zumutung, sich von Kaunitz politisch bevormunden zu lassen. Am nachhaltigsten dürfte er allerdings darunter gelitten haben, daß der Staatskanzler, dessen Überheblichkeit berüchtigt war, alles daransetzte, um die Kaiserin und den jungen Kaiser seine eigene Unentbehrlichkeit und Überlegenheit fühlen zu lassen. Ein Temperament wie jenes Josephs empörte sich gegen eine solche Zumutung aufs heftigste. Und hätte er nicht begriffen, daß Kaunitz tatsächlich unersetzlich war, so würde eine seiner ersten offiziellen Leistungen zweifellos darin bestanden haben, Kaunitz den Abschied zu geben.

Dennoch machten der Elan, die Leidenschaft und die Kompromißlosigkeit, mit denen Joseph seine Regierungsgeschäfte nunmehr wahrnahm, beträchtliches Aufsehen. Dabei mischte sich in den aufrichtigen Jubel darüber, daß er, begünstigt durch das immense Vermögen, welches ihm sein Vater hinterlassen hatte, zweiundzwanzig Millionen Stück Staatspapiere oder sogenannte Coupons, also Staatsschuldverschreibungen, die durch den Siebenjährigen Krieg entstanden waren, nunmehr ohne weiteres einlösen und vernichten konnte, auch ein fast ängstliches Erstaunen, daß der junge Kaiser mit radikaler Hand den Filz zu entfernen suchte, der sich am Wiener Hof und in dessen Dunstkreis angesammelt hatte, wobei nur wenige Eingeweihte wußten, wie ungemein kostspielig dieser Filz war. Da mußten beispielsweise für die Papageien, welche seit Karl VI. zur Unterhaltung der Hofgesellschaft gehalten wurden, jährlich zwei Fässer Tokajer bezahlt werden, weil der magyarische Wein – ein anderer, minder gehaltvoller oder feuriger durfte es allem Anschein nach nicht sein – zum Einweichen des Brotes benötigt wurde, mit welchem die Papageien gefüttert wurden. Was die Badegewohnheiten dieser exotischen Vögel anging, so benötigten sie jährlich ganze fünfzehn Eimer Wein, diesmal solchen aus österreichischen Rieden, damit ihr Gefieder jenen strahlenden Glanz erhielten, der kaiserlichen Unterhaltungsvögeln wohl zustand.

Die Kosten dafür, die sich erheblich summierten, strich jetzt Joseph kurzerhand. Ebenso die Ausgaben von jährlich 4000 Gulden, die allein für Petersilie aufgebracht werden mußten, weil die Hofküche angeblich einen so großen Bedarf nach diesem Grünzeug hatte. Ganze zwölf Kannen Ungarwein mußten täglich als Schlaftrunk für die verwitwete Kaiserin Amalie Wilhelmine bezahlt werden, sechs Kannen Ungarwein für deren Hofdame, wobei niemals der Beweis erbracht worden war, daß die beiden Damen tatsächlich diese Unmengen getrunken oder überhaupt bezogen hatten. Das änderte nichts daran, daß sie in Rechnung gestellt worden waren und selbstverständlich beglichen werden mußten. Solche Kostspieligkeiten und Torheiten stellte Joseph augenblicklich ab.

Und er ging noch einen Schritt weiter. Er forderte eine Aufstellung von Listen, die ihm eine genaue Auskunft geben sollten über die luxuriösen Gewohnheiten am Wiener Hof und über das Unmäßige und damit Unnotwendige der Hofhaltung sowie über jene Personen, die unberechtigte oder zu kostspielige Privilegien genossen. Dabei entdeckte der junge Kaiser erstaunliche Dinge. Es hatte sich zum Beispiel eingebürgert, daß jedes einzelne Mitglied der kaiserlichen Familie sich seinen eigenen Hofstaat hielt, was die Ausgaben aus der kaiserlichen Schatulle natürlich ins Unermeßliche hatte ansteigen lassen. Joseph sorgte nun dafür, daß alle Erzherzöge und Erzherzoginnen an einer einzigen Tafel vereinigt wurden, nämlich an jener des jungen Kaisers und seiner Mutter, der Kaiserin, was allein schon deshalb drastische Einsparungen ermöglichte, weil Joseph ein ungemein sparsamer Esser und überhaupt ein außerordentlich genügsamer Mensch war.

Ein anonymer Zeitgenosse fand übrigens noch einen Grund, die neue Einrichtung der gemeinsamen habsburgischen Familientafel zu loben. Diese zweckmäßige Einschränkung gebe nämlich dem in »engere Grenzen zusammengezogenen schönen Familienkreise eine rechte Weihe«, was wohl soviel bedeuten sollte, als daß man bei den Habsburgern jetzt endlich miteinander zu reden begann und auf diese Weise einander vielleicht ein wenig näher kam.

Wilhelm von Dohm, ein längst in Vergessenheit geratener Publizist und Historiker, hat in seinem Buch »Denkwürdigkeiten meiner Zeit«, das zu Beginn des 19. Jahrhunderts entstanden ist, den Versuch unternommen, die Situation, welche Joseph bei seinem Regierungsantritt vorgefunden hatte, möglichst nüchtern und unvoreingenommen darzustellen. Das Bild, das Dohm dabei malte, war schlichtweg niederschmetternd: »Was nun zuerst Josephs Stellung als Kaiser zum deutschen Reiche anlangt, so mußte er sich leider nur zu bald überzeugen, daß dieselbe eine trostlose, jammervolle war. Das kaiserliche Ansehen bis auf Null gesunken, des Kaisers unmittelbarer Regierung kaum noch ein Flecken Landes untergeben, die Reichseinkünfte des Kaisers bis auf eine kaum erwähnenswerte Summe zusammengeschmolzen, der Reichstag eine Maschine, deren Räderwerk schon längst ins Stocken geraten war, die Reichsstände untereinander in Hader und Zwist, die Rechtspflege des Reiches, besorgt von dem Reichshofrat zu Wien und dem Reichskammergericht zu Wetzlar, auf das schmachvollste gehandhabt, wegen schamloser Bestechung gehöhnt und in allgemeinem Mißkredit – das war in kurzem das Bild von der Reichsrepräsentation.« Und ein Schriftsteller jener Zeit bemerkte dazu kurz und wahrscheinlich höchst treffend: »An dem ganzen morschen Gebäude der Reichsverfassung war nichts mehr zu retten.«

Aber der junge Mensch, der als Vierundzwanzigjähriger zum tollkühnen und von ihm selbst freilich durchaus herbeigesehnten Kopfsprung ins reißende Wasser der großen Politik ansetzen mußte und nunmehr als Mitregent einer selbstbewußten, wohlerfahrenen und eigenwilligen Kaiserin tätig sein durfte, er war vom ersten Augenblick an bereit, die große Herausforderung anzunehmen. Und mehr als das: Joseph zitterte gewissermaßen vor kaum unterdrückter Gier, sich bewähren zu dürfen. Und er war, wie sich ziemlich rasch herausstellte, sehr wohl fähig, etwas zu leisten. Er hatte es nachdrücklich mit den Reformen bewiesen, die er im engeren Familienkreis durchzusetzen imstande gewesen war. Er bewies es neuerlich, indem er die verhängnisvolle habsburgische Bürokratie radikal vereinfachte und beispielsweise »alle Schleichwege zu Ämtern und Ehrenstellen auf das Strengste verbot« und dezidiert erklärte, daß »fortan nicht mehr Geburt, Verwandtschaftsempfehlung oder sonstige Zufälligkeiten bei der Wahl irgendeines Beamten den Ausschlag geben sollten, sondern einzig und allein das Verdienst, die Kenntnisse und die Empfehlung des betreffenden Vorgesetzten«, wie das Carl Namshorn noch um die Mitte des 19. Jahrhunderts ebenso erstaunt wie bewundernd festhielt. Joseph verbot aber auch die Glücksspiele, weil er darin die Wurzel manchen Unheils sah, welches nicht bloß private, sondern allgemeine und damit den Staat gefährdende Dimensionen annehmen könnte. Er führte ferner eine neue Polizeiordnung ein und erleichterte unter anderem das Heiraten, »damit die namentlich durch die letzten Kriege sehr zusammengeschmolzene Bevölkerung wieder wachse«, wie es in einer offiziellen Verlautbarung ziemlich offenherzig hieß.

Alle seine Vorhaben und Reformen formulierte der vierundzwanzigjährige Kaiser in einer Denkschrift, der als Motto jener spöttische oder auch nur verzweifelte Ausspruch Josephs voranstehen könnte, den der Mitregent bei anderer Gelegenheit getan hatte: »Bei den Hottentotten und Irokesen könnten nicht schauerlichere und lächerlichere Dinge sich ereignen als in der österreichischen Staatsverwaltung, besonders in den Hofstellen und in der Staatskanzlei. Man könnte Komödien darüber schreiben, die jenen unglaublich erscheinen müssen, die sie nicht miterlebt hätten.« Aber Joseph stand der Sinn nicht nach Komödien, sondern nach einer grundsätzlichen Veränderung der herrschenden Verhältnisse. Und dieser Veränderung, die alle Bereiche des öffentlichen Lebens erfassen sollte, war seine Denkschrift gewidmet. Er wandte sich mit aller Heftigkeit gegen den erschreckenden Bürokratismus, gegen die »Vielschreiberei«, wie er es bezeichnete. Er plante aber auch die Vereinheitlichung des Gerichtswesens, indem er für eine Zusammenlegung der Zivil- und Militärgerichtsbarkeit eintrat. Und er wehrte sich mit zynischer oder mehr noch verzweifelter Bitterkeit gegen die Auswüchse einer Zensur, die unter anderem dazu geführt hatte, daß ausländischen Gesandten Bücher von Voltaire und Montesquieu beschlagnahmt wurden. Hier war es die sittenstrenge und allerdings auch reichlich rückständige Maria Theresia, die alles, was ihren engstirnigen Vorstellungen von Moral zu widersprechen schien, rückhaltlos verdammte. Und da war es dann völlig gleichgültig, wer der Autor der beschlagnahmten Bücher und wer das Opfer dieser Zollschikanen war.

Dagegen versuchte Joseph anzukämpfen, und auch gegen die religiöse Unduldsamkeit, die der überaus frommen, fast bigotten Kaiserin fast schon zur politischen Pflicht geworden war, was der junge Kaiser als staatspolitisches Verhängnis begriff. Außerdem legte er in seiner Denkschrift großen Wert auf sogenannte bevölkerungspolitische Maßnahmen, welche »die Erhaltung und Vervielfältigung der Zahl der Untertanen« garantieren sollten, ein Anliegen, dessen enorme Bedeutung Joseph schon durch die spürbare Erleichterung bei den Ehegesetzen unterstrichen hatte.

Der Sohn und Mitregent probte mit dieser Denkschrift den Aufstand gegen die Mutter und Kaiserin. Es war eine höfliche, noch durchaus respektvolle Form des Aufbegehrens, Joseph wußte, was er der verehrungswürdigen Monarchin an Liebe und Ehrerbietung schuldete. Aber die meisten seiner Forderungen waren unmißverständlich gegen Maria Theresia gerichtet. »Manche sind in alles Neue, noch nicht Dagewesene vernarrt«, schrieb er, »andere folgen blindlings dem von ihren Ahnen vorgezeichneten Weg. Was mich angeht, so gehöre ich keiner der beiden Sekten an.«

Das war für jene, die zwischen den Zeilen lesen konnten, eine eindeutige Kampfansage an den politischen Stil der Kaiserin, ebenso wie die Formulierung der wirtschaftlichen und materiellen Grundsätze, die Joseph weitgehend neu geordnet haben wollte. Dabei erklärte er in aller Offenheit, daß er in Finanzangelegenheiten ein Atheist sei, der mehrere Religionen kenne, ohne an eine einzige wirklich zu glauben: »Am klügsten ist es, nach dem Gebot des gesunden Menschenverstandes und der vernunftgemäßen Überlegung zu handeln.« Das hörte sich in einem Staat, in dem immer auch religiöse Überlegungen eine immense politische Rolle spielten, allerdings fast schon wie Ketzerei an.

Aber Josephs Forderungen zielten nicht auf Unerreichbares ab, sondern meinten das Machbare und für den Staat Notwendige. Man kann sie auf einige wenige Schlagworte reduzieren, die bereits das ganze Programm ausmachen: Vereinfachung der Verwaltung, Förderung der Begabten ungeachtet ihrer sozialen Herkunft und Situation, öffentliche Sparmaßnahmen, vermehrte Unterstützung der Aufklärung, Aktivierung von Industrie, Handel und Gewerbe durch den Staat, wobei dem Staat oder eigentlich dem Souverän wie in allen anderen öffentlichen Angelegenheiten die absolute Führungsrolle unbenommen bleiben mußte. Joseph wandte sich auch energisch gegen die unnützen Privilegien des Adels, den er in seiner Denkschrift voll Sarkasmus kritisiert: »Die guten Herren glauben, alles erreicht und einen großen Staatsmann herangebildet zu haben, wenn ihr Sohn in der Messe ministriert, seinen Rosenkranz betet, alle vierzehn Tage beichtet und nichts anderes liest, als was der beschränkte Geist des Beichtvaters gestattet. Wer würde kühn genug sein, nicht zu sagen: Das ist ein netter Junge, sehr gut erzogen! Allerdings würde ich antworten: Ja, wenn unser Staat ein Kloster und unsere Nachbarn Karthäuser wären!«

Dieser kompromißlose Stil, dieser radikale Tonfall waren unerhört und verursachten bei jenen, welche diese Denkschrift zuerst zu lesen bekamen, Bestürzung, Verwirrung und Zorn. Maria Theresia zum Beispiel mußte das Gefühl haben, in ihrem Sohn einen vollkommen Fremden zu entdecken, ein Monstrum, das die Welt, welche sie mühsam genug errichtet und bisher gegen alle Angriffe verteidigt hatte, plötzlich in Frage stellte. Sie war ratlos. Und wahrscheinlich war sie auch verzweifelt. Denn diese Denkschrift, die in ihren Augen auf unerhörte Weise revolutionär und damit staatsgefährdend war, hatte nicht irgendein Rebell, sondern ihr eigener Sohn und Mitregent verfaßt. »Sie war außerstande, ihre Einwände klar zu begründen, aber sie fühlte, daß eine Welt sie von ihrem Sohn trennte«, umschrieb François Fejtö höflich die vollkommene Desperatheit Maria Theresias angesichts einer Situation, die so neu und unerhört war, daß sie sich ihr nicht mehr gewachsen fühlte.

Kaunitz, dem die Kaiserin das Memorandum zur Prüfung und Beurteilung übergeben hatte und von dem sie sich eine Erlösung von ihrer eigenen und quälenden Ungewißheit darüber erwartete, ob ihr Sohn nun bloß ein Narr oder aber tatsächlich ein Rebell und damit ein Feind des habsburgischen Systems war, reagierte gelassener und wesentlich diplomatischer. Zuerst erklärte er sich solidarisch mit den wesentlichen Grundprinzipien des jungen Kaisers. Nur was die Erreichung dieser Ziele anging, sah sich der Staatskanzler außerstande, Joseph zu folgen. Vor allem die von Joseph geforderte Abschaffung der Standesvorrechte und die geplante Änderung der bestehenden sozialen Rangordnung schienen Kaunitz übertriebene Maßnahmen. Ebenso empfand er Josephs scharfe Kritik am Wirtschaftsleben als unnotwendig und kam schließlich zur Erkenntnis, daß Joseph in manchem sich Gedanken angeeignet hätte, die despotisch und damit friederizianisch waren, also abgeschaut oder nachempfunden den Ideen Friedrichs, des verhaßten Erbfeindes Österreichs und Maria Theresias.

Vernichtender und zugleich eleganter hätte eine kritische Antwort auf die Denkschrift des jungen Kaisers nicht ausfallen können. Jetzt konnte die Jagd auf den Unbotmäßigen, der die habsburgische Welt umstülpen wollte, mit aller Schärfe beginnen.

Der Sohn als Mitregent (2)

Es waren also die Ausgaben für die Hofhaltung drastisch reduziert, die Zahl der Pferde, welche in den Hofstallungen gehalten wurden, verringert, die Summen, die man für Jagdgesellschaften veranschlagen mußte, beinahe halbiert worden. Es war aber auch die sogenannte Schweizergarde entlassen, was gleichfalls ein hübsches Sümmchen einsparen half, und mit den Galatagen im Hofkalender auch die aufwendige und damit kostspielige spanische Manteltracht abgeschafft worden, was den Obersthofmeister Khevenhüller verzweifelte Anmerkungen zur leidigen Modefrage machen ließ. Und doch war das alles nicht viel mehr als vorerst einmal ein Kratzen und Scharren an einer äußeren Hülle, deren innerster Kern unverändert und unverrückbar blieb.

Im Jahre 1766 formulierte Joseph in einer Notiz, die er für seine Tochter abfaßte, seine wahre Meinung über die Menschen, die am Hofe lebten und eigentlich seinesgleichen waren, seines Blutes und seines Standes, was ihn nicht daran hinderte, sie mit aller Schonungslosigkeit zu porträtieren: »Die Burg ist eine Ansammlung von einem Dutzend alter Damen, drei oder vier alter Fräuleins und zwanzig junger Mädchen, die man Hofdamen nennt. Sieben Erzherzoginnen, eine Kaiserin, zwei Erzherzoge und ein Kaiser wohnen unter einem Dach. Nichtsdestoweniger ist keine Spur von Gemeinschaft, kein vernünftiges, angenehmes oder gemeinsames Interesse vorhanden. Jeder zieht auf seine Seite. Der Klatsch, die Hänseleien von Dame zu Dame beschränkte jeden auf sich selbst. Der Neid der einen, die schlechte Meinung der anderen, die auf jeden Fall das Schlechte glauben, das ist der Grund, daß alles beengt erscheint.«

In diesem Zusammenhang gewinnt eine Bemerkung, die Josephs jüngerer Bruder Leopold über beider Mutter Maria Theresia machte, besonders an Bedeutung: »Da sie selbst ständig mit Gebet und Andacht beschäftigt ist, macht sie sich über viele Dinge Skrupel und mißtraut ständig sich selbst und allen anderen. Sie freut sich nie über etwas und ist ständig allein und melancholisch, da sie nie Gesellschaft hat und über alles vergrämt ist.«

Es lag auf der Hand, daß Josephs Ungeduld und Vitalität, mit welcher er darangegangen war, alles Verstaubte, Verzopfte, Überflüssige, dem Staat Schädliche und die Menschen Niederdrückende zu beseitigen und einen völlig neuen Stil durchzusetzen, der alle öffentlichen Angelegenheiten betraf – und nicht nur diese, sondern auch die privaten bis intim am kaiserlichen Hofe –, daß also dieser Elan, mit dem ein junger, noch begeisterungsfähiger und allerdings auch ungemein kritischer und extrem spottlustiger Mensch der Politik seiner Mutter nicht nur eine neue Richtung, sondern auch einen neuen Sinn zu geben versuchte, sehr rasch auf unverhohlene Kritik stieß. »Die Gegensätze spitzten sich immer mehr und mehr zu, je älter und selbstbewußter der Sohn wurde«, schrieb Viktor Bibl in seiner Biographie des Kaisers und stellte damit nüchtern fest, was zahlreiche Autoren zu gelegentlich poetischen und manchmal auch mystisch anmutenden Erörterungen animierte. So schrieb zum Beispiel Ernst Benedikt, als er den politischen Stil und das Parlando Josephs zu charakterisieren versuchte, von einer Sprache, »die wie mit einer Reitpeitsche den Betroffenen ins Gesicht schlägt und dabei wirklich königlich ist in ihrer Beschwingtheit und Hoheit«. Was Benedikt damit ausdrücken wollte, war die gänzliche Andersartigkeit im Denken und Handeln, die bei Joseph deutlich wurde, und daß er, wenn es um die Durchsetzung seiner Ziele ging, wahrlich kein Blatt vor den Mund nahm.

Aber genau das machte ihm Feinde. »Alle Biographen Kaiser Josephs sind sich darüber einig, den tragischen Charakter seiner Regierung seiner Ungeduld zuzuschreiben« (F. Fejtö). Alle Berichte, die von jener frühen Phase seines Eintritts in die Politik erzählen, schildern Joseph als leidenschaftlichen, heftigen, tatendurstigen, aber auch als spottlüsternen Menschen, dem alles zu langsam geschah und der immer wieder Anzeichen von einer hastigen bis hysterischen Ungeduld zeigte, die sich ein Monarch, wenn er inmitten seiner altgedienten, routinierten Berater und neben einer Kaiserin wie Maria Theresia politisch bestehen wollte, tatsächlich nicht leisten dürfte. Aber »der junge Kaiser war wie besessen von den Gedanken an die Gefahren, die der Monarchie von allen Seiten drohten, und vor allem von der Furcht, gegenüber den anderen europäischen Staaten im Rückstand zu bleiben« (F. Fejtö).

Daraus resultierte dann das Schroffe, Verletzende, manchmal sogar Ehrabschneidende, das er Untergebenen und Mitarbeitern gegenüber beinahe zur Selbstverständlichkeit werden ließ. Und das ihn wiederum sehr häufig auch dann ins Unrecht setzte, wenn seine Argumente die besseren und seine Sicht der Dinge, seine Beurteilungen der verschiedenen Probleme die vernünftigeren waren.

Josephs gerissenster und damit gefährlichster Kontrahent, den man beinahe schon als Gegner einstufen könnte, war zweifellos der Staatskanzler Kaunitz, dem das Ungestüm, mit dem der junge Kaiser seine Pläne zu verwirklichen suchte, in der Tat als Frivolität erscheinen mußte. Joseph wiederum befürchtete, nachdem er jetzt in die desolaten Verhältnisse des von ihm angetretenen Erbes gründlich eingeweiht wurde, allen Ernstes den Untergang der Monarchie. Kaunitz, der ein ausgezeichneter Realpolitiker, jedoch kein visionärer Mensch war, sah dennoch keine Veranlassung, am Bestehenden etwas zu verändern. Außerdem teilte er die Ängste Josephs nicht im mindesten. »Seine Größe lag in der Analyse und nicht in der Synthese, in der Taktik und nicht in der Strategie«, meinte François Fejtö.

Andere Autoren haben das Gegensätzliche zwischen Joseph und Kaunitz direkter und damit dramatischer ausgesprochen. Hans Magenschab zum Beispiel erinnerte an das Raffinement des Staatskanzlers, mit welchem dieser die Denkschrift des jungen Kaisers gleichsam in der Luft zerrissen hatte, indem er sie in einen Konnex zu Friedrich II. brachte, der nach wie vor als Erbfeind Maria Theresias fungierte. »Kaunitz kannte Maria Theresias schwachen

Punkt. Wann immer er gegen eine Maßnahme Josephs auftrat, tat er dies mit dem Argument, daß sie wohl auch der böse Preußenkönig vorschlagen hätte können. Und Maria Theresia beschwor, wann immer sie gegen Joseph auftrat, den bösen Landräuber Friedrich als Gottseibeiuns, den Joseph doch nicht imitieren dürfe.« Das Spiel war ebenso lächerlich wie absurd, ebenso naiv wie grausam. Aber es funktionierte perfekt. Es funktionierte deshalb so außerordentlich gut, weil Maria Theresia in dieser Auseinandersetzung die Partei des Staatskanzlers ergriff. Und das tat sie so hartnäckig und auf eine so leidenschaftliche Art und Weise, daß schließlich aus dem Guerillakrieg, den der konservative Barockmensch Kaunitz gegen Joseph führte, tatsächlich die große und tragische Auseinandersetzung zwischen Mutter und Sohn wurde.

Die Situation war jedenfalls mehr als widerspruchsvoll. Denn Joseph mußte plötzlich nicht nur gegen die geschickt eingefädelten und gelegentlich sogar genial inszenierten Intrigen seines Staatskanzlers ankämpfen, sondern jetzt auch gegen die Schrullen und manchmal bösartigen Komplexe einer verdüsterten und hoffnungslos bigotten Matrone, die allein schon durch die Radikalität der Denkschrift ihres Sohnes so sehr verstört worden war, daß sie nunmehr so gut wie alles, was sie dem Mitregenten an politischer Einflußnahme gewährt hatte, wieder einschränkte oder überhaupt zurückzog. Sie entmachtete Joseph mit dem irrationalsten aller mütterlichen Argumente, nämlich mit jenem der wohlmeinenden Liebe, der bekanntlich alles Gutgemeinte ins negative Gegenteil gerät. »Wenn die Kaiserin wünschte, ihren Sohn durch diese Maßnahme (der Einschränkung der politischen Befugnisse) zu einer mehr liberalen und toleranten Auffassung zu bekehren, so erzielte sie damit genau das Gegenteil« (F. Fejtö). Das hatte fatale Folgen. Denn weil Maria Theresia nicht dulden konnte, daß Joseph tatsächlich als Mitregent agierte oder sie von Kaunitz so geschickt manipuliert wurde, daß sie unversehens in die reichlich unsympathische Rolle einer ultrakonservativen, jeder Erneuerung grundsätzlich mißtrauenden und jedem Hauch von Fortschritt feindlich gesinnten Politikerin gedrängt wurde, weil sie aber andererseits ihren Sohn nicht gänzlich kaltstellen konnte oder wollte, überließ sie ihm neben der Armee auch noch den kaiserlichen Hof für seine Reformpläne. Was die Armee betraf, so behielt sie sich allerdings die letzten Entscheidungen selbst vor, so daß Joseph auch hier nur dem äußeren Anschein nach als selbständiger und unabhängiger politischer Funktionär auftreten konnte. In Wahrheit war er nach wie vor eine untergeordnete Instanz. Er war als Militär- und nomineller Oberstkommandierender der Armee weisungsgebunden und damit so gut wie machtlos.

Anders verhielt es sich bei den Angelegenheiten, die den kaiserlichen Hof betrafen. Hier konnte er sich nahezu uneingeschränkt austoben. Hier waren seiner Erneuerungs- und Veränderungssucht keine Grenzen gesetzt. Hier durfte er tatsächlich als Reformator auftreten, was innerhalb kurzer Zeit sowohl die Hofhaltung als auch die Höflinge revolutionierte. Dabei erreichte er manches Lobenswerte. Aber er setzte es auf eine Art und Weise durch, die ihm wieder nur Gegnerschaft eintrug. So ließ er zum Beispiel im Wienerwald und im kaiserlichen Jagdgelände entlang des linken Donauufers gezielte Sauhatzen veranstalten, um der überall herrschenden Wildschweinplage Herr zu werden. Die Bauern dankten es ihm, weil ihre Felder dadurch von den Verwüstungen durch die Wildschweine verschont blieben. Und auch der Umstand, daß Joseph den sogenannten Prater zuerst unter forstliche Pflege stellen ließ und dann dem Publikum allgemein zugänglich machte, brachte ihm in der Bevölkerung viele Sympathien ein. Aber der Adel murrte. Er sah in solchen »demokratischen Neigungen« etwas gänzlich Unseriöses und sogar Gefährliches. Und er konnte in der Tatsache, daß man aus dem Wienerwald und aus dem Prater die Wildschweine entfernt hatte, nichts entdecken, was dem öffentlichen Wohl nützlich gewesen wäre. Aber gerade darauf berief sich Joseph immer wieder. »Wenn es sich um das öffentliche Wohl handelt, müssen die persönlichen Neigungen ihm weichen«, war einer seiner Lieblingssätze.

Aber gerade dieser Puritanismus »verscherzte ihm die Sympathien der liebenswürdigen, genußsüchtigen Hofkavaliere« (F. Fejtö).

Sie waren zwar, politisch gesehen, nichts zu bewirken imstande, ihre feindselige Aufsässigkeit machte jedoch das Klima am Wiener Hof bald unerträglich, und ihre entschiedene Gegnerschaft war nicht zu unterschätzen.

Maria Theresia, von Kaunitz gleichsam an der langen Leine ebenso behutsam wie wirkungsvoll geführt und dirigiert, spürte, wie ihr Einfluß auf Joseph nachzulassen begann. Und sie empfand seine unbeherrschte Art des Auftretens, seine leidenschaftliche Selbständigkeit und seine Arroganz als gefährlich genug, um für den Fortbestand der Dynastie das Allerschlimmste befürchten zu müssen. »Aus dieser Furcht und Sorge heraus reagierte sie obsessiv. Ihre Ratschläge wurden zu Befehlen, ihre Wohlmeinungen zu Aufträgen, ihre Beobachtungen zu Bespitzelungen« (H. Magenschab).

Joseph wehrte sich vehement gegen diese Umarmungsversuche, die in Wahrheit Umklammerungen waren, an denen er zu ersticken drohte. Bereitwillig nahm er die Auseinandersetzung mit seiner Mutter auf, die er auf eine recht absonderliche, beinahe widersprüchliche Weise liebte, die neben und nach Isabella jener Mensch war, dem gegenüber er einer echten Empfindung fähig war, die er aber als vorgesetzte Politikerin nicht zu respektieren vermochte. Sie spürte das und reagierte gereizt. Und seine Reaktion darauf war wiederum von jener Empfindsamkeit geprägt, die seinen Charakter bestimmte und unter der er selbst wahrscheinlich am meisten zu leiden hatte.

Im September 1766 kam es zu einem jener Vorfälle, die fortan das eigenwillige und eher unglückliche Verhältnis der beiden habsburgischen Monarchen bestimmen sollten. Joseph hatte in einem spöttischen und dementsprechend beleidigenden Schreiben an den Reichshofratspräsidenten sein deutliches Unbehagen über einige Minister und auch über Kaunitz zum Ausdruck gebracht. Der Tonfall war schroff, die Diktion verletzend, der Tenor von beißendem Spott durchdrungen. Es war einer jener Ausbrüche, die weniger von der Intelligenz oder von politischen Erwägungen als vom Gefühl des jungen Kaisers motiviert waren und für die Joseph berüchtigt war. Maria Theresia, die ihre Minister und Kaunitz selbstverständlich in Schutz nahm, antwortete darauf mit einem Brief, in welchem sie nicht ohne Zuneigung und Einfühlungsvermögen versuchte, ihrem Sohn das Unmögliche seines Verhaltens begreiflich zu machen. »Glaubst Du, daß Du Dir auf diese Art treue Diener erhalten wirst?« tadelte sie Joseph, um dann fortzufahren: »Und was mich am meisten betroffen macht: Du sprichst so nicht in einer ersten Aufwallung, sondern vierundzwanzig Stunden, nachdem Du die Depeschen erhalten hast . . . also nach reiflicher Überlegung hast du Dich entschlossen, Personen, die Du doch selbst für die Besten hältst und die uns zu erhalten Du Dich doch bemüht hast, mit Deiner Ironie und Deinen übertriebenen Vorwürfen einen Dolch ins Herz zu stoßen!« Und dann schrieb sie diese eine bezeichnende Passage, die Joseph eigentlich beweisen hätte können, daß es immer noch die liebevoll besorgte Mutter und nicht die strenge Politikerin und hoheitsvolle Monarchin war, die ihm hier voll aufrichtiger Anteilnahme behilflich zu sein versuchte. »Und es ist nicht der Kaiser, nicht der Mitregent, der solche beißende, ironische, boshafte Worte spricht, sie kommen aus dem Herzen Josephs: Das ist's, was mich beunruhigt, was das Unglück Deines Lebens sein und den Untergang der Monarchie und von uns allen herbeiführen wird.«

Es ist ungemein bedrückend, wenn man sich das heillose Verhältnis dieser beiden Menschen vor Augen führt, die einander durchaus liebten, jedoch völlig unfähig waren, einander diese Zuneigung auch spüren zu lassen. Beide beharrten eifersüchtig auf ihren Standpunkten. Beide waren von einer Unnachgiebigkeit, die letztlich verhängnisvoll war. Beide waren zutiefst von den Irrtümern und Fehlern des Partners überzeugt, ohne auch nur im entferntesten daran zu denken, selbst Fehler begehen zu können. Beide setzten alles daran, einander politisch auszuspielen. Und beide litten entsetzlich unter dem Zustand, den sie mit nimmermüdem Eifer stets von neuem absichtsvoll herbeiführten.

Maria Theresia sorgte sich vor allem um den seelischen Zustand ihres Sohnes, wogegen er sich mit verletzender Schroffheit und ätzender Ironie wehrte. In einem Brief an eine ihrer Schwiegertöchter beklagte sie sich heftig über die sogenannte Philosophie des Kaisers: Er schließe sich an niemanden an, er sei unfähig oder unwillig zur Liebe, interessiere sich »weder für das Schauspiel noch für die Jagd, weder für Spiel noch Tanz, auch kein Gespräch«, und er vereinsame auf eine Weise, die allmählich bedrohlich werde. »Vielleicht würde es die Mutter ganz gerne gesehen haben«, schrieb Viktor Bibl, »wenn ihr Joseph etwas mehr vom Vater, der ehelichen Seitensprüngen und Zerstreuungen aller Art nicht abgeneigt erschien, geerbt hätte!«

In einer Sache freilich irrte Maria Theresia. Ihr Sohn war keineswegs, wie sie meinte, unfähig oder unwillig zur Liebe, sondern er unterlag in dieser Hinsicht einem Verhängnis, das man fast schon schicksalhaft nennen könnte. Isabella, die er aufrichtig geliebt hatte und die wahrscheinlich von lesbischen Neigungen abhängig gewesen war, ohne ihm deshalb die gehorsame Bereitwilligkeit ihres Körpers zu versagen, war ihm nach wenigen Jahren einer merkwürdig überhitzten und in einem gewissen Sinne recht einseitig verlaufenen Ehe vorzeitig gestorben. Was seine Beziehungen zu Josepha, seiner zweiten Frau, anging, so finden wir in einem Brief Josephs an seinen Bruder Leopold, der in Florenz als Großherzog der Toskana residierte, eine Passage, die praktisch alles erklärt: »Es ist möglich, daß meine Frau in anderen Umständen ist, aber es ist auch gerade so gut möglich, daß sie es nicht ist. Ihr Leib ist nicht stärker geworden, und ganz allgemein kann man keine entscheidenden Symptome feststellen. Aber bis man klarer sieht, lebe ich wie ein Bruder an ihrer Seite, und so lange die Dinge sich nicht ändern, wird das auch so bleiben.«

Die Dinge änderten sich nicht. Joseph ließ bekanntlich auf dem Balkon ihrer gemeinsamen Wohnung im Leopoldinischen Trakt der Hofburg eine Trennwand einziehen, um jede Begegnung mit Josepha zu vermeiden. Es ist auch überliefert, daß er gelegentlich sogar zum Fenster hinauskletterte, nur um nicht durch den gemeinsam benützten Salon gehen zu müssen, wenn sich Josepha dort aufhielt.

Der junge Mensch war also, was seine Gefühle anging, völlig

vereinsamt. Er war einer Art von geistiger Leere ausgeliefert, die ihn allmählich erdrückte. Ein Verhältnis, das er über längere Zeit hinweg mit der Tochter eines Hofgärtners hatte, war eine rein sexuelle Angelegenheit und konnte die natürliche Sehnsucht eines jungen Mannes nach einer emotionalen Bindung nicht im mindesten erfüllen. Ähnlich verhielt es sich mit einigen erotischen Abenteuern, die sich Joseph zuweilen mit Schauspielerinnen, sogenannten besseren Dirnen oder Kammerjungfern erlaubte und die ausschließlich der Befriedigung seines körperlichen Verlangens dienten. »Dank meiner Faulheit habe ich stets die leichten, schnellen Eroberungen geliebt und keine rühmlicheren Abenteuer gesucht. Du kannst Dir also vorstellen, welche Art von Eroberungen und Erlebnissen ich haben konnte: weder Herz noch Geist haben sich daran erfreut«, schrieb er an seinen Bruder Leopold.

Alle Versuche, dieses wenig befriedigende Gefühlsleben zu ändern, schlugen fehl. Einer Fürstin Piccolomini zum Beispiel, die als ausnehmend schöne Frau galt, machte er vorübergehend mit mehr oder minder großer Ernsthaftigkeit den Hof, was sie, die sich geschmeichelt fühlen durfte, mit einem heftigen Flirt zu erwidern versuchte. Aber »durch sein linkisches Wesen und seine beißende Ironie, die doch in Wirklichkeit nur eine Verteidigung gegen seine eigene Verlegenheit ist, schreckt er die Frauen ab, die er mit ein wenig Freundlichkeit, ein paar Zärtlichkeitsbeweisen und ein paar hübschen Komplimenten leicht hätte verführen können« (F. Fejtö). Joseph wurde, wenn er seiner verzweifelten Vereinsamung entkommen wollte, immer wieder von seinen Komplexen eingeholt. Er war schon als Zwanzigjähriger auf eine Weise gehemmt, die einer Verstümmelung gleichkam. Sein Leiden war ausschließlich seelischer Natur. Und mit jeder neuen Niederlage, die er sich selbst beibrachte, wurde er nur noch tiefer in seine Isolation gestoßen, aus der er keinen Ausweg fand.

Dann, nach dem Jahre 1770, und Joseph war längst zum Eigenbrötler geworden, den eine so banale Belästigung wie Hämorrhoiden und freilich auch schwere Depressionen plagten, glaubte der nunmehr dreißigjährige Kaiser in Eleonore von Liechtenstein jene

Frau gefunden zu haben, die ihn von seinem gefühlskalten, lieblosen Dasein erlösen könnte. Er verliebte sich heillos in die »temperamentvolle Süddeutsche aus dem alten bayrischen Geschlecht der Fürsten von Öttingen« (F. Fejtö). Sie war mit Karl von Liechtenstein verehelicht, einem eher unbedeutenden Menschen, den sie, wie sie sich ausdrückte, nicht zu lieben, jedoch wohl zu achten vermochte, was gemeinsam mit der unerlaubten, jedoch stürmischen Beziehung zu einem irischen General namens O'Donell zu schweren Ehekrisen führte.

In diese Frau also verliebte sich Joseph. Er benahm sich dabei wie ein Anfänger, war unfähig, Eleonore etwas von der Innigkeit und Aufrichtigkeit seiner Gefühle zu vermitteln, flüchtete in Spott oder Verlegenheit, wenn er, was selten genug geschah, mit ihr zusammen war, und war äußerstenfalls dazu fähig, die junge Ehefrau zu kompromittieren, aber nicht, sie auch wirklich zu erobern. Dabei wäre es in diesem besonderen Fall gar nicht auf die physische Inbesitznahme angekommen, sondern ausschließlich auf das, was dem Kaiser am dringendsten fehlte, nämlich auf menschliche Wärme, auf Anteilnahme, auf jene Zweisamkeit des Gefühls, die einer erotischen Stimulanz nicht unbedingt bedarf.

Die eigentliche Tragik an dieser nicht stattgefundenen Affäre aber war, daß Eleonore Jahre später, als längst alles vorbei war, plötzlich begriff, daß das Unglück dieses Menschen in seiner Unfähigkeit bestand, glücklich zu sein. »Armer Kaiser«, schrieb sie, »im Grunde genommen ist er beklagenswert. Sein Charakter, seine Denkungsart, sein Temperament sind seltsam, einsiedlerisch. Er wird niemals glücklich sein und wird nie jemand glücklich machen.«

Aufrichtiger konnte über Joseph nicht geurteilt werden. Und auf einen einfacheren Nenner war die Wahrheit über ihn auch nicht zu bringen.

Ein Graf von Falkenstein

Einer, der wie Joseph aus seinem Schneckenhaus keinen Ausweg findet, wird früher oder später schrullenhaft. »Aus welchem Grunde gefiel dieser gutgewachsene junge Mann mit seinem ungezwungenen Benehmen, seinem freundlichen Gesicht und seinen blauen Habsburgeraugen den Frauen nicht?« fragte François Fejtö ziemlich ratlos, ohne darauf eine befriedigende Antwort geben zu können. Dabei wurden dem Kaiser durchaus Avancen gemacht. Man müsse ihn trotz allem liebhaben, erklärte die Schwägerin Eleonores, jener Frau also, die Josephs letzte Liebe gewesen ist oder von der er es sich noch am ehesten hätte vorstellen können, daß er für sie ein inniges Gefühl zu empfinden vermöchte. War er bloß zu schüchtern, um wie jeder andere Mann Eroberungen zu machen und Gefühle zu erwecken?

Der Kaiser sei in seinem innersten Wesen sehr geheimnisvoll, schrieb die Fürstin Liechtenstein an ihre Schwester. Wenn man davon ausgehen kann, daß Eleonore zwar eine recht attraktive, jedoch keine sonderlich intelligente Person gewesen ist, eine Frau, die bei einem Mann aus recht gesundem Anlaß Leidenschaft hervorzurufen imstande war, ohne ihn auf sonderlich intellektuelle Gedanken zu bringen, dann kann man sich schon vorstellen, was sie mit diesem geheimnisvollen Wesen des Kaisers gemeint hat: nämlich das vermeintlich Spröde an ihm; das Widerspruchsvolle, das aus Spannungen resultierte, die er kaum oder nur mühsam und manchmal überhaupt nicht zu beherrschen vermochte; seine Verletzlichkeit, die häufig von übertriebener Art war und die er durch besondere Rüpelhaftigkeit seiner Umwelt gegenüber zu verbergen suchte. Man könnte es auch einfacher ausdrucken: Der Kaiser war ein zutiefst unglücklicher Mensch, und er war unter anderem deshalb so unglücklich, weil er einsam war.

Manchmal habe sich der Kaiser von einem Augenblick auf den anderen einfach auf- und davongemacht, um in der Stadt irgendeine Frau zu suchen, berichtete der preußische Gesandte nach Berlin. Und wenn auch in solchen Meldungen viel an politischer Zweckmäßigkeit und wohlgezielter Verleumdung enthalten sein mochte, so beschreiben sie doch ein Faktum, das uns Joseph in einer gänzlich anderen als der üblichen Heldenpose zeigt. Er litt unter seiner Einsamkeit. Er litt aber auch unter seiner augenscheinlichen Unfähigkeit, zwischenmenschliche Kontakte herzustellen. Er hatte Komplexe, und er wurde mit ihnen nicht fertig. Was Joseph mehr als alles andere benötigt hätte, wäre ein Seelenarzt gewesen oder zumindest ein Freund, dem er sich rückhaltlos hätte anvertrauen können.

Sein Bruder Leopold war nicht dieser Freund. Aber er war der Adressat vieler Briefe, in denen Joseph mehr von sich preisgab, als er das je einem anderen Menschen gegenüber getan hat. Ein Beispiel dafür war jenes Schreiben, in welchem sich der Kaiser mit aller Offenherzigkeit über seine sexuellen Probleme ausließ und in dem er unter anderem schrieb: »Ich habe die Wahl zwischen drei Dingen: zu Hause zu bleiben, die Gesellschaft eines Menschen zu suchen, den ich verachte, oder mich mit dem Umgang zu begnügen, der sich mir durch Zufall bietet. Ich würde das erstere wählen, wenn ich wie Du Frau und Kinder hätte. Aber soll ich nach der aufreibenden Tagesarbeit meinen Abend in Gesellschaft eines Lakaien zubringen? Solch ein Dasein könnte ich nicht ertragen. Ich habe auch die zweite Lösung versucht und bin den öffentlichen Mädchen nachgelaufen. Aber diese Lösung schließt so viele körperliche Unannehmlichkeiten ein, sie erniedrigt den Geist so sehr und erfüllt mich so mit Ekel, daß mir nur die dritte übrigbleibt: mich mit der Gesellschaft zu begnügen, die mir der Zufall bringt, mich über alles übrige zu mokieren und mich zu bemühen, wenigstens die paar Abendstunden so angenehm wie möglich zu verleben.«

Was für eine Vorstellung, den habsburgischen Kaiser auf der demütigenden Jagd nach Dirnen zu finden! Was für ein Bild, Joseph in Gesellschaft solcher Mädchen oder einer analphabetischen, eingeschüchterten, primitiven Gärtnerstochter zu sehen, mit und an der er mehr oder weniger mechanisch etwas verrichtet, das mit Liebe oder Zärtlichkeit oder irgendeiner Art von Gefühl nichts zu tun hat!

Ein solcher Mensch muß schrullenhaft werden. Denn erst die Flucht ins Absonderliche oder Originelle rettet ihn vor dem endgültigen Untergang in sich selbst. Spannungen, wie sie Joseph zu ertragen hatte, verursachen früher oder später die merkwürdigsten Explosionen. Solche Explosionen trieben auch den Kaiser immer wieder hinaus, machten ihn neugierig auf das, was außerhalb seines eher eingeschränkten direkten Wahrnehmungsbereiches lag, und ließen ihn, weil ihn alles Romantische und Mysteriöse anzog, dabei zu den absonderlichsten Verkleidungen greifen.

Eine solche Kostümierung war die Nachahmung jenes legendären arabischen Herrschers Harun al Raschid, der nach Möglichkeit ohne Begleitung und daher unerkannt durch Bagdad gegangen war, um die Nöte und Sorgen der kleinen Leute kennenzulernen und die Stimmung im Basar, die dort als eine Art politisches Barometer gelten durfte, zu ergründen. Dieser Harun al Raschid hatte auf diese Weise tatsächlich vieles von dem in Erfahrung gebracht, was einem Herrscher für gewöhnlich verborgen bleibt.

Joseph war exzentrisch genug, um sich eines solchen Vorbildes zu bedienen. »Um aber, wo es darauf ankam, genau zu sehen, sich in nichts täuschen zu lassen, reiste er fast immer unter dem Namen eines Grafen von Falkenstein, nur begleitet von einigen Stabsoffizieren und Sekretären«, schrieb schon einer der ersten Biographen des Kaisers bewundernd. »Dabei ließ er sich durch Unannehmlichkeit, Unbequemlichkeit oder Strapazen nie abhalten, sein Reiseziel bis zum Ende zu verfolgen, und nie kehrte er, etwa von den Beschwerden der Reise übermannt, nach Hause zurück, ohne die Wahrheit, nach der er forschte, wirklich auch gefunden zu haben.« Und ein anderer Autor erwähnte nicht minder beeindruckt den Umstand, daß der Kaiser unterwegs auch »auf einer über Stroh gebreiteten Hirschhaut« schlief, »seine Toilette ist die eines Soldaten, seine

Garderobe die eines Unterleutnants, seine Erholung Arbeit, sein Leben ständige Bewegung«.

Was keiner der Augenzeugen dieser romantischen Verkleidung auszusprechen wagte, war die Tatsache, daß das alles zwar gut gemeint, aber letztlich doch nur eine kokette Geste war. Denn gerade Joseph, der so gern in demokratischem Kostüm auftrat, hätte es nie wirklich gestattet, mit der demokratischen Elle gemessen zu werden; er war, wie das einer seiner schärfsten Kritiker – Jean-Jacques Langendorf – ausdrückte, weder ein Rebell noch ein absoluter Monarch, »sondern nichts als ein fieberhafter Neinsager, der mit ameisenhafter Ausdauer Ameisenkämpfe austrug«. Und Casanova, ein Zeit- und Augenzeuge Josephs und gewiß ein erfahrener Mann, dessen Urteil man nicht zu gering schätzen sollte, bestritt zwar nicht die Kühnheit des Kaisers, mit welcher dieser neue Wege zu gehen suchte, stellte aber nüchtern fest: »Was die Kunst des Regierens angeht, verfügt er über gar keine, weil er das Menschenherz nicht kannte und weder etwas zu verbergen noch ein Geheimnis für sich zu behalten imstande war.«

Solche Meinungen können natürlich nur Ausschnitte aus einem Porträt sein, können nur Nuancen und nicht das Ganze aufzeigen. Joseph, der möglicherweise wirklich daran glaubte, »daß der Graf von Falkenstein sein Land besser vertreten und regieren könnte als der Kaiser im Goldornat mit dem Goldenen Vlies« (H. Magenschab), war neben manchem anderen auch ein exzentrischer Romantiker und benötigte unter Umständen tatsächlich einen so theatralischen Effekt wie den eines Inkognitos – das ohnedies beinahe jedermann durchschaute –, um sich selbst mit einer solchen Pose besser motivieren zu können. Aber er war zweifellos auch ein sozial empfindender Mensch, dessen Gerechtigkeitssinn stark genug ausgeprägt war, um sich angesichts sozialen Unrechts empören zu können.

Joseph war also unfähig, gleichgültig zu bleiben, und das sowohl im guten als auch im bösen Sinne. Sein Zynismus, seine berüchtigte Spottlust, seine verhängnisvolle Neigung zur Schadenfreude, sein immer wieder aufflackernder Sadismus, sein Hochmut und alle die anderen durchaus negativen Charaktereigenschaften, die von seinen Kritikern und Gegnern mit Akribie gesammelt und der Welt übermittelt wurden, machten gewissermaßen nur die eine Seite des Mondes aus.

Die andere, eher verborgene oder durch die unsympathischen Charaktereigenschaften verdeckte Seite zeigte einen sehr empfindsamen und daher auch ungemein verletzlichen Menschen, der fähig war, Mitgefühl zu haben, der leidenschaftlich genug war, um sich für die Unterdrückten und Entrechteten vehement einzusetzen. Ein Beweis dafür war seine eher wenig bekannte Reise nach Ungarn, die er in seinem ersten Jahr als Mitregent unternahm und bei der er sich schon jener merkwürdigen Verkleidung eines Grafen Falkenstein bediente, die niemand wirklich ernst nahm. Das Ziel dieser Reise war der (heute überwiegend rumänische) Temesvarer Banat, wo Joseph alles bestätigt fand, was an schrecklichen Gerüchten bisher bekanntgeworden war. »Überall fand er Willkür, Härte, ja Grausamkeit der Behörden«, schrieb Carl Namshorn ein Menschenalter später, »und Armut, Elend, Jammer der Untertanen. Bürgerliche Industrie, Ackerbau, alles lag darnieder, der Bauer schmachtete unter schwerer Knechtschaft. Josephs prüfendem Auge war mit einem Mal ein Feld eröffnet, so umfangreich es sich ihm noch nie dargeboten hatte.«

Wie wenig er sowohl als harmloser Graf von Falkenstein als auch in der zwar pompösen, politisch jedoch recht eingeschränkten Rolle eines kaiserlichen Mitregenten ausrichten konnte, wenn es um grundsätzliche Veränderungen ging, mußte Joseph im Falle Böhmens erfahren. Dieses Land hatte im Siebenjährigen Krieg mehr als alle anderen Provinzen des Reiches gelitten. Seine Menschen waren von den eindringenden Preußen und auch von den Österreichern gequält worden, die berühmten böhmischen Webereien mußten Rückschläge hinnehmen, von denen sie sich nicht mehr erholten, und die Bauern lebten in Verhältnissen, wie sie im düstersten Mittelalter kaum niederdrückender gewesen sein konnten. Ein Graf Trauttmannsdorff, der als Vorsitzender einer Untersuchungskommission tätig war, die von Maria Theresia eingesetzt worden

war, um die Ursachen einiger lokaler Bauernunruhen im österreichisch verbliebenen Teil Schlesiens und Nordböhmens in Erfahrung zu bringen, erwähnte in seinem abschließenden Bericht
erschütternde Details. Die Bauern, von der Habsucht der Großgrundbesitzer gepeinigt und von den allmächtigen Gutsverwal-
tern ausgebeutet, lebten ein Sklavendasein. »Sie sind rachitisch,
mager und in Lumpen gekleidet«, schrieb Trauttmannsdorff. »In
den baufälligen Hütten schlafen die Eltern auf Stroh, die nackten
Kinder auf den breiten Rändern des Lehmherdes. Sie waschen sich
nie, was die Ausbreitung von Epidemien fördert. Und nicht einmal
ihr persönliches Eigentum ist vor der Gier der großen Herren
sicher ... Widerspenstige Bauern werden ans Eisen geschlossen,
man setzt sie dabei auf einen zugespitzten Block, der tief ins Fleisch
einschneidet. An die Beine bindet man ihnen große Steinblöcke, für
die geringste Kleinigkeit bekommen sie fünfzig Stockschläge. Der
Leibeigene, der zur Arbeit zu spät kommt, und sei es auch nur um
eine halbe Stunde, wird halb zu Tode geprügelt. Viele fliehen nach
Preußen, um diesem Schreckensregiment zu entgehen.«

Trauttmannsdorff benötigte viel Platz, um auch nur die notwen-
digsten Fakten in seinen Bericht aufnehmen zu können. Seine
bittere Quintessenz lautete: »Alle Lasten im Königreich tragen die
Bauern, die einzigen Steuerpflichtigen ...« Im Wiener Staatsrat
zeigte man sich, als der Graf im Juni 1769 diesen Bericht zur
Verlesung brachte, aufrichtig bestürzt. Die Kaiserin beauftragte
die böhmische Hofkanzlei, unverzüglich mit Maßnahmen zum
Schutze des Bauernstandes zu beginnen. Die Minister verglichen
kopfschüttelnd die Lage der böhmischen Bauern mit jener des ungarischen Landvolkes und kamen schließlich zum Ergebnis, daß das
Schicksal der böhmischen Leibeigenen noch um vieles schrecklicher wäre als jenes der ungarischen Leibeigenen.

Dann geschah vorerst einmal gar nichts. Die Ernte von 1769 war
eher schlecht. Ein Jahr später waren bereits alle Vorräte erschöpft.
Ein ungemein harter Winter und verheerende Überschwemmungen im Frühjahr 1771 verschärften noch die Situation. Die Menschen gruben nach Wurzeln, ernährten sich von Waldbeeren, schäl-

ten die Rinde von den jungen Bäumen. Bettlerbanden machten das offene Land unsicher. Viele Menschen starben vor Entkräftung. Überall in Böhmen brachen wieder Unruhen aus, die von den Großgrundbesitzern und den lokalen Behörden mit brutaler Gewalt unterdrückt wurden.

Joseph, der sich von diesen Zuständen aufrichtig betroffen zeigte, wollte unverzüglich selbst nach Böhmen gehen, um sich vor Ort von der tatsächlichen Situation zu überzeugen und geeignete Hilfsmaßnahmen einzuleiten. Aber Maria Theresia widersetzte sich lange Zeit und ungemein hartnäckig diesem dringenden Wunsch ihres Sohnes und Mitregenten. Nicht zum geringsten Teil mögen die exaltierten sozialen Ideen, aber auch die Verkleidungen Josephs und sein eher komisches als ernst zu nehmendes Inkognito eines Grafen von Falkenstein die Ursachen dieser Weigerung gewesen sein. Dazu kam freilich auch der eloquente Optimismus des Fürsten und Staatskanzlers Kaunitz, der sich in seiner Beurteilung der Lage fast wie ein Sanguiniker (der er in Wahrheit nicht war) benahm. Joseph selbst zeigte sich verzweifelt und war von tiefer Resignation erfüllt: »Es gibt weder Ordnung noch Methode. Unfähigkeit, Langsamkeit, Verwirrung herrschen überall.«

Inzwischen starben in Böhmen die Menschen zu Tausenden auf den Landstraßen. Die Hofkanzlei zeigte sich unfähig, geeignete Gegenmaßnahmen in die Wege zu leiten, die dem allgemeinen Chaos ein Ende bereitet hätten. Und der Staatsrat brachte außer Resolutionen nichts zustande. Joseph schrieb am 19. September 1771 voll Verbitterung: »Böhmen ist beinahe zugrunde gegangen, Hunger verwüstet das Land und wird es in diesem Winter noch mehr verwüsten, denn niemand weiß, was zu tun ist.« Und charakteristisch sowohl für die unheilvolle Situation als auch für die empörte Verzweiflung des Kaisers war der eine Satz: »Durch Intrigen ist alles ins Stocken geraten, und die Folge davon ist, daß die Bürger verhungern.«

Schließlich gestattete Maria Theresia dem Sohn die Reise nach Böhmen doch. Im Oktober 1772 reiste er kreuz und quer durch das unglückliche Land, wobei er hektisch und von einer fast fiebrigen

Geschäftigkeit war und sich immer wieder fassungslos zeigte angesichts der unvorstellbaren Zustände. In einem Brief an Leopold beklagte er sich zuerst über den Staatsrat, der, obgleich der Bericht des Kaisers über Böhmen vorlag, nichts weiterbrachte, und nannte dann ein erschütterndes Beispiel für die heillose Lage in dieser einst blühenden Provinz des Reiches: »Allein in Böhmen sind innerhalb von viezehn Tagen 16000 im Elend oder durch Krankheit umgekommen, und die Zahl derer, die zugrunde gehen, ist ständig im Steigen begriffen.«

Joseph war voll des Mitgefühls. Und er war verzweifelt, weil er sich außerstande sah, rasch genug und auch wirkungsvoll zu helfen. »Ich übersende Dir den Entscheid des Staatsrates oder vielmehr sein Gutachten«, schrieb er an Leopold, »sie haben es mir endlich geschickt, aber das Kind ist eine Mißgeburt ohne Sinn und Verstand. Sie ziehen alles in die Länge, schieben alles hinaus und tun gar nichts.«

Aber das war, wie so oft bei Joseph, nur die Hälfte der Wahrheit, nur ein Teil seiner Gefühle. Denn als die Unruhen in Böhmen zunahmen und zum allgemeinen Bauernaufstand wurden – rund 15000 Rebellen marschierten unter der Führung eines gewissen Matthias Svoika gegen Prag, wobei man diesem Matthias Svoika eine auffallende Ähnlichkeit mit dem Kaiser nachsagte, so daß man ihn, wie sich Zeitgenossen und Augenzeugen ausdrückten, »sehr wohl für den leiblichen Bruder der Majestät halten dürfte« –, zu diesem Zeitpunkt also wurde aus Josephs ursprünglicher Parteinahme für die sozial Entrechteten und Armseligen eine leidenschaftliche Verteidigung der Allmacht des Staates. Noch ein Jahr vor den dramatischen Ereignissen in Böhmen, als die Bauern des Matthias Svoika die Schlösser der Großgrundbesitzer in Brand gesetzt und auf ihrem Marsch nach Prag auch das wohlhabende Bürgertum in den Städten bedroht hatten, 1774 also, hatte Joseph geseufzt: »Ich nehme gegen meinen Willen am Untergang teil und mein patriotisches Herz zerspringt.« Und bei Winterbeginn hatte er gesagt: »Wenn der schreckliche Frost anhält, weiß ich nicht, was aus den Armen werden soll.«

114

Aber dann, als die Bauern gegen die Mauern Prags anstürmten und aus ihrer sozialen Not so etwas wie ein politisches Programm geworden war, erlosch plötzlich das Verständnis Josephs für die verzweifelte Empörung seiner unterdrückten und ausgebeuteten Untertanen. »Die erbärmlichen Aufständischen in Böhmen«, gab er seiner Zufriedenheit Ausdruck, nachdem 1775 der Sturm auf Prag abgewehrt und die Bauern militärisch besiegt worden waren, »die so viele Frevel begangen und zahlreiche Schlösser geplündert haben, wurden von den Truppen aufgerieben. Wir haben unter ihnen viele Gefangene gemacht, 18 Anführer sind umgebracht worden.« In einem anderen Brief bezeichnete er die aufständischen Bauern als »erbärmliche Bösewichte« und »Kanaillen«.

Das also war die andere Seite im Charakter Josephs. Er war bereit, den Bauern in Böhmen zu helfen, aber die Hilfe für sie mußte vom Staat verordnet und vom Kaiser sanktioniert werden. Nicht sie selbst durften über ihr sogenanntes Glück bestimmen, sondern ausschließlich eine Obrigkeit, die selbstverständlich durch den Kaiser vertreten sein mußte. Das war für Joseph die soziale Revolution, die er billigen konnte. Alles andere lehnte er kategorisch ab. Und als Maria Theresia im Januar 1777 – weder das Elend der Bauern noch die Unruhen in Böhmen hatten bis dahin wirklich aufgehört – eine grundsätzliche Reform plante, durch die, wie sie schrieb, »es mir gelingen wird, die Leibeigenschaft und das Elend zu beseitigen«, da war es vor allem Joseph, der sich den Vorstellungen der Kaiserin hartnäckig widersetzte. Er, der 1781 zuerst in den Erblanden und dann 1785 auch in Ungarn die Leibeigenen von ihrem Elend befreien sollte, widersprach jetzt, 1777, dieser humanen Selbstverständlichkeit. Dafür forderte er wieder einmal eine Verwaltungsreform und warnte er vor überstürzten Entscheidungen. Wichtiger als die Befreiung der Menschen aus der Sklaverei schien ihm plötzlich die »in allen Staatsangelegenheiten unerläßliche Vorsicht«, wie er sich ausdrückte. Er, der sich so oft über die Brutalität und das Ausbeutertum der böhmischen Großgrundbesitzer empört hatte, verteidigte nun gegen alle Erfahrung und auch gegen alle politische Vernunft diese Großgrundbesitzer und bewies der Hocharistokratie – der er durch sein energisches Eintreten zugunsten der Leibeigenen lange Zeit erheblichen Ärger verursacht hatte –, daß er im entscheidenden Augenblick doch unverrückbar auf ihrer Seite stand.

Das Widersprüchliche an Joseph hatte einmal mehr den Sieg davongetragen. Die Kaiserin, die einen langanhaltenden Streit mit ihrem Sohn befürchtete, verzichtete auf alle Reformpläne. Die Leibeigenen blieben die Sklaven ihrer Besitzer. Der Graf von Falkenstein hatte sich im entscheidenden Augenblick als seiner demokratischen Verkleidung nicht ganz gewachsen gezeigt.

Begegnung in Neiße

Aber Böhmen war bei weitem nicht der einzige Schauplatz, auf welchem Joseph als Graf von Falkenstein seine Begabung als politischer Komödiant und Verstellungskünstler unter Beweis stellte. Vor allem das Jahr 1769 war dafür von einiger Bedeutung, denn in diesem Jahr hatte er »selbstverständlich unter dem strengsten Inkognito und immer nur begleitet von einem kleinen, aber ausgesuchten Gefolge, welches dem Grafen von Falkenstein unverbrüchlich ergeben war«, wie das ein Augenzeuge berichtete, zwei Auftritte auf der sogenannten Weltbühne, bei denen er alles ausspielen konnte, was ihn aus der Schar der europäischen Monarchen und Potentaten herausragen ließ – also das Schrullenhafte, Eigenbrötlerische, Absonderliche und allerdings auch Originelle und durchaus Positive, das einen eigenwilligen Menschen manchmal auszeichnet.

Zuerst besuchte er in jenem Jahr 1769 Rom, wo damals gerade der Papst Clemens XIII. verstorben und jetzt eine neue Papstwahl angesetzt war. Das Kardinalskollegium, mit den Vorbereitungen dieser Papstwahl vollauf beschäftigt, wurde durch die Nachricht von der zu erwartenden Ankunft des Habsburgers gehörig aufgeschreckt und bereitete in aller Eile alles Notwendige für den feierlichen Empfang des hohen Besuches vor. Aber Joseph, obgleich von der römischen Bevölkerung längst erkannt und stürmisch umjubelt, beharrte auf seinem Inkognito. Er bestand darauf, als schlichter Graf von Falkenstein und damit »wie irgendein beliebiger Rompilger« in die heilige Stadt einzuziehen. Das führte in der Folge zur reichlich kuriosen Situation, daß die Reisekalesche des Kaisers, in welcher dieser unerkannt zu sein wünschte, »von den dichtesten Menschenmassen umdrängt wurde, welche unter dem fortwährenden Jubelrufe ›Es lebe der Kaiser‹ dem Grafen von Falkenstein die reichlichsten Ovationen darbrachten«. Es wußte also alle Welt, in welcher Maskierung der Kaiser auftrat, aber niemand kümmerte sich darum. Nur Joseph beharrte hartnäckig darauf, ein ganz gewöhnlicher Graf zu sein und als solcher behandelt zu werden, wobei er freilich – wenn man die Berichte über seinen römischen Aufenthalt verfolgt – beinahe eifersüchtig darauf bedacht war, dennoch jenen Respekt zu erfahren, den ein Imperator zu erwarten hatte.

Joseph wurde auch ins Konklave eingeladen, was als besondere Auszeichnung galt. Er jedoch schuf eine mehr als peinliche Situation; denn er erschien inmitten dieser ehrwürdigen Versammlung frommer oder zumindest bedeutender Kardinäle, die mit der schwierigen Aufgabe befaßt waren, einen neuen Papst zu finden, wie ein Kriegsheld, das heißt, er hatte sich in Uniform geworfen, wobei der Degen an seiner Seite höchst unpassend klirrte. Immerhin war, seit es das Konklave gab, noch keinem Sterblichen gestattet gewesen, darin bewaffnet zu erscheinen. Diese Tradition war auch stets respektiert worden. Der österreichische Kaiser durchbrach diese schöne Gewohnheit. Joseph setzte seinem wahrscheinlich beabsichtigten Fauxpas übrigens noch ein Glanzlicht auf, indem er lauthals anfragte, ob man es ihm wohl gestatten werde, eine Ausnahme zu machen von der frommen Regel, stets waffenlos inmitten der heiligen Wahlversammlung zu erscheinen.

Die Kardinäle, die nicht wußten, wie ihnen geschah, die aber im Habsburger zu jenem Zeitpunkt noch eine lebenswichtige Stütze ihres Standes, ihres Gewerbes und ihrer Ideologie vermuteten, einen Beschützer, den man nicht vor den Kopf stoßen sollte, diese weniger tapferen, dafür diplomatisch um so begabteren Kardinäle antworteten teils ausweichend, teils feige. Die Bemerkung eines Kardinals namens Albani gab am besten die Stimmung wieder, die in jenen unangenehmen Augenblicken im Konklave herrschte. Einem Manne, welcher als Schützer und Verteidiger der Kirche betrachtet werden dürfe, müsse alles gestattet sein, soll Albani geantwortet haben. Und Joseph bewegte sich, als ob das die natürlichste Sache von der Welt wäre, uniformiert und waffenklirrend zwischen den frommen Männern. Er wechselte dabei auch ein paar Worte mit dem Kardinal Ganganelli, einem Franziskaner, der bald schon, was zu jenem Zeitpunkt freilich noch niemand wußte, als Clemens XIV. zum neuen Oberhaupt der Kirche auf dem Stuhl Petri gewählt werden sollte.

Rom war im übrigen nur eine Zwischenstation auf einer Reise, die den Grafen von Falkenstein kreuz und quer durch das klassische Italien führte. Er besuchte Neapel, erkletterte dort den Gipfel des damals noch kräftig feuerspeienden Vulkans Vesuv, und er ließ sich auch nach Capri bringen, wo er sich von den Schönheiten der Natur beeindruckt zeigte. Dann ging er nach Florenz, wo er einige Zeit bei seinem Bruder Leopold Station machte und sich recht beeindruckt zeigte von der glücklichen Idylle, in welcher dieser Habsburger mit seiner Ehefrau, die er aufrichtig liebte, zu leben fähig war. Über Parma und Turin ging es schließlich nach Mailand, wo der Graf von Falkenstein wieder österreichischen oder eigentlich habsburgischen Boden betrat, über den er selbst verfügen durfte.

Irgendeine bedeutende oder wenigstens nützliche Lehre zog Joseph aus dieser Unternehmung allerdings nicht. In Neapel soll er sich einmal dahingehend geäußert haben, daß er, wäre er König von Neapel, sich »mit wenig anderen Dingen als dem Seewesen beschäftigen« würde. In Mailand, wo er sein Inkognito aufgab, beschäftigte er sich, wie die Chronisten meldeten, »längere Zeit lediglich mit Regierungsangelegenheiten und gab jeden Morgen zwei Stunden lang Audienzen«. Dabei schien er einige Einblicke in die Korruption und Willkür einer Bürokratie erhalten zu haben, die seine ohnedies vorhandene Abneigung gegen alle übertriebenen Verwaltungsangelegenheiten nur noch förderten. Jedenfalls »büßte eine nicht geringe Anzahl von Nichtswürdigen ihre Erpressungen, Betrügereien und sonstigen Schlechtigkeiten mit den härtesten Strafen«, wie das ein Gefolgsmann des Grafen von Falkenstein und Kaisers von Österreich zufrieden notierte.

Aber irgendwelche Spuren hinterließ diese Reise nach Italien vorerst noch nicht. Allerdings hatten vorurteilslose und psychologisch geschulte Beobachter damals bereits feststellen können, daß es mit diesem Menschen, was die Frage der Religion und ihre Gewichtigkeit auch in politischen Fragen anging, noch manche Schwierigkeit geben werde. Im übrigen war Joseph von Italien so sehr angetan, daß er schon 1775 wieder nach dem Süden aufbrechen würde, diesmal nach Venedig, wo er eine Art Familientreffen arrangierte, aber auch dem ebenso schönen wie längst nutzlos gewordenen Zeremoniell der Vermählung des Dogen mit dem Adriatischen Meer beiwohnte, das er als »feierliche Farce« bezeichnete. Dafür hatten es ihm die reichlich geschmückten Galeeren und Barken angetan, ebenso jene Bankette, bei denen, wie er ausdrücklich vermerkte, zwar nur 120 Nobili, aber immerhin 300 Damen anwesend waren.

Jetzt, 1769, stand noch eine weitere Reise auf dem Programm Josephs, eine Unternehmung von höchster staatspolitischer Bedeutung, die er aber gleichfalls wieder als Graf von Falkenstein zu unternehmen beabsichtigte. Es handelte sich dabei um das Zusammentreffen mit Friedrich II., also mit jenem Gegner Österreichs, dem Maria Theresia unversöhnlich gegenüberstand. Die Kaiserin brachte das unter anderem dadurch zum Ausdruck, daß sie gemeinsam mit Kaunitz einige Jahre hindurch jedes von Joseph durchaus gewünschte Zusammentreffen mit Friedrich zu verhindern wußte. Das hatte sogar dazu geführt, daß Joseph einmal dem Preußenkönig, den er bewunderte und den er in vielem nachzuahmen wünschte, ausrichten ließ, »er werde schon Gelegenheit finden, die Unhöflichkeit wieder gut zu machen, zu der ihn jetzt seine Pädagogen zwängen«. Joseph spielte damit auf den Umstand an, daß seine Mutter ihn daran hinderte, bereits verbindlich vereinbarte Begegnungen auch wirklich wahrnehmen zu können. Erst nach langem Zögern und unter dem Druck aktueller politischer Ereignisse gestattete Maria Theresia ihrem Sohn und Mitregenten ein persönliches Treffen mit Friedrich, und zwar im schlesischen Neiße, wo ihn Friedrich im dortigen bischöflichen Palais erwartete.

Auf der Reise dorthin, die Joseph in Begleitung des Herzogs Albrecht von Sachsen-Teschen, des Oberststallmeisters von Dietrichstein, der Generäle Ayasas, Laudon, Siskowitz, Nostiz und Miltiz sowie einiger Kammerherren unternahm, während sein intimer Freund und militärischer Berater, der zum Feldmarschall aufgerückte Lacy, bereits nach Neiße vorausgegangen war, auf dieser Reise also durfte sich der Graf von Falkenstein einmal mehr eine hübsche Eskapade erlauben, welche ihn sowohl seine sprichwörtliche Bescheidenheit hervorkehren als auch seine Begabung für jede Art der politischen Propaganda unterstreichen ließ. Denn im mährischen Posowitz war es, daß Joseph einen harmlosen, ahnungslosen Leibeigenen für seine Zwecke sozusagen mißbrauchte, indem er »in heiterer Laune das Ackergerät ergriff, mit eigener Hand mehrere Furchen des Feldes ackerte und so einen tätlichen Beweis dafür gab, wie hoch er den Ackerbau schätze«. Der patriotische Chronist, der diese Begebenheit begeistert der Nachwelt übermittelte, vergaß auch nicht zu erwähnen, daß es »in China bekanntlich ein Gesetz ist, daß der Kaiser in jedem Jahre einmal an einem bestimmten Festtag pflügt«. Das animierte möglicherweise den Fürsten Wenzel von Liechtenstein, auf dessen Ländereien das alles geschah, dazu, ein marmornes Denkmal an jener Stelle errichten zu lassen, wo der als Graf verkleidete Kaiser von Österreich einige Furchen pflügte. Auch die Pflugschar wurde mit einer feierlichen Inschrift versehen, und der von Joseph benützte Pflug selbst wurde in kostbares Seidentuch gehüllt und den mährischen Ständen »zum schönen Andenken« übergeben.

Was mit dem Leibeigenen geschah, der bei dieser ganzen Affäre die Rolle eines stummen Statisten spielen durfte, ist nicht bekannt.

Am 25. August traf Joseph in Neiße ein. »Die beiden ehrgeizigsten und klügsten Herrscher Europas« (F. Fejtö) trafen sich sogleich zu einem ersten intimen Meinungsaustausch, wie man dergleichen politische Vieraugengespräche heute wohl bezeichnen mag. Einem der Begleiter Josephs schien erwähnenswert, daß Friedrichs blitzweiße österreichische Uniform, die der Preußenkönig zu Ehren seiner österreichischen Gäste angelegt hatte, bald schon von den Spuren des schwarzen Schnupftabaks gezeichnet war, den Friedrich unentwegt zu benützen pflegte. Ebenso wurden Friedrichs erste

Worte überliefert, mit welchen er den österreichischen Kaiser auf die schmeichelhafteste Art und Weise begrüßte. Es sei der schönste Tag seines Lebens, soll Friedrich ausgerufen haben, als er Joseph vor dessen Quartier begrüßte und ihm dabei auch seinen Bruder Heinrich und den Thronfolger Friedrich Wilhelm vorstellte.

Joseph, der endlich jenem Manne gegenüberstehen durfte, den er als seinen eigentlichen Lehrmeister begriff, den er insgeheim bewunderte und dem er in vielen Dingen nacheiferte, erwies sich in diesen Tagen von Neiße als ungemein geschickter Politiker, der hier mehr als nur eine Talentprobe seiner Fähigkeiten ablegte, wie das die meisten seiner Biographen etwas geringschätzig charakterisieren. »In jedem Gespräch schlägt der Schelm durch«, schrieb Joseph an seine Mutter und beschrieb damit das Wesen Friedrichs besser und genauer als jeder noch so bemühte, umfangreiche und letztlich inhaltsleere diplomatische Geheimbericht. »Ich glaube, daß er den Frieden zu erhalten wünscht, aber nicht aus Liebe dafür, sondern weil er sieht, daß er den Krieg nicht mehr mit Vorteil führen kann.« Friedrich hatte in einem seiner aufrichtigsten Bewunderer zugleich auch einen ebenbürtigen Kritiker gefunden.

Bezeichnend für den Stil dieser Zusammenkunft von Neiße war das nicht bloß kokette, sondern auch als politische Strategie gedachte Muskelspiel, das man einander zu zeigen versuchte. So zum Beispiel ließ Friedrich bereits am Morgen nach der Ankunft Josephs einige seiner Eliteregimenter vor dem österreichischen Kaiser und dessen Gefolge defilieren, wobei es vor allem der legendäre preußische Paradeschritt war, dem die Österreicher höchste Anerkennung zollten. Angeblich soll Joseph, beeindruckt durch diese Vorführung, lange Zeit mit dem Gedanken gespielt haben, auch in seiner Armee einen ähnlichen Paradeschritt einzuführen. Jedenfalls gehörte das Spiel mit den Soldaten und deren mustergültig organisierte Zurschaustellung zum politischen Zeremoniell dieses Zusammentreffens; man nahm jede Art der Inszenierung militärischer Effekte als willkommenen Anlaß, sich möglichst selbstbewußt zu zeigen. Und alle diese Paraden – denn der ersten folgten noch andere, es gab auch sogenannte militärische Manöver – waren der Ausdruck einer

Geisteshaltung, die beiden Herrschern gemeinsam war, daß nämlich Politik nur durch die Stärke der Armee und die Überlegenheit der Waffen oder auch durch einen möglichst präzisen und spektakulären Paradeschritt etwas zu bewirken imstande wäre.

Beide waren überdurchschnittlich ehrgeizig. Beide wollten den Erfolg um jeden Preis. Und beide entdeckten im Wesen des anderen so viele Züge, die ihnen auf unheimliche Weise vertraut erscheinen mußten. »Der junge Fürst zeigte eine Offenheit, die ihm natürlich schien«, urteilte Friedrich über Joseph, um dieses Lob dann freilich sogleich zu relativieren. »Sein liebenswürdiger Charakter zeichnete sich durch eine Vereinigung von Fröhlichkeit und großer Lebhaftigkeit aus. Er hatte das Bedürfnis nach Kenntnissen, aber nicht die Geduld zum Lernen. Aber was seinen Charakter mehr als alles das, was wir eben gesagt haben, kennzeichnet, das waren Züge, die ihm gegen seinen Willen entschlüpften und die seinen maßlosen, glühenden Ehrgeiz enthüllten.«

Joseph wiederum war nach wie vor davon überzeugt, daß Friedrich ein Genie war. Aber er entdeckte auch sehr rasch das Schlaue, Durchtriebene, Füchsische am Preußenkönig: »Er spricht bemerkenswert gut, doch jeder Satz verbirgt eine List.«

Friedrich revanchierte sich mit der nüchternen Feststellung: »Ich kann im Augenblick noch nicht sagen, ob er es auf Venedig, Lothringen oder Bayern abgesehen hat. Aber es ist sicher, daß Europa in Flammen stehen wird, sobald er zur Herrschaft kommt.«

Sie umkreisten sich wie zwei gefährliche, giftgeschwollene Kreaturen, die einander fast ebenbürtig waren und die deshalb besonders behutsam miteinander umgingen. Keiner traute dem anderen. Joseph machte sich keine Illusionen, was die Friedensbeteuerungen Friedrichs anging. Und der Preuße wußte nur zu gut, wie unheilvoll Josephs brennender Ehrgeiz sich noch auswirken könnte. Außerdem war er siebenundfünfzigjährig, während der österreichische Kaiser gerade achtundzwanzig Jahre zählte. Wem gehörte da die Zukunft? Wer spürte die Last des Vergangenen schwerer auf seinen Schultern?

Die zweite Zusammenkunft der beiden Monarchen fand bereits

ein Jahr später statt, und zwar am 3. September 1770 im mährischen Neustadt. Dieses Treffen hing ursächlich mit gewissen Ereignissen auf dem Balkan und in der fernen Ägäis zusammen, wo eine russische Flotte in der Bucht von Çeşme gegenüber der Insel Chios eine türkische Armada vernichtet hatte und russische Truppen über Ismail und Braila bis nach Bukarest vorgestoßen waren, das damals türkisches Hoheitsgebiet war. Die Zarin Katharina, möglicherweise ein nymphomanes Weibsbild, ganz gewiß aber auch eine hochbegabte und rücksichtslose politische Intrigantin, deren Ehrgeiz nicht hinter jenem eines Joseph oder Friedrich zurückstand, war durch solche Erfolge kühn geworden und plante weitere Eroberungen. In Österreich mißbilligte man wie in Preußen aus verständlichen Gründen eine solche Politik, die man nur dann, wenn man sie selbst betrieb, als statthaft empfand. »Man fand keinen Österreicher, der sich nicht einen Zug von Erbitterung gegen die russische Nation einfallen ließ«, befand ein Patriot. Niemand hatte die naheliegende Idee, daß die Russen nur das taten, was Preußen und Österreicher – und alle anderen Nationen – immer schon mit Erfolg betrieben hatten.

Nicht zuletzt auf Ersuchen des osmanischen Sultans, der sich mit Eilbotschaften aus Konstantinopel in die Verhandlungen in Neustadt einmischte, kam man zum recht bequemen Schluß, daß man zwischen Türken und Russen vermitteln und sich im übrigen durch die Teilung Polens in eine preußische und in eine österreichische Sektion für alle Anstrengungen schadlos halten werde. Österreichs Kanzler Kaunitz, der diesmal Joseph begleitet hatte, führte dabei in der Hauptsache die Verhandlungen. Er war zweifellos ein gewichtiger Wortführer auch und vor allem bei jenen Unterredungen, welche die Teilung Polens beinhalteten, gegen die sich Maria Theresia erbittert wehrte. Denn sie sah in dieser reichlich willkürlichen Teilung einen »Unrechtsakt«, der »mich zehn Jahre des Lebens kosten wird«, wie sie sich ausdrückte. Joseph war selbstverständlich für die Teilung, die Österreich immerhin ganz Galizien mit rund 800 000 Einwohnern einbrachte. Die Einwände seiner Mutter wischte er beinahe gelangweilt vom Tisch.

Es war das übrigens einer der wenigen Fälle, in denen Joseph und Kaunitz übereinstimmten; beide waren Befürworter der Teilung Polens. Dafür unterschieden sie sich grundsätzlich in der Einschätzung der russischen Situation. Kaunitz vertrat die Ansicht, daß Österreich aus egoistischen politischen Gründen den Interessen der Türkei nützlich sein sollte. Joseph wiederum war an einer engen Zusammenarbeit mit Rußland interessiert.

Friedrich, der sich auch diesmal mit aller nur erdenklichen Geschmeidigkeit den Österreichern anzupassen wünschte, äußerte sich in einem Brief an Voltaire, den er am 26. September 1770 absandte, auf recht unterschiedliche Weise über Joseph: »Ich bin in Mähren gewesen und habe den Kaiser besucht, der im Begriff steht, eine große Rolle in Europa zu spielen. Er ist an einem bigotten Hof geboren und hat den Aberglauben abgeworfen. Er ist in Prunk erzogen und hat einfache Sitten angenommen. Er wird mit Weihrauch genährt und ist bescheiden. Er glüht von Ruhmbegierde und opfert seinen Ehrgeiz der kindlichen Pflicht auf, die er in der Tat äußerst gewissenhaft erfüllt.«

Das alles, was Friedrich hier anführte, traf zu, war richtig erkannt und war doch, wie immer bei Joseph, nur die Hälfte der Wahrheit. Denn was die kindliche Pflicht anging, die Friedrich rühmte, so hatte sich Joseph ihrer längst schon mit Nachdruck entledigt. Dort, wo er imstande war, seine eigenen Ideen durchzusetzen, weil beispielsweise Kaunitz ihn dabei unterstützte, nahm er überhaupt keine Rücksicht mehr auf die Vorstellungen Maria Theresias. Seine Bescheidenheit wiederum war Teil einer vortrefflich inszenierten Komödie, in der er als Graf von Falkenstein aufzutreten beliebte, ohne auch nur einen Hauch von Zweifel daran zu lassen, wer er in Wahrheit war. Und mehr als alles andere plagte ihn die Gier nach Ruhm und litt er unter dem seiner Meinung nach entwürdigenden, demütigenden Umstand, nur ein Mitregent zu sein.

Was jenen Teil Polens betraf, der durch einen Vertrag vom August 1772 endgültig österreichisch wurde, also Galizien, gegen dessen mehr als willkürliche Einverleibung Maria Theresia so heftig und so vergeblich protestiert hatte, so suchte Joseph dieses Galizien schon im folgenden Jahr auf, um das auf so billige Weise Neuerworbene zu besichtigen. Die Enttäuschung, die dem Kaiser dabei nicht erspart blieb, muß allerdings groß gewesen sein. Er war über das soziale Elend, das er vorfand, entsetzt und außerdem schockiert vom Adel, dessen »Damen geradenwegs aus Paris zu kommen scheinen, sie sprechen französisch, kleiden sich nach der neuesten Mode und ein wenig wie Schauspielerinnen, ihre Gesichter sind mit Schminke bedeckt«, während die Kleinbürger und Bauern »außer dem nackten Leben nichts besitzen«.

Aber Joseph war entschlossen, die österreichische Zivilisation auch nach Galizien zu bringen. Er begann damit, daß er, zurückgekehrt nach Wien, die Verwaltung der neuerworbenen Provinz völlig neu organisierte.

Nachhilfe in Versailles

Der Historiker Ernst Benedikt hat Joseph und dessen jüngere Schwester Marie Antoinette als die beiden Extreme unter den Nachkommen Maria Theresias bezeichnet, wobei Joseph die äußerste Linke, seine Schwester hingegen die äußerste Rechte repräsentiere. »Joseph ist ebenso gewissenhaft wie Marie Antoinette gewissenlos. Er ist ebenso gehemmt wie sie entblößt von Hemmungen. Er ist so schroff, wie sie bequem und weichlich ist.« Benedikt stellte noch eine ganze Reihe anderer Vergleiche an, die alle zum Nachteil Marie Antoinettes ausfielen. Aber er verschwieg, daß Joseph gerade an dieser Schwester mit einer gewissen Zärtlichkeit hing und sich auch dann noch für sie verantwortlich fühlte, als sie Wien 1770 als die Braut des französischen Thronfolgers verlassen hatte. Dieser Thronfolger, Ludwig, und seit dem Frühjahr 1774 als Ludwig XVI. Inhaber des Throns von Frankreich, war ein gutmütiger, etwas schwerfälliger, als Politiker vielleicht sogar etwas tölpelhafter Mensch, der aber vom frommen Willen beseelt war, es allen Menschen, für deren Schicksal er sich zuständig fühlte, recht zu machen.

Mit diesem schönen Vorsatz scheiterte Ludwig allerdings schon bei seiner Frau, mit der er es in den ersten Jahren seiner Ehe nicht fertigbrachte, diese Ehe auch tatsächlich zu konsumieren. Die Ursache dafür war eine kleine, verhältnismäßig harmlose Deformation oder Anomalie an seinem Geschlechtsteil, etwas, das durch einen unkomplizierten, völlig ungefährlichen chirurgischen Eingriff ohne weiteres repariert werden konnte. Aber Ludwig, plump, dicklich, ein schwächlicher Charakter und ausgesprochen feige, wenn es um die eigene Person ging, wehrte sich lange gegen diesen Eingriff, weil dieser mit unangenehmen Schmerzen verbunden war. Und als er ihn endlich vornehmen ließ, änderte das auch nichts an seinen sexuellen Gewohnheiten, die durch einen Brief Josephs in so gut wie allen intimen Details bekanntgeworden sind. Demnach war Ludwig ganz einfach zu ungeschickt, zu unaufgeklärt oder auch bloß zu bequem, um, wie es seine königliche Pflicht gewesen wäre, seine Ehefrau zu schwängern.

Manche Verteidiger Marie Antoinettes, die eine eher oberflächliche Person, eine kokette, lebenslustige oder sogar lebenshungrige Frau gewesen ist, haben in dieser privaten Tragödie den Schlüssel zum Verständnis für das Verhalten der Königin gesucht. Denn Marie Antoinette benahm sich am französischen Hof zu Versailles ungemein exaltiert, das heißt, sie übertrieb die ihr angeborene Vergnügungssucht ins Maßlose, verschwendete Unsummen von Geld und umgab sich mit den falschen Freunden. Innerhalb kurzer Zeit wurde sie den Franzosen so verhaßt, daß diese in der »Österreicherin«, wie sie ihre Königin verachtungsvoll nannten, die Ursache des materiellen und moralischen Niedergangs Frankreichs sahen. Manche Autoren zeigten allerdings weitreichendes Verständnis für die extravaganten und kostspieligen Exzesse, die sich Marie Antoinette leistete: »Sie wollte, sie konnte sich keine Sekunde des Nachdenkens gönnen, weil sie sonst angesichts der Erwartungen verzweifelt wäre, die man in sie setzte; angesichts der Rolle, die man ihr aufgezwungen hatte. Marie Antoinette flüchtete in eine Traumwelt des Lebensgenusses, in eine totale Geselligkeit, in eine laszive Fröhlichkeit, die nichts anderes übertünchen sollte als ihre Angst und Unruhe und ihre Not als unbefriedigte junge Frau« (H. Magenschab).

In Wien, wo man durch die detailfreudigen Berichte des österreichischen Botschafters und durch Briefe Marie Antoinettes selbst über alles genau unterrichtet war, was in Versailles passierte oder eigentlich – um die Sache in aller Deutlichkeit auszusprechen – eben nicht passierte, sparte man nicht mit guten Ratschlägen und manchmal recht kuriosen Unterweisungen. So ließ zum Beispiel Maria Theresia ihre unglückliche Tochter an den eigenen sexuellen Erfahrungen ausführlich teilhaben und empfahl ihr, dem ungeschickten Ehemann mit Zärtlichkeiten und körperlichen Liebkosungen auf die Sprünge zu helfen. Marie Antoinette war, wie wir aus ihren Briefen nach Wien wissen, in diesem Punkt eine gehorsame Tochter. Aber alle ihre Bemühungen mußten vergeblich bleiben, solange Ludwig sich weigerte, jene kleine Operation durchzustehen, von der jetzt schon buchstäblich das Schicksal Frankreichs abhing.

Joseph sah die Dinge nüchterner, begriff das Ehedrama von Versailles auch als eine politische Tragödie, weil ihm durchaus bewußt war, daß die Exaltiertheiten seiner Schwester ihre Ursache in ihrer sexuellen Not hatten; und daß jedes weitere Hinauszögern einer Lösung dieses Problems die Katastrophe nur beschleunigen würde, die er mit fast prophetischer Genauigkeit vorhersah. Denn schon anderthalb Jahrzehnte vor dem Ausbruch der Französischen Revolution schrieb er an seine Schwester: »Wenn Ihr die Revolution nicht verhütet, wird sie grausam sein.«

Aber weder Marie Antoinette noch sonst jemand am Hof zu Versailles hätte damals begriffen, was Joseph damit überhaupt meinte.

Im April des Jahres 1777 machte sich Joseph schließlich auf den Weg nach Frankreich, um seiner Schwester in deren merkwürdiger Ehekrise behilflich zu sein. Am 19. April traf er in Paris ein, natürlich wieder inkognito, natürlich wieder als Graf von Falkenstein, von dem freilich schon halb Europa wußte, wer sich hinter diesem Pseudonym tatsächlich verbarg. Bezeichnend dafür ist, daß der Eigentümer jenes Hotels, in welchem Joseph abgestiegen war, ein gewisser Herr Schmelling – das Hotel selbst nannte sich »De Tréville« –, ihn um die Erlaubnis bat, den Namen des Etablissements auf »Hotel de l'Empereur« umändern zu dürfen. Joseph lehnte dieses Ansuchen ab. Man müßte, meinte er, zu genaue und damit zu umständliche Erklärungen abgeben, um welchen Kaiser es sich dabei handle. Immerhin habe es schon etliche Kaiser vorher gegeben und werde es noch zahlreiche nach ihm geben. Die wohlwollenderen der Biographen Josephs meinen, das wäre ein schöner Beweis für die Bescheidenheit des Österreichers.

Eine nicht weiter erwähnenswerte Madame de Campan, Hofdame zu Versailles, versuchte sich, nachdem Joseph am dortigen Hof erschienen war, an einer etwas schrofferen, weniger schmeichelhaften Beurteilung: »Seltsames Benehmen! Eine Offenheit, die oft in Grobheit ausartet, eine Schlichtheit, deren erkünsteltes Wesen man leicht durchschaut, alles in allem ein Fürst, den man eher sonderlich als bewunderungswürdig nennt.«

Dabei war Joseph auch und gerade in Versailles als ganz gewöhnlicher Monsieur und nicht als Österreichs Kaiser aufgetreten. Er benahm sich mit so ausgesuchter Höflichkeit und auf eine so bescheidene Weise, daß man sich entzückt zeigte und es nicht unterlassen konnte, Vergleiche mit Ludwig XVI. anzustellen, die naturgemäß wenig günstig für den französischen König ausfielen. Joseph verhielt sich allerdings auch recht ungezwungen und nahm sich Freiheiten heraus, die einem Grafen von Falkenstein kaum erlaubt gewesen wären. So besuchte er zum Beispiel Madame du Barry, die legendäre oder eher berüchtigte Mätresse Ludwigs XV., die nach der Thronbesteigung Ludwigs XVI. in Ungnade gefallen war und als Gefangene oder zumindest von der Gesellschaft Verfemte auf einem Schloß nahe bei Versailles lebte.

Joseph kümmerte sich nicht im mindesten um das Aufsehen, das sein Besuch bei dieser Frau zwangsläufig verursachen mußte. Man könnte auch sagen, daß er diesen Besuch auf eine Weise inszenierte, die nach einer beabsichtigten Provokation aussah. Er verbrachte, nachdem er völlig unangemeldet bei ihr erschienen war, mehrere Stunden bei der Du Barry, was immerhin bewirkte, daß sie von Marie Antoinette bei Hofe wieder empfangen wurde. Das versetzte allerdings auch den österreichischen Botschafter in beträchtliche Aufregung; als er den Besuch Josephs nach Wien mitteilte, griff er zu einer Notlüge und erzählte von einer zufälligen Zusammenkunft, die weiter nichts zu bedeuten hätte. In Versailles, in Paris, in Frankreich freilich diskutierte man diese Eskapade des angeblichen Grafen von Falkenstein ausführlich.

Auch sonst sorgte Joseph immer wieder für Gesprächsstoff. Das begann mit seinem betont unauffälligen Auftreten, wobei »seine Kleidung einen starken Kontrast zur Eleganz an diesem glänzenden Hof bildete«, denn er »trug einen einfachen Anzug aus braunem

Tuch ohne Litzen und Verzierungen«, wie man das in Paris, wo man des kostspieligen Luxus von Versailles längst überdrüssig war, wohlgefällig berichtete. Auch zeigte Joseph ziemlich offen seine ausgeprägte Verachtung für Höflinge und jene Spezies von Aristokraten, die durch »ihren Rang alle Möglichkeiten haben und auch ausnützen, um sich schamlos zu bereichern«, wie er bei anderer Gelegenheit einmal rügte. Er bevorzugte die Gesellschaft von Künstlern, Intellektuellen und Wissenschaftlern, er besuchte Taubstumme in einem eigens für sie eingerichteten Hospital, inspizierte eine Seidenfabrik und machte sich mit Schiffern und Gärtnern gemein. Mit ebensolcher Ausdauer wie Geschicklichkeit verfolgte er das selbstgesteckte Ziel, den Franzosen um jeden Preis zu gefallen. Seinem Bruder Leopold schrieb er: »Ich bin mit Vorbedacht einfach, und ich übertreibe das mit Absicht. Ich habe hier einen Enthusiasmus erregt, der mir fast schon peinlich wird.«

Peinlich war ihm die Zuneigung, welche ihm die Franzosen sehr rasch entgegenbrachten, natürlich nicht im mindesten. Im Grunde seines Herzens verachtete er dieses Volk sogar, um dessen Gunst er sich so offensichtlich und auch erfolgreich bemühte. Seine Verachtung äußerte sich in zahlreichen kleinen Nadelstichen, in verletzenden Bemerkungen über den Charakter und den Geschmack der Franzosen, in jenen berüchtigten sarkastischen Ausfällen, die Joseph auch jetzt nicht unterdrücken konnte. Aber weil er in der Tat ein Meister der Verstellung sein konnte, wurde aus dem Zyniker hier in Frankreich ein Schmeichler, aus dem Weltverbesserer ein Taktiker, aus dem strengen Bürokraten ein Komödiant.

Jedenfalls war das Auftreten Josephs in Frankreich wohl mit dem vergleichbar, was man heute eine mediale Sensation nennen würde. Friedrich der Große äußerte sich brieflich darüber, »daß jetzt ganz Frankreich mit nichts als dem Grafen von Falkenstein beschäftigt ist«, in London erschien ein Flugblatt, welches die demokratischen Neigungen des Habsburgers ausführlich erwähnte, in Frankreich selbst rühmten zahlreiche Zeitungsartikel »die vortrefflichen Eigenschaften dieses Monarchen, die ihm die Herzen aller Menschen ganz zu eigen machten«. Ein preußischer Korrespondent beschrieb ihn sogar als »ächtdeutschen Mann, der die Ansicht, daß der natürliche Zustand nicht der eines Königs, sondern der eines Menschen sei, nicht bloß im Herzen trug, sondern auch durch eine ungeheuere Natürlichkeit ausdrückte«. Ein französischer Journalist wiederum berichtete, daß Joseph »auch gar kein Freund vom Zeremoniell ist, und eine seiner ersten Sorgen bei seiner Ankunft war die, allem Zwange abzuhelfen«. Und die Madame de Campan, die als Ehefrau des Geheimsekretärs der Marie Antoinette einen recht genauen bis intimen Einblick in die Gewohnheiten und Allüren der von ihr Beschriebenen hatte, notierte in ihren Memoiren neben mancher kaum verhohlenen Kritik am österreichischen Kaiser, dem sie dessen demokratisches Auftreten und seinen Sarkasmus nicht verzeihen mochte, auch manche Auseinandersetzung Josephs mit seiner Schwester. »Die Toilette der Königin war nicht minder ein Gegenstand der unaufhörlichen Kritik des Kaisers. Er machte ihr den Vorwurf, daß sie so viele Moden eingeführt habe, und neckte sie wegen des übermäßigen Auflegens von Rouge, an das sich seine Augen nicht gewöhnen konnten.«

Das alles änderte nichts daran, daß sich der Graf von Falkenstein durchaus kaiserlich aufführte, als es zur Verteilung der Geschenke kam, wie das bei solchen Staatsbesuchen stets üblich war und ist. Joseph erhielt von Ludwig ein kostbares Porzellanservice im Wert von 400 000 Goldfrancs. Er selbst revanchierte sich vor allem bei jenen Bediensteten und Personen, die ihm behilflich gewesen waren, seinen Aufenthalt in Paris und Versailles möglichst angenehm zu gestalten. So machte er einem Monsieur Souflot, der ihm in Paris als Cicerone gedient hatte, einen Diamanten zum Geschenk, während dem Lohnkutscher, der ihn in Paris gefahren hatte, aus der kaiserlichen Schatulle ein jährliches Einkommen garantiert wurde. Und jener Herr Schmelling, der als Gastwirt und Hotelier sein »Hotel de Tréville« dadurch, daß der Graf von Falkenstein dort abgestiegen war, hinlänglich aufgewertet sah, wurde gemeinsam mit seiner Frau noch einmal fürstlich entlohnt. Joseph, der als Sparmeister berüchtigt war, geizte nicht mit materiellen Zuwendungen, wenn sie jene propagandistische Wirksamkeit besaßen, die seinem Image nützte.

Zeitgenössische österreichische Beobachter waren jedoch eher skeptisch, was den politischen Nutzen dieser Reise betraf. »Ungeachtet aller Auszeichnungen und Huldigungen, die ihm während seiner ziemlich langen Anwesenheit in Paris in so reichem Maße zuteil geworden waren, schied er doch von der rauschenden Hauptstadt ziemlich verstimmt, da ihm, dem deutschen Charakter, das Volk der Franzosen nichts weniger als zugesagt hatte. Dazu kam, daß der Hof während seines ganzen Aufenthaltes in Bezug auf alle politischen Fragen fortwährend die größte Zurückhaltung beobachtet hatte und demnach das Resultat seiner Reise in dieser Beziehung hinter seinen Erwartungen zurückblieb.« So überlieferte das Carl Namshorn, wobei man allerdings berücksichtigen muß, daß er, der ein vortrefflicher Chronist jenes Zeitalters gewesen ist, unmöglich die ganze Wahrheit erzählen durfte. Möglicherweise war ihm diese Wahrheit nicht einmal bekannt, denn selbst hinter vorgehaltener Hand wagte man nicht darüber zu sprechen, was inzwischen allgemein bekanntgeworden war: daß Frankreichs plumper, dicker, wenig glücklich agierender König Ludwig XVI. an einer Phimose, also an einer Verengung der sogenannten Vorhaut an seinem Geschlechtsteil, litt, was einen normalen Vollzug der Ehe mit Marie Antoinette unmöglich machte und Joseph auf den Plan gerufen hatte; und daß dieser mit der allergrößten Direktheit und Ungeniertheit dem untüchtigen oder eigentlich behinderten König ins Gewissen redete und ihm gleichsam von Mann zu Mann beizubringen versuchte, auf welche Köstlichkeiten des Lebens er verzichtete, wenn er sich nicht endlich operieren ließe, um dann auch als Liebhaber seinen Mann stehen zu können.

Ein wenig erheiternd ist die Vorstellung schon, daß einer, der im Umgang mit der Liebe von Komplexen gepeinigt wurde und dessen Sexualleben auf die Gefälligkeiten angewiesen war, die man nur mit Geld erringen konnte, einem anderen, der durch einen kleinen Defekt an der Ausübung der körperlichen Liebe gehindert wurde, gute Ratschläge gab.

Joseph entledigte sich der delikaten Aufgabe, Ludwig von der Notwendigkeit eines kleinen chirurgischen Eingriffes zu überzeugen, zwar auf eine recht drastische, aber vielleicht gerade deshalb um so wirkungsvollere Weise. Dabei stellte sich heraus, daß ein nicht geringes Maß an Schuld, sofern man in einer solchen Angelegenheit davon überhaupt sprechen darf, auch auf Marie Antoinette fiel, denn sie war, wie Joseph jetzt im Gespräch mit Ludwig zu seiner Überraschung erfuhr, nicht bloß ungeschickt, was den körperlichen Vollzug der Ehe betraf, sondern auch völlig unerfahren und überdies ziemlich temperamentlos. In einem Brief an seinen Bruder Leopold, in welchem er auch die intimsten Einzelheiten und unglücklichen oder eigentlich erfolglosen Techniken des sogenannten Liebesspiels zwischen seiner Schwester und deren ungeschicktem Ehemann ausführlich erläuterte, bedauerte Joseph, daß er bei diesen Übungen nicht anwesend sein durfte. »Ach, wenn ich nur ein einziges Mal hätte dabei sein können, den hätte ich auf die Sprünge gebracht«, schimpfte er, der auf dem Gebiet der ars amandi selbst eher ein Dilettant war, auf Ludwig. Und von Marie Antoinette hieß es recht unverblümt: »Meine Schwester hat obendrein auch wenig Temperament, und sie sind beide ausgesprochen ungeschickt zusammen . . .«

Seine Vorhaltungen mußten heftig, eindringlich genug gewesen sein, um Ludwig schließlich doch davon zu überzeugen, daß die von den Ärzten als unerläßlich bezeichnete Operation nicht länger hinausgezögert werden dürfe. Der König vertraute sich nämlich wenige Monate später einem Chirurgen namens Garniere an, der die Sache, die schmerzhaft, jedoch vollkommen ungefährlich war, zufriedenstellend löste. Ludwig durfte sich endlich als Mann bewähren, was ihm im übrigen außerordentlich behagte, wie man das einer eigenhändig gemachten Notiz entnehmen darf: »Ich liebe diese Art des Vergnügens sehr und bedauere, sie so lange nicht gekannt zu haben.«

Und Joseph schrieb im Oktober 1777 an Leopold: »Wie Sie wissen, hat der König von Frankreich bei dem großen Werk endlich Erfolg gehabt, und die Königin kann schwanger werden. Sie haben es mir alle beide geschrieben und bedanken sich bei mir, da sie es meinem Rat zuschreiben. Es ist wahr, ich habe diese Angelegenheit in meinen Gesprächen mit ihm gründlichst behandelt, ich hatte vollkommen richtig erkannt, daß Faulheit, Ungeschicklichkeit und Gleichgültigkeit die einzigen Hindernisse waren.«

Manche seiner schärfsten Kritiker wie etwa Jean-Jacques Langendorf haben diese Episode allerdings zum Anlaß genommen, um Joseph einmal mehr der unverantwortlichen Besserwisserei zu bezichtigen. »Wie alle Ritter von der traurigen Gestalt war Joseph groß im Erteilen von Lektionen. Seinem Schwager Ludwig XVI. erklärt er pedantisch: Bewegung erzeugt Wärme oder, in concreto, das Kind.« Langendorf hat mit dieser Meinung nicht ganz unrecht. Aber Marie Antoinette, die bald darauf schwanger wurde, und Ludwig waren aufrichtig glücklich und dankbar.

Einen anderen und vielleicht sogar begründeteren Anlaß, sich über seinen grenzenlosen Hochmut zu ärgern, gab Joseph seinen Kritikern, als er auf dem Rückweg von Paris nach Österreich die Schweiz durchquerte und alle Welt erwartete, daß er über jenen Ort namens Ferney fahren würde, in dem Voltaire lebte. Voltaire selbst hatte, wie überliefert ist, mit diesem Besuch sehr wohl gerechnet und manche Vorbereitungen getroffen, um die Ankunft des habsburgischen Kaisers gebührend – vor allem auch für sich selbst – inszenieren zu können. Joseph freilich spielte bei dieser kleinen Komödie der großen Eitelkeiten nicht so mit, wie es Voltaire erhofft, Frankreich erwartet und die Intellektuellen Europas herbeigesehnt hatten. Wenige Meilen vor Ferney ließ er den Kutscher eine andere Straße nehmen, um dem Schweizer Poeten Haller, einer eher mäßigen Begabung und einem staubtrockenen Pietisten, die gänzlich unerwartete Aufwartung zu machen.

Voltaire reagierte auf diesen rasch bekanntgewordenen Affront gereizt und bösartig. Der Kaiser habe ihn aus Bescheidenheit nicht besucht, ließ er verlautbaren; außerdem habe Joseph befürchtet, von Voltaire möglicherweise nicht empfangen zu werden. Zwei Große waren einander gefährlich nahe gekommen. Jetzt verpaßte einer dem anderen auf recht süffisante Art die gewaltigsten Ohrfeigen: aus gekränkter Eitelkeit Voltaire; aus purer Gewohnheit, stets sarkastisch zu sein und das Unerwartete zu tun, Joseph.

Der Freigeist

Die Brüskierung Voltaires durch Joseph hatte Ursachen, die nichts mit der Spottlust und dem Sarkasmus des Habsburgers zu tun hatten. Da war zuerst einmal die Rolle Voltaires als eifriger Propagandist Friedrichs des Großen zu berücksichtigen, der vom französischen Philosophen als aufgeklärtester Monarch seiner Zeit apostrophiert wurde, ein Urteil, das einem österreichischen Politiker nach dem Verlust Schlesiens nicht gleichgültig sein konnte. Außerdem war Joseph nicht ganz grundlos davon überzeugt, in Voltaire einen Opportunisten der schlimmsten Sorte zu erkennen, was allein schon genügt hätte, um ihn gegen diesen Mann voreingenommen sein zu lassen. Und schließlich war da noch Voltaires Haltung zur Religion, die jener Josephs ungemein ähnlich war, was diesen allerdings instinktiv jene auch auf ihn zutreffende Erklärung ablehnen ließ, die Voltaire von sich selbst machte: »Heute behaupte ich etwas, morgen zweifle ich daran, übermorgen leugne ich es, und jeden Tag kann ich mich irren.« In der Hauptsache dürfte es die letzte Bemerkung gewesen sein, die Joseph empfindlich irritiert hätte, wenn er sie dem Wortlaut nach gekannt hätte. Er, der Kaiser, irrte sich niemals; zumindest war er davon grundsätzlich überzeugt.

Aber die Anekdote vom nicht stattgefundenen Besuch bei Voltaire, der durch einen kurzen Aufenthalt beim frömmelnden und eher bedeutungslosen Literaten Haller kompensiert wurde, ist nur ein kurzer Hinweis auf das Widerspruchsvolle an Joseph, der weder – wie man das von einem habsburgischen Kaiser wohl erwartete – ein religiöses Vorbild noch tatsächlich ein unabhängiger Freigeist sein wollte.

Die Verursacherin der Spannungen, die in dieser Hinsicht in ihm wüteten, war zweifellos seine Mutter, eine gehorsame Dienerin der Kirche, die mit zunehmendem Alter einem religiösen Ritual gehorchte, das dem Sohn fremd und sogar widerlich sein mußte. Maria Theresia war noch völlig vom Geist der Gegenreformation durchdrungen, begriff das sogenannte Ketzertum nicht bloß als längst überholtes Relikt vergangener Generationen, sondern als durchaus existente politische Realität. Das führte immerhin dazu, daß Lutheraner, die sich weigerten, in den Schoß der katholischen Kirche zurückzukehren, nach Siebenbürgen und an die südöstliche Militärgrenze des Reiches abgeschoben wurden.

Im Frühling des Jahres 1777, als Tausende von erbitterten oder auch verzweifelten Bewohnern der mährischen Provinzen zum Protestantismus übertraten und Maria Theresia darauf mit Zwangsmaßnahmen reagierte, eskalierte die Auseinandersetzung zwischen Mutter und Sohn in Fragen der Religionsfreiheit zum erbitterten Kleinkrieg. Joseph verwahrte sich mit Entschiedenheit gegen die seiner Meinung nach völlig falsche Politik, »die Widerspenstigen aus dem Land zu jagen« und sich damit des Nutzens zu begeben, »den man während ihres Lebens aus vortrefflichen Landwirten und guten Untertanen ziehen muß«. Er mochte nicht einsehen, daß die Frage der Konfession wichtiger sein sollte als alle anderen Überlegungen. Außerdem begriff er Religion in der Hauptsache als private Angelegenheit, in die sich der Staat nach Tunlichkeit nicht einmischen sollte. Diese Meinung löste bei seiner Mutter selbstverständlich Widerspruch und Erbitterung aus. In einer hitzigen Auseinandersetzung richtete Joseph einige schwerwiegende Fragen an die Kaiserin: »Welche Macht maßt man sich an? Kann diese so weit gehen, sich ein Urteil über die göttliche Barmherzigkeit anzumaßen, die Leute gegen ihren Willen retten, kurz dem Gewissen befehlen zu wollen? Ihr weltlichen Herrscher, wenn nur der Staatsdienst besorgt wird, die Gesetze der Natur und der Gesellschaft beobachtet werden, wenn euer höchstes Wesen nicht entehrt wird, sondern Ehrfurcht und Anbetung findet . . . was habt ihr euch in anderes zu mengen?«

Das war der Geist der Aufklärung, wie ihn auch ein Voltaire

predigte. Maria Theresia reagierte darauf ebenso wütend wie verletzt: »Ohne herrschende Religion? Die Duldung, der Indifferentismus sind die wahren Mittel, alles zu untergraben ... Willst Du es hingehen lassen, daß sich jeder eine Religion nach seiner Laune bildet? Ruhe und Zufriedenheit werden nicht daraus hervorgehen. Das Faustrecht und andere schlimme Zeiten werden daraus entstehen ... Ähnliche Reden von Deiner Seite können eines der größten Unglücke verursachen und Dich für viele Tausende Seelen verantwortlich machen.«

Die Standpunkte waren von schroffer Gegensätzlichkeit. Maria Theresia inszenierte sich mit großem Nachdruck als fromme Monarchin, als gehorsame Katholikin, als naives Kind der Kirche, das freilich zu jeder politisch motivierten Brutalität fähig war, wenn es die Staatsräson erforderte. Joseph wiederum sah keine Veranlassung, aus seinen religiösen Neigungen oder Empfindungen, sofern er solche überhaupt besaß, etwas Öffentliches zu machen: Jedes Zeremoniell war ihm in der Regel zuwider, in religiösen Fragen verabscheute er es sogar. Seine Mutter hingegen begriff die Religion als barockes Motiv, als Staatsakt, als Frage von nationaler Bedeutung. Der daraus resultierende Konflikt vergiftete das Zusammenleben der beiden kaiserlichen Majestäten, die außerstande waren, wenigstens in dieser Frage einen vernünftigen Kompromiß zu schließen.

Die Zerwürfnisse häuften sich, die Mißverständnisse wurden zur Gewohnheit, das gegenseitige Mißtrauen wuchs. In der leidigen Frage, was mit den mährischen Lutheranern zu geschehen habe, die von Maria Theresia in einer Art Verfolgungswahn unnachsichtig als Ketzer angeprangert wurden, setzte sich Joseph nach harten Diskussionen gegen seine Mutter durch. Die angekündigten strengen Sanktionen gegen die »Ketzer« wurden nicht durchgeführt, lediglich die »Unbelehrbaren und eigensinnigen Sektierer« sollten bestraft werden.

Maria Theresia war über diese Entwicklung, die sie selbst als Beweis ihrer Schwäche begriff, alles andere als glücklich. Für sie »gab es keine vom Interesse der Kirche unabhängige Staatsräson«, wie das ihr Sohn immer wieder leidenschaftlich propagierte. Und als Joseph sogar von der Unerläßlichkeit einer Toleranz zu sprechen begann, die ihr als Greuel und Sünde erscheinen mußte, brach sie die persönliche Diskussion ab. Sie antwortete nur noch brieflich auf seine bohrenden Fragen. Die Majestäten behandelten einander wie zwei unversöhnliche Gegner, die durch gewisse Umstände dazu gezwungen wurden, ihre feindseligen Gefühle wenigstens vorübergehend zu unterdrücken.

Die Krisen wechselten einander ab. Im Dezember 1773 schrieb Joseph seiner Mutter einen bewegenden Brief, in welchem er sein tiefes Unbehagen über die Form ausdrückte, die sein angebliches Mitregententum angenommen hatte. In seiner Verzweiflung ging Joseph sogar so weit, sich selbst auf eine Art zu erniedrigen, die das Gefühl der Ausweglosigkeit deutlich machte, das von ihm Platz ergriffen hatte: »Träge von Natur, wenig aufmerksam, oberflächlich, leichtsinnig, muß ich zu meiner Schande gestehen, daß ich vielleicht mehr äußeren Schaum trage als innere Tiefe und daß außer meinem Eifer und meiner Redlichkeit, wenn es sich um das Wohl des Staates und seines Dienstes handelt, nichts recht Solides an mir zu finden ist.« Er schrieb diese Sätze in einem Augenblick der vollkommenen Resignation und Erschöpfung, der sich allerdings wiederholen sollte.

Zwei Jahre später, zur Weihnachtszeit 1775, kam es dann zur Explosion. Maria Theresia warf ihrem Sohn, natürlich wieder brieflich, sträfliche Gleichgültigkeit gegen Gott und die katholische Kirche vor und tadelte seine Einstellung zur Frage der von ihm ins Auge gefaßten Religionsfreiheit in den Erblanden der Monarchie. Außerdem kritisierte sie seine anderen Pläne, von denen sie wußte, daß er ungeduldig darauf wartete, diese Vorhaben möglichst bald realisieren zu können. Dazu gehörten die Abschaffung der Feudalrechte und die Einführung einer sogenannten Pressefreiheit, Dinge, die Maria Theresia buchstäblich als gotteslästerlich empfinden mußte, was sie in ihrem Brief auch unmißverständlich zum Ausdruck brachte.

Die Antwort darauf war Josephs bitteres Ersuchen, ihn von der

Last seiner angeblichen Mitregentschaft zu befreien. Er fragte sich und sie, was ihr ein Mensch nützen könnte, dessen Prinzipien sie nicht zu achten vermochte, den sie »als hitzig, übereilt, eingenommen, voller Vorurteile« begriff. Ein Mensch wie er oder wie er von Maria Theresia gesehen würde, wäre nämlich nicht nur unnütz, sondern auch schädlich. Und dagegen könnte es nur ein Mittel geben, nämlich seine augenblickliche Demission.

Darauf wiederum antwortete die Kaiserin »in der Stimmung des Weihnachtsabends« mit einer Mischung aus mütterlicher Zärtlichkeit und staatspolitisch motiviertem Mißtrauen. Selbstverständlich wollte, konnte und durfte sie auf Josephs Mitarbeit nicht verzichten. Selbstverständlich war sie jetzt plötzlich willens, alle seine Vorschläge zu überdenken und manches davon durchaus für gut zu befinden. Und selbstverständlich war sie nun auch bereit, sich selbst einen Teil der Schuld an diesen unerfreulichen Auseinandersetzungen aufzubürden.

Es dauerte allerdings einige Zeit und es brauchte etliche schriftliche Anweisungen, Demütigungen, Selbstvorwürfe, bis Joseph endlich so weit besänftigt war, um seine Mutter gerührt zu umarmen und ihr die Versicherung zu geben, daß er sie »auf der Welt am meisten liebe«. Es war eine Farce. Es war das klassische Beispiel einer heillos zerrütteten Verbindung, die nur deshalb nicht geschieden werden konnte, weil zu viele materielle und ideelle Dinge davon abhingen. Dieses ungleiche Paar, das miteinander nicht auskommen konnte, war außerstande, sich auf eine vernünftige Weise zu arrangieren. Es lebte in einem permanenten Zustand der gegenseitigen Zerfleischung. Im übrigen waren die jeweiligen Versöhnungen von ebensolcher Hysterie und Unaufrichtigkeit geprägt wie die immer wieder heftig ausbrechenden Zerwürfnisse.

Der Friede von 1775 war natürlich nicht von langer Dauer. Bald darauf beklagte sich Maria Theresia beispielsweise, daß Joseph ihr nicht alle Korrespondenz zeigte, die er erhalten hätte. Und er wiederum ordnete ausgerechnet an einem 18. März Hoffeierlichkeiten anläßlich der Geburt des siebenten Kindes seines Bruders Leopold an, obgleich er ganz genau wußte, daß sein Vater, Maria

Theresias abgöttisch geliebter Ehemann, am 18. März 1765 gestorben war und die Kaiserin diesen Gedenktag völlig zurückgezogen und mit nichts anderem als mit Fasten und Meditationen beschäftigt zubrachte.

An solchen Ereignissen entzündete sich das gegenseitige Unbehagen. Aus solchen Nebensächlichkeiten entstanden Staatsaffären. Da war es dann fast schon erwartungsgemäß, daß auch der Staatskanzler von einer gewissen Nervosität befallen wurde. Eines Tages, als Kaunitz die spöttischen Bemerkungen des Mitregenten nicht länger zu ertragen glaubte, flüchtete er sich zuerst in eine gnädige Ohnmacht, dann in eine länger andauernde Erkrankung und schließlich in die Geste, seine endgültige Demission einzureichen. Maria Theresia, die nicht mehr wußte, wie sie reagieren sollte, ließ Joseph mitteilen, daß sie sich in ihre Gemächter einschließen »und nie mehr jemandem die Türe öffnen« würde, wenn er sich nicht mit Kaunitz zur Versöhnung bereit fände. Als diese Drohung nichts fruchtete, kündigte sie die Möglichkeit ihrer eigenen Abdankung an. Schließlich einigte man sich doch wieder auf irgendeine rätselhafte Weise, ohne daß sich am Stil, der an diesem sonderbaren Wiener Hof herrschte, irgend etwas geändert hätte.

»Sie verstanden sich nicht. Es gab keine politische Frage – Krieg und Frieden, Leibeigene und Adel, Kirche und religiöse Toleranz –, über die sie sich hätten einigen können. Eines Tages fragte Maria Theresia ihren Sohn, ob es nicht vielleicht ein Fehler sei, wenn sie sich beide allzu sehr von ihren Meinungen beherrschen ließen. An ihrer Uneinigkeit war in der Tat teilweise die Verschiedenheit ihrer politischen und sozialen Anschauungen schuld« (F. Fejtö).

Die Staatsgeschäfte litten unter den Auseinandersetzungen zwischen Mutter und Sohn. Nicht nur Kaunitz, der die Begabung besaß, im geeigneten Augenblick in eine tiefe Ohnmacht zu fallen, sondern auch die Minister verzweifelten des öfteren an einer Situation, die ebenso skurril wie gefährlich war. Philipp Graf Cobenzl, der in den letzten Lebensjahren Maria Theresias als Vizekanzler der Kaiserin vornehmlich damit beauftragt war, den staatspolitischen Dialog zwischen den beiden Majestäten nicht gänzlich verstummen zu lassen, schilderte die Querelen, die fast zur Tagesordnung gehörten: »Die oberste Staatsgewalt war in keiner Weise geteilt. Die Kaiserin besaß sie ausschließlich, aber sie wollte nichts ohne die Zustimmung ihres Nachfolgers und Mitregenten tun, während dieser niemals ihr die Gefälligkeit erwiesen hatte, der Meinung seiner Mutter sich zu fügen, wenn sie mit seinen Anschauungen im Widerspruch stand. Er ließ nie die Rücksichten außer acht, die er der Kaiserin schuldig war, aber er stritt mit einer Hartnäckigkeit mit ihr, welche sie in Verzweiflung versetzte. Mehrmals fand ich sie nach einem solchen Gespräch mit ihm in Tränen gebadet. Um über irgendeine Angelegenheit seinen Beschluß zu erwirken, sandte sie mich zum Kaiser. Er aber, der über nichts für sich allein verfügen wollte, sandte mich wieder zur Kaiserin zurück.«

Wen wunderte es nach solchen Erfahrungen noch, daß selbst Außenstehende allmählich mißtrauisch wurden. Manches von den ständigen Streitigkeiten in der Wiener Hofburg drang nach außen. Vieles davon wurde zur Anekdote. Einiges diente nur noch zum Gespött der Menschen, die nicht ahnten oder nicht begriffen, welche private Tragödie sich hier abspielte. Und eigentlich war es erstaunlich, daß dessenungeachtet manches von dem, was Joseph am Beginn seiner Tätigkeit als Mitregent noch burschikos damit umschrieben hatte, daß er jetzt »recht munter dreinschneiden« werde, tatsächlich verwirklicht werden konnte. Denn die Zeit seiner Mitregentschaft war in der Tat, wie das Viktor Bibl ausgedrückt hat, »eine in jeder Hinsicht segensreiche Reformära, die in der österreichischen Geschichte ohne Beispiel dasteht«.

Eine der einschneidendsten Veränderungen, die in dieser Zeit stattfanden, wurde allerdings von außen initiiert. Es handelte sich dabei um die Aufhebung des Jesuitenordens. Dieser Orden nahm in der habsburgischen Monarchie sowohl im Lehramt als auch in der Seelsorge eine wichtige Stellung ein. Maria Theresia war dem Orden über lange Zeit eine wichtige und nützliche Gönnerin gewesen, obgleich die jesuitische Lehrtätigkeit manche profunde Kritik erdulden mußte und die Jesuiten in Österreich mehr Gegner als Anhänger hatten. Vor allem Joseph war ein entschiedener Feind des

Ordens, und als im Juli 1773 Papst Clemens XIV. – also jener Papst, den Joseph im römischen Konklave noch als Franziskaner und Kardinal kennengelernt und mit dem er auch einige Worte gewechselt hatte – den Jesuitenorden aufhob, jubelte der Kaiser und nannte diese Entscheidung wahrhaft groß und bedeutend. Joseph ging sogar so weit, seinen Haß gegen die Jesuiten offen einzubekennen, obgleich jener Brief, in welchem sich diese bemerkenswerten Worte finden, von manchen Autoren als Fälschung bezeichnet wird. Unbestreitbar war jedoch seine Abneigung gegen die Jesuiten, während die Kaiserin, welche die Aufhebung des Ordens aufrichtig bedauerte, das alles »als ein großes Unglück« empfand.

Immerhin zogen die Habsburger aus diesem Ereignis neben den politischen Möglichkeiten, die sich daraus ergaben, auch einen schönen materiellen Gewinn. Denn das in Österreich angelegte Vermögen der Jesuiten, das auf rund 400 Millionen Gulden geschätzt werden durfte, wurde eingezogen und einem sogenannten Studienfonds zugeführt, aus dem bedürftige Geistliche – darunter auch Jesuiten –, aber auch begabte Kinder gefördert wurden.

Nun war jener Brief, den Joseph an einen Grafen namens Aranda, der als spanischer Botschafter in Paris tätig war, voll ungestümer Heftigkeit geschrieben hatte, möglicherweise tatsächlich eine Fälschung. Andererseits war der Kaiser auf gar keinen Fall ein Freund oder Gönner der Jesuiten. Er hatte ihnen immer wieder, wie es auch in diesem ominösen Brief geschehen ist, den Umstand zum Vorwurf gemacht, daß sie die Religion »zum Gegenstand des Ehrgeizes und zum Deckmantel ihrer Verschwörungen herabgewürdigt« hätten. Er machte ihre Intoleranz mit dafür verantwortlich, daß Deutschland durch den Dreißigjährigen Krieg verwüstet worden war. Und vor allem alterierte er sich über den mächtigen Einfluß, den »sie auf die Prinzen des Hauses Habsburg gehabt hatten«.

Vielleicht spielten bei dieser heftigen Ablehnung des Ordens Erinnerungen an seine eigene Kindheit mit, wie gern angenommen wird, als er von Jesuiten unterrichtet worden und dabei einem pädagogischen Stil ausgesetzt gewesen war, der tiefes Unbehagen in ihm ausgelöst haben mußte. Außerdem befand sich Joseph hier einmal mehr im Gegensatz zu seiner Mutter, die ungeachtet der schweren Vorwürfe gegen die Jesuiten und gegen deren egoistische und damit für das öffentliche Wohl verhängnisvolle Schulpolitik sich lange Zeit geweigert hatte, etwas Entscheidendes, Grundsätzliches gegen den Orden zu unternehmen. Selbst die Parteinahme des Wiener Erzbischofs Migazzi gegen die Jesuiten fruchtete bei der frommen Königin nichts. Es bedurfte tatsächlich jener berühmt gewordenen Bulle des Papstes Clemens XIV., des ehemaligen Kardinals Ganganelli, die unter dem Titel »Dominus ac redemptor noster« in ganz Europa für ungeheures Aufsehen sorgte, daß Maria Theresias Anteilnahme für die Jesuiten allmählich erlosch und sie dem heftigen Drängen Josephs nachgab. Denn ihr Sohn, Mitregent und Erbe hatte schon vor dem Bannspruch des Papstes deutlich zu verstehen gegeben, daß er die Jesuiten und ihr Wirken ablehnte.

Es war also auch hier diese unselige Konstellation, aus welcher Maria Theresia und ihr Sohn nicht auszubrechen vermochten, die sich als das schreckliche Maß aller Dinge erweisen sollte. Sie wäre einst genau sein Gegenteil gewesen, erklärte die Kaiserin mehr als einmal, wenn sie Joseph davon zu überzeugen versuchte, daß seine Grobheit, seine ironische, verletzende Wesensart manche gute Eigenschaft an ihm zunichte machten. Sie, so die Kaiserin, hätte »die Leute immer durch Freundlichkeit und gute Worte dahin gebracht, daß sie meinem Willen gehorchten«. Seine exaltierte Schroffheit hingegen, seine Ungeduld und frivole Brutalität »entfremden Dir alle anständigen Leute«. Und bei anderer Gelegenheit kritisierte sie: »Dein Ton ist von Eitelkeit durchtränkt. Sobald Du Dich zu einer geistreichen Laune angereizt fühlst, gibst Du ihr bedenkenlos nach. Sobald Du ein Wortspiel oder einen amüsanten Satz gehört hast, zitierst Du sie bei der ersten Gelegenheit, ohne zu überlegen, ob Deine Bemerkungen nicht unangebracht sind.«

Sie reizte ständig seinen Widerspruchsgeist. Und weil sie eine übertrieben fromme, bigotte Frau war, mußte er, der sich so oft für das Gegenteil dessen entschied, was sie plante oder wünschte, beinahe zwangsläufig zum Freigeist werden. Das ist zwar eine grobe Vereinfachung der Situation, aber sie entspricht doch weitgehend der historischen Wahrheit. Hätte Maria Theresia sich von allem Anfang an gegen die Jesuiten gestellt, so wäre sein Eintreten für diesen ganz allgemein gefürchteten und gehaßten Orden wohl selbstverständlich gewesen. So aber steigerte sich seine ohnedies vorhandene Aversion gegen die Jesuiten zum offenen Haß, als er bemerken mußte, daß seine Mutter lange Zeit zögerte, den »Schwarzröcken«, wie er sie verächtlich nannte, den Todesstoß zu versetzen.

Maria Theresia war erzkonservativ, obgleich sie sich für einige der überraschendsten und revolutionärsten Reformen ihres Zeitalters entschieden hatte. Also war es fast nur natürlich, daß Joseph auf eine übertriebene, hektische Weise liberal zu sein versuchte, obgleich er in manchen seiner wesentlichen politischen Ansichten erzreaktionär war. Er bewunderte die »unerschöpfliche Energie, die machtvolle Lebenskraft« seiner Mutter. Sie wiederum fürchtete um seinen Seelenfrieden, weil sie instinktiv ahnte, daß sich hinter seiner Entschiedenheit und hinter seinen intellektuellen Gesten ein verunsicherter, verwirrter Charakter verbarg. Und während sie »bis zum letzten Atemzug die Hoffnung nicht aufgab, Meinungen und Art des Sohnes zu korrigieren, verzichtete der Sohn nie auf den Wunsch, durch Zugeständnisse, Geduld oder Heftigkeit, durch Drohungen, Ironie und List seine Mutter so weit zu bringen, daß sie wenigstens einen Teil seines Reformprogramms verwirklichte« (F. Fejtö).

Ein wesentlicher Teil dieses Reformprogramms war Josephs radikale Beurteilung religiöser Fragen, mit der sich Maria Theresia niemals abfinden konnte. Das war auch einer der Gründe dafür, daß sie in ihrem Weihnachtsbrief vom Dezember 1775 das resignierende Schlußwort schrieb: »Beim besten Willen der Welt, wir verstehen uns nicht.«

Lust auf Bayern

Des Streites zwischen den beiden habsburgischen Majestäten war kein Ende; auch dann nicht, wenn es um Fragen ging, die für Österreich unter Umständen lebenswichtig sein konnten. Manche dieser Auseinandersetzungen nahmen eine Dimension an, die dem jeweiligen Anlaß nicht im mindesten entsprach.

Das letzte dieser unheilvollen Zerwürfnisse, die erst mit dem Tod Maria Theresias ein Ende nehmen sollten, begann am 1. Januar des Jahres 1778. In der Wiener Hofburg fand der traditionelle Neujahrsempfang statt. Die Kaiserin, respektvoll umringt von Mitgliedern ihrer Familie und einigen ausgewählten Vertretern des österreichischen Hochadels, war mit einem Kartenspiel namens Pharao beschäftigt. Der Kaiser unterhielt sich mit einigen Hofdamen. Plötzlich trat Kaunitz in Erscheinung, eilte auf die Kaiserin zu und teilte ihr mit allen Anzeichen höchster Erregung etwas mit. Maria Theresia rief sofort ihren Sohn zu sich. Gemeinsam mit ihm und Kaunitz verließ sie die aufgeschreckte, völlig ratlose Gesellschaft.

Die Ursache für diese beinahe dramatische Unterbrechung des Neujahrsempfangs war der überraschende Tod des bayrischen Kurfürsten und Schwagers Josephs, der Maximilian Joseph hieß, noch nicht einmal einundfünfzig Jahre alt geworden war und zwei Tage zuvor in München an den »vernachlässigten Blattern« gestorben war, wie die zeitgenössischen Bulletins mitteilten. »Kaum hatte derselbe die Augen zugetan«, schrieb ein Wiener Chronist, »als österreichische Truppen in Niederbayern und in der Oberpfalz einrückten, um die Ansprüche des Kaiserhofes geltend zu machen.«

Maria Theresia hatte in dem Augenblick, als Kaunitz ihr die Nachricht vom Tod des Kurfürsten überbrachte, sogleich begriffen, welche Schwierigkeiten dieses Ereignis mit sich bringen würde. Joseph hingegen betrachtete das Sterben Maximilians, der kinderlos geblieben war und mit dem die ältere Linie der Wittelsbacher erlosch, als »grandioses Neujahrsgeschenk« und wurde von Kaunitz in dieser Meinung bestärkt. Maria Theresia, die den wenig pietätvollen Enthusiasmus ihres Sohnes nicht teilte, beurteilte die Lage nüchterner und auch wesentlich realistischer. »Selbst wenn unsere Ansprüche auf Bayern begründeter und stichhaltiger wären, als sie es tatsächlich sind, müßte man Bedenken tragen, einer privaten Annehmlichkeit wegen einen Weltbrand zu entfachen«, warnte sie Joseph schon am 2. Januar. Denn obgleich sie bereits vor Jahren, als sie die unglückliche Ehe zwischen Joseph und der bayrischen Prinzessin Josepha als politischen Schachzug inszeniert hatte, mit der Möglichkeit einer zukünftigen Einverleibung Bayerns spekuliert hatte, begriff sie nun, da diese Möglichkeit unter Umständen verwirklicht werden konnte, daß der Preis dafür zu hoch sein würde.

Denn es gab natürlich einen Erben, dessen Ansprüche auf das reiche und schöne Bayern berechtigter waren als jene, die sich Joseph einbildete. Es war dies der Kurfürst Karl Theodor von der Pfalz, mit dem Wiener Diplomaten schon ein Jahr vorher geheime Verhandlungen über seinen Verzicht auf die bayrische Erbfolge geführt hatten und der sich tatsächlich kaum davon begeistert zeigte, von Mannheim nach München übersiedeln zu müssen.

Andererseits aber wußte er ganz genau, daß Preußens König Friedrich einem solchen Machtzuwachs der Habsburger niemals tatenlos zusehen würde. Maria Theresia war im Gegensatz zu Kaunitz und Joseph fest davon überzeugt, daß Friedrich eine Veränderung des politischen Gleichgewichts zugunsten Österreichs niemals dulden würde. Ähnlich wie er dachte auch der einflußreiche Kurfürst Friedrich August von Sachsen. Außerdem gab es noch die Herzöge von Zweibrücken, die in der bayrischen Erbfolge nach dem Pfälzer Kurfürsten Karl Theodor erschienen und die im Gegensatz zu diesem durchaus Interesse an dieser fetten Erbschaft bekundeten. Mit Karl Theodor gab es auch noch eine andere

Schwierigkeit, die ein zeitgenössischer Hofberichterstatter recht offenherzig beschrieb: »Dieser – also der Kurfürst von der Pfalz – hat zwar von zahlreichen Mätressen des höchsten und niedrigsten Standes Kinder jeden Ranges, jedoch keinen Sohn aus rechtmäßiger Ehe, daher das Land, wenn er mit dem Tode abgeht, an den kleinen und armen Herzog von Zweibrücken fallen muß.«

Was diesen »kleinen und armen Herzog von Zweibrücken« betraf, so erreichte er über einige Umwege und mit der tatkräftigen Hilfe Napoleons später einmal tatsächlich das Gewünschte. Er wurde nämlich als legitimer politischer Nachfolger Karl Theodors bayrischer Kurfürst und im sogenannten Preßburger Frieden als Maximilian I. sogar König von Bayern.

Jetzt freilich wähnte sich Österreich erbberechtigt, sah sich Joseph bereits als Eigentümer Bayerns, wobei es ihm ziemlich gleichgültig war, daß Staatskanzler Kaunitz erst nach mühsamen und abenteuerlichen Recherchen in den Wiener Archiven einen Lehensbrief aus dem Jahre 1462 zutage förderte, mit welchem einst Kaiser Sigismund den damaligen österreichischen Herzog Albrecht mit Niederbayern belehnt hatte. Ebenso gleichgültig war Joseph auch der Umstand, daß diese reichlich merkwürdige Belehnung seinerzeit wieder zurückgenommen worden war und Österreich eigentlich – abgesehen von Josephs unglücklicher Ehe mit der bayrischen Prinzessin Josepha – keinen wie immer gearteten Rechtsanspruch auf Bayern besaß.

Dem Kaiser genügte im Augenblick, was mit dem erbunwilligen Pfälzer Karl Theodor ausgehandelt wurde. Im übrigen durfte einer, der eine Erbschaft machte, über dieses Erbe auch frei verfügen, und wenn es ihm behagte, konnte er es sogar verschenken. Zumindest war Joseph dieser Ansicht, die er durch die Entsendung seiner Truppen nach Bayern kategorisch unterstrich.

Maria Theresia, die durch Instinkt und Erfahrung vor einem solchen Abenteuer zurückgeschreckt wäre, wenn sie auf sich allein angewiesen und ihrer eigenen Entscheidung verpflichtet gewesen wäre, hatte nur halbherzig dem Einmarsch der Österreicher in Bayern zugestimmt. Sie fürchtete den Krieg, der aus solchem Säbelrasseln entstehen konnte: »Was für ein häßliches Handwerk ist der Krieg, gegen jede Menschlichkeit und jedes Glück.« Joseph hingegen, der endlich beweisen zu können glaubte, welcher Fähigkeiten vor allem auf militärischem Gebiet er mächtig war, ließ seine Armeen wie auf dem Paradeplatz aufmarschieren, ließ Truppen in Italien, Ungarn und den Niederlanden ausheben, jagte zwei Armeekorps durch Böhmen, andere durch Mähren und Sachsen und erschien selbst in Königgrätz, wo er den Oberbefehl über die Armee übernahm, begleitet von seinem intimen Freund, dem Feldmarschall Lacy, und dem Grafen Hadik, der sich schon im vergangenen Siebenjährigen Krieg hervorgetan und ausgezeichnet hatte.

Einige Tage lang hatte es den Anschein, als wäre Joseph begierig, Kriegsruhm zu ernten; oder als wolle er sich mit Friedrich auf eine Weise messen, die dem Idol seiner Jugend, dem alten – und tatsächlich alt gewordenen – Erbfeind Österreichs, nun endgültig den Garaus machen sollte. Immerhin war Friedrich II. zu diesem Zeitpunkt sechsundsechzigjährig, ein alter und verbrauchter Mann, der mit der Konsolidierung Preußens vollauf beschäftigt schien, zu verbraucht und zu beschäftigt, um sich noch viel um das außenpolitische Kleingeld zu bekümmern, das in Europa in Umlauf war. So dachte zumindest Joseph. Und er ließ sich auch dann noch nicht in seinen militärischen Träumen und Vormärschen beirren, als von überall her Alarmmeldungen eintrafen: Die Stände Bayerns empörten sich gegen den österreichischen Überfall; der Kurfürst von Sachsen rebellierte; der Herzog von Mecklenburg-Schwerin meldete plötzlich Ansprüche an; der Herzog von Zweibrücken brachte sich als rechtmäßiger Erbe deutlich in Erinnerung; und Preußens Friedrich II. unterstützte den »kleinen und armen Herzog« in einer Art, die routinierten Politikern zu deutlich und vielsagend war, um sie noch ignorieren zu können. Nur Joseph blieb vorerst uneinsichtig und halsstarrig. Er schien wie geblendet vom Glanz der frischgeputzten, sorgfältig polierten Waffen, mit denen seine Soldaten unentwegt durch Bayern paradierten und eine Vorstellung davon gaben, wessen diese österreichische Armee fähig sein könnte, wenn man sie bloß erst einmal von der Leine ließ.

Maria Theresia allerdings und bald auch, zumindest in Grenzen, der einsichtige, erfahrene, behutsame und möglicherweise auch etwas feige Kaunitz unternahmen manches, was den tatsächlichen Einsatz dieser Armee verhindern half. Nach außen gebärdete sich zwar auch Kaunitz wie ein Wüterich und schwadronierte von der Notwendigkeit eines gezogenen Schwertes, das man »nicht eher in die Scheide stecken wolle, bevor eine Entscheidung herbeigeführt ist«, aber in Wahrheit genügten schon die ersten Rückschläge, um den Staatskanzler wesentlich vorsichtiger auftreten zu lassen.

Joseph blieb auch jetzt noch eigenwillig und unbeirrbar. Der Reichstag stellte sich gegen ihn. Selbst die katholischen Fürsten Deutschlands betrachteten den österreichischen Kaiser plötzlich als gefährlichen Feind. Und konnte sich das, was Joseph in Bayern aufführte, demnächst nicht in einem anderen Land ohne weiteres wiederholen? Friedrich schürte das Feuer gegen die Habsburger. In Wien warnte und flehte Maria Theresia, die alles das vorhergesehen hatte und die vor allem die unausbleiblichen Konsequenzen dieser Politik begriff, für die Joseph zu blind war, weil er übertrieben ehrgeizig und uneinsichtig stolz war: daß in jenen Provinzen, aus denen jetzt das Militär abgezogen werden mußte, um es in aller Eile nicht nur nach Bayern, sondern jetzt auch schon an die Grenzen zu Preußen bringen zu können, Unruhen ausbrachen. In der Steiermark lehnten es die Bauern bereits ab, die fälligen Steuern zu entrichten. Im Siebenbürgischen entzogen sich die Leibeigenen durch Flucht dem Militär. In Polen kam es zu lokalen Rebellionen. Und in Bayern selbst wuchs der Widerstand gegen die Österreicher.

Im letzten Augenblick verlegte sich Joseph aufs Verhandeln. Es war eher ein billiges Feilschen, durch das er seine peinliche Lage auch nicht mehr verbessern konnte. Zwei bayrische Markgrafschaften bot er den Preußen an für ihr Wohlverhalten. Friedrichs Antwort darauf war eine kalte, glatte Abfuhr. Darauf rasselte Joseph wieder mit dem Säbel. »Wenn Eure Majestät ein Vergnügen daran haben, 200000 Mann aufs Schlachtfeld zu führen, so komme ich mit der nämlichen Zahl dorthin«, schrieb er eigenhändig an den Preußenkönig. Jetzt handle es sich nicht mehr um Bayern allein, sondern um das Ansehen der ganzen Monarchie, erklärte er seiner Mutter, die nach wie vor über das, was sie nicht mehr verhindern konnte, verzweifelte. »Besser ein mittelmäßiger Friede als ein siegreicher Krieg«, schrieb sie an ihren Sohn in Böhmen, wo er bereits die letzten Vorbereitungen traf für den unvermeidbar gewordenen Krieg. Dieser wurde am 3. Juli 1778 von den Preußen erklärt, und schon zwei Tage später überschritten sie die böhmische Grenze.

Dabei wollte in Wahrheit keiner der beiden Kontrahenten, also weder Friedrich noch Joseph, wirklich den Krieg. Es marschierten die Preußen zwar furchteinflößend entlang der Elbe auf, zahlenmäßig den Österreichern bei weitem überlegen, aber diese sicherten mit ihrer Artillerie alle Elbübergänge, was jeden Versuch der Preußen, nach Böhmen vorzustoßen, zu einem Blutbad gemacht haben würde. So kam es bald zu einer Art Stellungskrieg, was dem Ehrgeiz Josephs, der hier erstmals als militärischer Oberbefehlshaber auftreten durfte, zuwiderlief. Immerhin war es schon sein Kindheitstraum gewesen, an der Spitze seiner Truppen eine erfolgreiche Attacke anzuführen, war er eine Jugend lang darauf abgerichtet worden, die Preußen zu hassen und hätte er jetzt endlich beweisen müssen, daß er durchaus fähig war, dem militärischen Genie Friedrich ein ebenbürtiger Gegner zu sein.

Aber Friedrich gab dem Österreicher keine Chance, sich an ihm zu messen und durch ihn den sogenannten Ruhm auf dem Schlachtfeld zu ernten. Dieser Bayerische Erbfolgekrieg, der aus eher fragwürdigem Anlaß entstanden war, entwickelte sich bald zur fragwürdigen Komödie. Zuerst einmal waren die Preußen den Österreichern kräftemäßig zu überlegen, als daß Joseph, wie er es gewollt hätte, Zuflucht zu irgendwelchen kühnen Attacken hätte nehmen können. Alles, was er tun durfte, war ein langweiliger und wenig glanzvoller Verteidigungskrieg, waren Reaktionen auf das, was die Preußen unternahmen. Und diese wiederum unternahmen zu wenig bis gar nichts, um darauf wirklich erfolgreich reagieren zu können. Manchmal beschoß man einander mit den Kanonen, gelegentlich fand ein harmloses Scharmützel statt. Ruhm war aus solchen Unternehmungen keiner zu erzielen. Und zu allem Überdruß brachen bei den Österreichern auch noch Epidemien aus, welche das Heer mehr als die preußischen Angriffe in Verlegenheit brachten. Schließlich, es war inzwischen Herbst geworden, zogen die Preußen in ihre vorbereiteten Winterquartiere ab, die in Schlesien und Sachsen lagen. Der Krieg, in den Joseph so große Hoffnungen gesetzt hatte, war vorerst einmal beendet. An seine Mutter schrieb er: »Der Krieg ist gewiß eine schreckliche Sache. Die Übel, die er verursacht, sind entsetzlich. Ich kann Eurer Majestät versichern, daß jede Vorstellung, die ich mir davon machte, weit hinter dem, was ich sehe, zurückbleibt.«

Dabei hatte Joseph noch gar keine wirkliche Vorstellung von dem, was ein Krieg bedeutete, hatte er noch gar nichts von dem zu sehen bekommen, was die Greuel des Krieges ausmacht, wie das tatsächlich ausschaut, wenn die Kriegsfurien über ein Land herfallen. Er war lediglich deprimiert und nahe daran, zu resignieren. Schließlich verlor er ganze Truppenteile durch Krankheiten, gegen die er nichts ausrichten konnte, war die Moral seiner Soldaten höchst fragwürdig geworden, hatte er außerdem begreifen müssen, daß ihm der alte Fuchs Friedrich immer noch weit überlegen war, was die Logistik eines Feldzugs betraf. Sein Leben sei nur ein Gewebe aus Enttäuschungen, vertraute er sich Eleonore von Liechtenstein an.

Dieses Bekenntnis war nicht zuletzt auch durch die Erfahrung provoziert worden, daß seine Mutter hinter seinem Rücken mit Friedrich um einen Frieden verhandelte, den Joseph nur als schmachvoll und unbefriedigend verurteilen konnte. »Ich tue diesen Schritt, ohne meinen Sohn, den Kaiser, davon in Kenntnis zu setzen«, hatte Maria Theresia in jenem entscheidenden Brief erklärt, mit welchem sie Friedrich zur Aufnahme von Friedensverhandlungen eingeladen hatte. Sie wollte keinen Krieg. Sie war zu jedem Opfer bereit, um das, was die Ursache für Josephs brennenden Ehrgeiz war, endgültig zu verhindern – Bayern, das ihr durchaus als begehrenswert erschienen war, konnte den entsetzlichen Preis, den man jetzt dafür bezahlen mußte, niemals wert sein. Sie war sogar bereit, sich vor Friedrich zu demütigen, wenn er sich nur ihrer

Meinung anschloß und die Fortsetzung dieses unseligen Krieges verhinderte. Sie würde sich dem Preußenkönig zu Füßen werfen, wenn sie ihn dadurch zum Friedensschluß bewegen könnte, bekannte damals Maria Theresia, die außerdem längst erkannt hatte, daß ihr Sohn keinesfalls jenes militärische Genie war, das einem Friedrich dem Großen ebenbürtig gewesen wäre.

Es dauerte nicht lange, bis Joseph ungeachtet der strengen Geheimhaltung, unter welcher die Kaiserin die Friedensverhandlungen wiederaufnahm, alles über die diplomatischen Aktivitäten seiner Mutter erfuhr. Es war für ihn eine vernichtende Erfahrung. Es war nicht nur eine beispiellose Demütigung vor den Augen der Welt, sondern auch eine private Niederlage. Schließlich war die Frau, die ihm auf so perfide Weise in den Rücken fiel, nicht bloß Österreichs Kaiserin, sondern auch seine Mutter. Er respektierte die Kaiserin, er liebte die Mutter. Und jetzt fühlte er sich von jenen beiden Vorbildern, die er mit am leidenschaftlichsten und unbedingtesten achtete und auch liebte, Maria Theresia und Friedrich, schmählich hintergangen.

Der Krieg, der nicht wirklich diesen bösen Namen verdiente, schleppte sich dahin und versandete schließlich, ohne daß Joseph Gelegenheit gehabt hätte, sein militärisches Können zu beweisen. An der diplomatischen Front sah es schlecht aus für Österreich, was bedeutete, daß die Kaiserin an Boden gewann. Ein Friedensschluß wurde möglich, weil Friedrich – und mit ihm Preußen – nicht nur die Sympathien der meisten deutschen Fürsten auf seiner Seite hatte, sondern weil er auch von der russischen Zarin Katharina unterstützt wurde. Und nichts fürchtete Maria Theresia, fürchtete der Staatskanzler Kaunitz – der inzwischen endgültig die Seiten gewechselt und sich der Meinung der Kaiserin angeschlossen hatte – mehr als eine Einmischung Rußlands, denn Österreich wäre außerstande gewesen, gleichzeitig gegen Preußen und Rußland und dazu noch gegen die Mehrzahl der deutschen Fürstentümer erfolgversprechende Feldzüge zu führen.

Joseph, der an eine Intervention Rußlands nicht glauben wollte und den die Meinung der deutschen Fürsten gleichgültig ließ, mußte sich schließlich der Vernunft beugen, ohne daß er selbst eingesehen hätte, worin diese Vernunft begründet sein sollte. Sowohl Kaunitz als auch Maria Theresia hatten ihm immer eindringlichere Vorhaltungen gemacht, bis er schließlich zermürbt und resignierend nachgab, in die Räumung Bayerns einwilligte und seinen Diplomaten erlaubte, mit den Preußen Friedensverhandlungen aufzunehmen.

Diese Verhandlungen fanden in der kleinen Stadt Teschen in jenem Teil Schlesiens statt, der seinerzeit nach dem Siebenjährigen Krieg österreichisch geblieben war. Man schrieb März 1779. Das Kaiserreich war durch Graf Philipp Cobenzl vertreten. Es wurde hartnäckig um jeden einzelnen Absatz des endgültigen Friedensdokuments gefeilscht, und angeblich kostete jeder Tag, den der Waffenstillstand währte, ohne daß eine Entscheidung fiel, die ohnedies ausgeblutete und wieder einmal am Ende ihrer materiellen Möglichkeiten angelangte Monarchie 15 000 Gulden.

Das Ergebnis war dann für Österreich mehr als enttäuschend. Lediglich das bis dahin bayrisch gewesene Innviertel mit nicht einmal 60 000 Einwohnern wurde Österreich zugesprochen, das dafür die preußischen Ansprüche auf Ansbach und Bayreuth akzeptierte. Und die bayerische Nachfolgefrage, die ursprünglich der Anlaß für diese kostspielige militärische Inszenierung gewesen war, wurde so geregelt, daß der Herzog von Zweibrücken als legitimer Erbe der Wittelsbacher bestätigt wurde. Der Berg habe eine Maus geboren, schrieb ein Historiker über diesen Friedensschluß. Der Patriot Carl Namshorn befand, daß man sowohl des preußischen Lobes nicht müde werden dürfe als auch das Los des Kaisers beklagen müsse, denn ihm war »wie so vieles andere so auch dieser Plan durch die Eifersucht Preußens und durch die Furcht seiner Mutter auf kränkende Weise vereitelt worden«. Und ein Deutscher namens Pfister wiederum, der im vorigen Jahrhundert eine Geschichte seines Vaterlandes schrieb, spendete der alten Kaiserin höchstes Lob: »Die fromme Kaiserin, bei vorgerücktem Alter dem Andringen von Joseph und Kaunitz dennoch fester widerstehend als bei der Teilung Polens, hat sich das schönste Denkmal gesetzt, indem sie lieber alle Ansprüche auf Bayern aufgeben als einen neuen blutigen Krieg anfangen wollte.«

Was übrigens den wenigsten Historikern und politischen Beobachtern jener Zeit aufgefallen war, brachte der Geschichtsschreiber Schlosser auf den einfachsten Nenner: daß nämlich durch den Bayerischen Erbfolgekrieg, der auch als »Kartoffelkrieg« oder »Zwetschkenrummel« bekannt geworden ist, was diese Auseinandersetzung auf ungebührliche Weise ins Lächerliche zieht, weil sie ungeachtet aller Verharmlosung und Verniedlichung doch Zehntausende von Toten und Verstümmelten gekostet hatte, daß nämlich dieser Krieg und mehr noch der darauffolgende Friede von Teschen die diplomatische Einmischung Rußlands in die innereuropäischen Verhältnisse bewirkt hatten.

In Wien gingen die Dinge ihren gewohnten Gang. Das heißt, Kaunitz reichte, und das gewiß nicht zum ersten Mal, seinen Rücktritt ein, weil er sich außerstande sah, zwischen der Kaiserin und Joseph jene Vermittlerrolle zu spielen, welche die feindselige Stimmung, die jede brauchbare politische Arbeit unterband, aufgehoben hätte. Joseph zürnte seiner Mutter wegen ihres Verrats an ihm, was ihn nicht daran hinderte, an jenem Tag, an dem Maria Theresia den Friedensschluß von Teschen mit einem Tedeum feierte, ihr eine Denkschrift zu überreichen, in welcher er energischer als je zuvor eine Reform forderte und zugleich den Staatskanzler der Eigenmächtigkeit und Unbotmäßigkeit anklagte.

Es gab also wieder einmal eine innenpolitische Krise, die von Maria Theresia nur mühsam beigelegt werden konnte. Und es gab einmal mehr die offensichtlich zur Schau getragene Unzufriedenheit des Kaisers, der sich nicht bloß übergangen, sondern auch gedemütigt fühlte. Aber auch das war schließlich nichts Neues an diesem Wiener Hof, an welchem Joseph jetzt das »Joch dieser Mitregentschaft« als besonders drückend empfand.

Der Tod einer Kaiserin

Im April 1780 reiste Joseph, der sich wieder einmal als Graf von Falkenstein verkleidete, nach Rußland, und zwar an den Dnjepr. Dort traf er in einer kleinen Stadt namens Mohilew, die freilich nicht viel mehr als eine »klägliche Ansammlung von Holzhäusern und schmutzigen Gassen« war, die Zarin Katharina. Das erste ausführliche Gespräch führten die beiden Majestäten am 10. Juni um zehn Uhr vormittags.

Joseph war zu seinem Besuch bei der russischen Zarin zuerst einmal durch Katharinas Kanzler, den Fürsten Potemkin, animiert worden, besaß aber auch triftige politische Gründe, um mit der »Semiramis des Nordens«, wie Katharina genannt wurde, einen persönlichen Kontakt herzustellen. Außerdem war Joseph ganz einfach neugierig auf diese Frau, deren Privatleben von jener Exzessivität war, die den puritanischen und an Komplexen leidenden Österreicher abstoßen mußte, während er andererseits durch die Intelligenz und den unleugbaren Charme dieser gebürtigen Deutschen auf dem Zarenthron zweifellos angezogen wurde. In der Hauptsache aber waren es neben den aktuellen politischen Fragen auch noch die von Katharina durchgesetzten Reformen, durch die sie »ihre humanitären Ideen und ihre von den Enzyklopädisten beeinflußten Träumereien mit einer Politik der unumschränkten Selbstherrschaft zu vereinen« wußte, die Joseph besonders interessierten. Außerdem kam es seinen außenpolitischen Plänen nur entgegen, wenn er mit Rußland ein freundschaftliches Verhältnis herzustellen verstand und er die Zarin dem König von Preußen, mit dem diese vorerst noch durch Verträge verbunden war, abspenstig zu machen verstand.

Im schrecklichen Mohilew zeigte sich dann, daß die beiden rasch aneinander Gefallen fanden, was aber nicht bedeutete, daß ihre gegenseitige Sympathie jede Kritik ausschloß. Es war vor allem Katharina, die mit Joseph durchaus einverstanden und in mancherlei Hinsicht zu überraschenden Übereinstimmungen fähig war, während Joseph allein schon von seinem Charakter und seinem Temperament her nicht in der Lage war, Katharina in jeder Hinsicht zu akzeptieren. »Sie kümmert sich nur um sich selbst, Rußland kümmert sie ebensowenig wie meine eigene Person, und ihr Abgott ist die Eitelkeit«, schrieb er frustriert an Kaunitz, wobei er, dessen Kritik durchaus zutreffend war, freilich übersah, daß auch Katharina manchen sonderbaren Wesenszug an ihm entdeckte, der ihr weniger gut gefiel. Es war vor allem sein übertriebenes Selbstbewußtsein, das sie irritierte. Im übrigen waren sie jeweils das Spiegelbild des anderen, nämlich unendlich ehrgeizig und eitel, aber jeder Schmeichelei zugänglich und daher immer abhängig von der Meinung einer Öffentlichkeit, die sie angeblich verachteten.

Später begleitete die Zarin den österreichischen Kaiser bis nach Petersburg, wo sie ihm mit einer Reihe von glanzvollen Empfängen und durch alle möglichen privaten Artigkeiten zu beweisen suchte, daß sie ihn als Partner sehr wohl zu schätzen wußte, was er durch ähnliche Aufmerksamkeiten erwiderte, ohne daß die gleichzeitig miteinander in Verhandlungen befindlichen Diplomaten mehr als bloße Höflichkeitsfloskeln und Absichtserklärungen zustande brachten. Es mißglückte Katharina der Versuch, Joseph als Verbündeten für einen möglichen Krieg gegen die Türken zu gewinnen. Und es scheiterte Josephs Versuch, die Russen als Partner für seine Vorhaben in Europa und hier vor allem gegen die Preußen einzuspannen. Dessenungeachtet versicherte man sich einander jener Wertschätzung, die der Beginn einer politischen Verbindung sein sollte, die bis weit ins 19. Jahrhundert reichen würde. Außerdem garantierte man die gegenseitige Neutralität für den Fall eines Konfliktes mit den Türken oder den Preußen. Und schließlich verheiratete man eine Schwägerin des Zarewitsch mit einem Sohn Leopolds, also des Bruders des Kaisers, was aller Welt demonstrieren sollte, daß hier über eine neue politische Freundschaft hinaus auch verwandtschaftliche Bindungen künftig zu berücksichtigen sein würden.

Joseph konnte also ungeachtet einiger enttäuschter Erwartungen mit dem Ergebnis seiner Reise nach Rußland zufrieden sein. Allerdings waren seine russischen Eindrücke in Wien schon wieder ein Anlaß für neuen Streit, denn Maria Theresia zeigte sich eifersüchtig und verletzt angesichts der Begeisterung, mit der Joseph von Katharina und ihren Reformen sprach. Das machte ihn wiederum zornig und veranlaßte ihn, der Mutter, dem Staatskanzler, den Ministern und selbst den Geschwistern gegenüber in jenem hochfahrenden, sarkastischen und beleidigenden Ton aufzutreten, für den der Kaiser längst schon berüchtigt war. Normale Beziehungen waren zwischen Maria Theresia und ihrem Sohn ganz einfach nicht mehr möglich. Daran änderte auch die tiefe Zuneigung nichts, die beide füreinander empfanden.

Im Herbst des Jahres 1780 mußte man, was die Gesundheit der österreichischen Kaiserin anging, schlimme Befürchtungen haben. Maria Theresia war mit zunehmendem Alter und einer Witwenschaft, die sie ihre eigene Körperlichkeit ziemlich vernachlässigen ließ, unverhältnismäßig korpulent geworden, und seit längerem schon litt sie an Atembeschwerden. Nachdem sie sich auch noch eine fiebrige Erkältung zugezogen hatte, steigerten sich diese Beschwerden zu lebensbedrohenden Erstickungsanfällen.

»Ich sage es sonst niemand, aber ich habe das Gefühl, daß ich zum letztenmal dorthin gehe«, schrieb sie im September an ihre Tochter Marie Christine, als sie wie jedes Jahr nach Schloßhof fuhr, einer Art Sommerfrische im Niederösterreichischen. Außerdem hatte sie, die wie jeder fromme Mensch auch abergläubisch war, ein kleiner Zwischenfall im Sommer ziemlich verstört. Damals, am 18. August, dem Todestag ihres Gemahls Franz, hatte sie »wegen ihrer zunehmenden Unbehilflichkeit«, wie das ein Augenzeuge vorsichtig ausdrückte, nur mehr über einen Flaschenzug die Möglichkeit gehabt, in die Kapuzinergruft hinabzugelangen, wo der Sarkophag mit dem Leichnam des geliebten Toten stand. Maria Theresia war ganz einfach zu dick geworden, um über die schmalen Treppen in die Gruft zu kommen, was bedeutete, daß man sie an einem Stuhl festbinden und durch eine eigens für diesen Zweck geschaffene Öffnung in die Tiefe abseilen mußte. Und da war an eben jenem 18. August 1780 ein Seil gerissen, was zu einigen Komplikationen geführt hatte. »Die vortreffliche Frau war frommbefangen genug, darin ein Vorzeichen zu erkennen, daß auch sie bald für immer an diesem Orte ruhen werde«, schrieb ein Augenzeuge.

Im November wurde der Zustand der Kränkelnden besorgniserregend. Das Fieber stieg, Hustenanfälle quälten die Kaiserin. Ihr Leibarzt Störk diagnostizierte einen Brustkatarrh, ließ sie zur Ader, war aber außerstande, die heftigen Schmerzen, von denen Maria Theresia gepeinigt wurde, zu lindern. Trotzdem blieb sie bis zuletzt tätig, das heißt, sie unternahm alles, was sie von ihrem Zustand etwas abzulenken vermochte. »Bis zum letzten Augenblick behielt sie so eine Frische und Heiterkeit des Geistes, welche in der Tat zur Bewunderung hinreißt«, schrieb Carl Namshorn. »Oft ward sie von Ohnmachten befallen; sowie sie aber wieder zu sich gekommen war, unterhielt sie sich mit dem Kaiser über Regierungsangelegenheiten. Noch am Tag vor ihrem Tod unterzeichnete sie alle Briefe eigenhändig.« Dem Staatskanzler Kaunitz und dem ungarischen Hofkanzler Graf Franz Esterházy überantwortete sie persönliche Dankschreiben für alles Geleistete, wobei sie Esterházy eindringlich darum ersuchte, ihrem Sohn »mit jener Liebe und Treue beizustehen«, die der Hofkanzler der Kaiserin jahrelang bewiesen hatte.

In den letzten Novembertagen stellten die Ärzte ein Lungenödem fest. Am 26. November beichtete die Kaiserin und empfing die Letzte Ölung. Jedermann wußte, daß das Sterben der großen Frau unabwendbar geworden war. Aber als eine Hofdame, die der Todgeweihten aus der Bibel vorlesen sollte, dabei in heftiges Weinen ausbrach, schickte Maria Theresia sie verärgert vor die Tür. Sie möge sich erst ausweinen, herrschte sie die Hofdame an, um dann, wenn dies geschehen wäre, mit der Lektüre fortzufahren. Und noch in der Nacht vor ihrem Tod sagte sie zu Joseph, der die letzten Tage an ihrem Bett zugebracht hatte und sie nun inständig ersuchte, sich zu schonen: »In einigen Stunden soll ich vor Gottes Richterstuhl erscheinen, und du meinst, ich könnte jetzt schlafen?« Überliefert ist auch ihr verzweifelter Ausspruch dem Leibarzt Störk gegenüber, den sie nach einem besonders grausamen Hustenanfall, der von großen Schmerzen begleitet war, eindringlich fragte, ob das nun schon das Ende wäre. Und auf Störks verneinende Antwort murmelte sie erschöpft: »Also ist das Ende noch schmerzhafter.«

Am 29. November 1780 gegen einundzwanzig Uhr starb die Kaiserin. Joseph war bei ihr und hatte noch versucht, seine Mutter, die sich plötzlich vom Diwan erhoben hatte, auf den man sie zur Ruhe gebettet hatte, zu beruhigen und am Aufstehen zu hindern. Aber sie war ohnedies nur noch für einige wenige Augenblicke imstande gewesen, eher schwankend, zitternd im Zimmer zu stehen, bevor sie kraftlos auf den Diwan zurückgefallen war; dann ein letztes krampfhaftes Zucken; dann Josephs verzweifelter Versuch, das erlöschende Leben zu erhalten; dann seine Hand auf ihren gebrochenen Augen, um die Lider zu schließen.

Der Leichnam wurde drei Tage lang, nämlich bis zum 3. Dezember, öffentlich ausgestellt, und zwar auf einem festlich drapierten Katafalk in der Burgkapelle. Klosterfrauen aus dem tirolischen Hall, wohin Maria Theresia sich einst unmittelbar nach dem Tod ihres geliebten Mannes Franz zurückziehen wollte, hatten den Leichnam eingekleidet, dem nach selbstverständlichem Brauch der Habsburger das Herz und die Eingeweide bereits entnommen worden waren. Diese wurden in einer Gruft vor dem Hochaltar der Stephanskirche bestattet, jenes kam in eine Urne und dann in die Lorettokirche, welche zum Komplex der Hofburg gehörte und wo schon zahlreiche andere habsburgische Herzen im sogenannten Herzgrüftl untergebracht waren.

Am 4. Dezember, es war ein Sonntag, nahm Wiens Erzbischof Migazzi die Einsegnung vor, »vier Prinzen hielten das Leichentuch, Erzherzog Maximilian und Prinz Albrecht trugen Fackeln in den Händen, und Tausende von Mönchen und Priestern, hohe Beamte, Mitglieder des Hochadels, Generäle und Würdenträger des Hofes gaben Maria Theresia das Geleit zur Kapuzinergruft«. Die meisten

Der spätere Kaiser Joseph II. (Mitte) mit seinen Brüdern Leopold (rechts) und Ferdinand auf einem Gemälde um 1757.

Das Krönungsmahl Josephs II. im Römer zu Frankfurt am Main, 1764.
Gemälde aus der Werkstatt des Martin van Meytens.

Kaiser Joseph II. errettet böhmische Bauern vor dem Hungertode.
Holzstich nach einer Zeichnung von H. Merté um 1860.

Die erste Gemahlin Kaiser Josephs II.: Maria Isabella von Parma (1741–1763) nach
einem zeitgenössischen Gemälde aus der Schule Martin van Meytens.

Maria Josepha von Bayern (1739–1767), die zweite Gemahlin Josephs II. nach einem Gemälde von Georges Desmarées.

Conclaserunt multitudin em [copies] sint...
disrumpebatur autem rete eorum...et ait...
noli timere ; ex hoc jam homines eris capiens...

Ils on...priirent une grande quantité...
et leur filet rompoit...mais il dit ne craignes poin...
votre emploi desormais sera, de prendre des hommes...

Satire auf die von Joseph II. verfügte Klosteraufhebung.
Kupferstich von Mansfeld, um 1783.

Oben: Kaiser Joseph II. erläßt 1781 das Toleranzedikt zugunsten der nicht-
katholischen Untertanen. Links: Der österreichische Staatsmann Graf Kaunitz.
Holzstich (19. Jhdt.) nach einer Zeichnung von Camphausen.

Unten: 1782 versucht Papst Pius VI. vergeblich, den Kaiser zu bewegen,
die Eingriffe in den Machtbereich der Kirche rückgängig zu machen.
Holzstich nach einer Zeichnung von Camphausen, 1858.

Joseph II. als Freimaurer. Kupferstich von Martin Will.

Beschreibungen dieses Leichenbegängnisses verschweigen allerdings, daß der Sarg nicht, wie vorgesehen war, von Kammerherren zur Kapuzinergruft getragen, sondern auf einer Lafette und von Rappen gezogen dorthin gefahren wurde. Maria Theresia selbst, die wohl gewußt hatte, daß ihr Körpergewicht zu schwer für die armen Kammerherren gewesen wäre, hatte diese Regelung noch zu Lebzeiten verfügt.

Was die Wiener selbst betrifft, denen man seit vielen Generationen nachsagt, daß ihnen eine sogenannte schöne Leich über alles gehe und daß sie nichts mehr liebten als einen dramatischen Tod und ein möglichst prunkvolles Leichenbegängnis, so verhielten sie sich merkwürdig kühl und distanziert. Der preußische Gesandte berichtete nach Potsdam, daß die Wiener sogar Freude gezeigt hätten über den Tod der Kaiserin, die zuletzt nicht mehr besonders beliebt gewesen wäre. Und auch andere Augenzeugen wunderten sich über die Gleichgültigkeit der Bevölkerung, die das Sterben und das Begräbnis der großen Kaiserin wie ein schlecht inszeniertes, langatmiges Schauspiel betrachtete, von dem man jetzt fast ein wenig erleichtert feststellte, daß der Vorhang endgültig gefallen war.

Und Joseph? War auch er fast ein wenig erleichtert über ihren Tod? Er habe aufgehört, ein Sohn zu sein, schrieb er an Kaunitz, obgleich diese Rolle ihm doch am meisten behagt hätte. Im nächsten Augenblick aber wischte der Kaiser, der nun kein Mitregent mehr zu sein brauchte, jeden privaten Schmerz beiseite und appellierte an die Eitelkeit des vielgebrauchten und vielgeschmähten Staatskanzlers: »Bleiben Sie mein Freund, seien Sie meine Stütze und mein Leiter bei Ertragung der Last, die jetzt auf mich fällt. Sie wissen ohnedies, wie ich Sie hochschätze.«

Wahrscheinlich begriff Joseph selbst das Perfide, Verlogene dieser Behauptungen nicht im mindesten. Er hatte Kaunitz niemals geschätzt, sondern ihn, der sein schärfster Rivale im politischen Tagesgeschäft war, stets verabscheut. Aber jetzt brauchte er ihn dringender als je zuvor. Jetzt benötigte er die Erfahrung und das politische Genie des Staatskanzlers so sehr, daß er sich sogar einbildete, diesen Mann, der in fast allem sein Widerpart war, aufrichtig zu lieben.

Ein großer Rest von Ungewißheit bleibt. Hatte der Kaiser aufgeatmet, als Maria Theresias Sterben unabwendbar geworden war? War er fähig gewesen, mit ihr, die er so lange und so schmerzhaft als Zuchtrute empfunden hatte, als Hindernis auf seinem Weg zum Ruhm, als Hemmschuh für seinen radikalen Reformeifer, als Vorbild, das zu schwer und zu nachhaltig auf ihm lastete ..., war er also imstande gewesen, mit ihr noch einmal stumme Zwiesprache zu halten und dabei nichts anderes als ein leidender Sohn zu sein, der um das Leben seiner geliebten Mutter bangt? Oder war er, der Tage und Nächte am Krankenbett der Mutter zugebracht hatte, von Ungeduld geplagt gewesen wie so oft, wenn ihm eine Entwicklung zu wenig stürmisch, eine Entscheidung zu zögernd vorgekommen war?

Sein Schmerz über den Verlust, den er durchaus als solchen begriffen habe, sei echt und tief gewesen, vermuten einige seiner Biographen. Aber jeder dieser Autoren, die das Leben Josephs in aller Ausführlichkeit dargestellt haben, konnte kaum mehr als nur ein paar dürftige, eher nüchterne als einfühlsame, eher spröde als emphatische Zeilen über die Gefühle formulieren, die den Kaiser unmittelbar nach dem Tod seiner Mutter bewegt haben müssen. Eine allgemeine und rätselhafte Sprachlosigkeit macht sich breit, wenn man die Trauer Josephs erklären will. Dabei hatte er die Kaiserin nicht nur respektiert und in manchen Augenblicken sogar gefürchtet, sondern zweifellos auch geliebt, war sie die einzige Frau gewesen, die nach dem Tod Isabellas noch Emotionen in ihm verursacht hatte, war manches von jener kindlichen Dankbarkeit, Zuneigung und Achtung, welche eigentlich die natürlichste Sache von der Welt sein sollte, ihm über die Jahrzehnte hinweg erhalten geblieben. Die willensstarke und beinahe übermächtige Kaiserin, deren Schatten so lange und so nachdrücklich auf den Charakter Josephs eingewirkt hatte, war letztlich nichts anderes gewesen als eine liebevolle Mutter, bei der er stets schützende Zuflucht gefunden hatte. Würde er nun, da ihr Schatten endgültig von ihm abgeglitten war, allein mit sich selbst auskommen können?

Er war bisher immer nur das fünfte Rad am Wagen gewesen, wie er das selbst einmal ausgedrückt hatte. Und »voll Ungeduld hatte er seit langem auf diesen Augenblick gewartet« (F. Fejtö), da er alles das würde tun können, was ihm bisher verwehrt gewesen war. War bei solchen Überlegungen überhaupt noch Platz für aufrichtige Trauer, für den schneidenden Schmerz, den einer empfindet, der ehrlich liebt? Und war Joseph, den das habsburgische Hofzeremoniell und die schreckliche Liebe seiner Mutter psychisch verwundet hatten, überhaupt einer ehrlichen Zuneigung fähig? »Machte er sich wohl jetzt Vorwürfe darüber, daß er sich so hartnäckig geweigert hatte, seine Mutter in ihren letzten Lebensjahren zu verstehen?« fragte François Fejtö und gab darauf die lapidare Antwort: »Es ist kaum anzunehmen.«

Die Begründung dafür ist einfach: Joseph kam jetzt gar nicht mehr dazu, über Vergangenes nachzudenken. Immerhin war er vierzig Jahre alt und hatte bisher mehr als die Hälfte seines Lebens damit vertan, die eigenen Vorstellungen von Politik und Moral gegen die Vorstellungen seiner Mutter zu verteidigen. Er hatte stets nur reagieren, jedoch fast nie wirklich selbständig agieren können. Seine Pläne waren ehrgeizig und voll Leidenschaft, aber bisher waren ihm nur Reflexe möglich gewesen. Jetzt erst, da Maria Theresia tot war, würde es möglich sein, diese Pläne zu verwirklichen. Sollte er aber der Trauer fähig sein über einen Verlust, der für ihn in Wahrheit ein Gewinn war und ihm das Tor zu einer neuen Art von Freiheit öffnete?

Die Öffentlichkeit nahm ohnedies keine Rücksicht auf die mögliche Trauer eines Kaisers, dem jetzt die sonderbarsten Elogen dargebracht wurden. Mit stolzer Genugtuung habe er die ungezählten Stimmen verzeichnen dürfen, die seine Thronbesteigung mit den frohesten Hoffnungen begrüßt hätten, schrieb ausgerechnet 1943 der Historiker Viktor Bibl und konnte es nicht unterlassen, auf die »besten Geister Deutschlands« hinzuweisen, die sich »von Joseph nichts Geringeres als die Errichtung eines neuen Reiches« erwartet hätten.

Damals waren freilich so gut wie alle Intellektuellen der Auffassung, daß mit dem Augenblick, da Joseph die Alleinregierung antrat, die lange schon erwarteten und längst überfälligen Reformen durchgeführt würden. Herder zum Beispiel dichtete eine Ode, in der Joseph unter anderem als »Hüter der deutschen Sitte und Wissenschaft« gepriesen wurde. Lessing erhoffte sich neue Impulse für die Aufklärung, Klopstock nannte ihn einen »Karl den Großen der Wissenschaft«, Wieland, schwärmerisch wie immer, bemühte die Vorsehung, und selbst Goethe widmete der neuen politischen Situation, die durch Maria Theresias Ableben entstanden war, einen ausführlichen Bericht, in dem Joseph durchaus rühmend erwähnt wurde.

Solches Lob hatte handfeste Ursachen. Eine davon war Josephs energischer Schritt in Richtung eines deutschen Nationaltheaters, den er mit der Etablierung eines Hof- und Nationaltheaters »nächst der Burg« am 17. Februar 1776 getan hatte, wo »von nun an nichts als gute regelmäßige Originale und wohlgeratene Übersetzungen aus anderen Sprachen aufgeführt werden müssen«, während von den Schauspielern unmißverständlich gefordert wurde, daß sie »in der Wahl neuer Stücke nicht auf die Menge, sondern auf die Güte dieser Bedacht nehmen sollten«. Eröffnet wurde dieses »k. k.-Nationaltheater« am 8. April 1776. Zu den ersten Stücken, die hier aufgeführt wurden, gehörten Lessings »Emilia Galotti« und »Minna von Barnhelm«. Lessing selbst war als künstlerischer Leiter des Theaters vorgesehen. »Wien, mag es sein, was es wolle«, schrieb Lessing begeistert von Hamburg aus, »der deutschen Literatur verspreche ich doch immer mehr Glück als in einem französischen Berlin.« Er spielte damit auf den Umstand an, daß Preußens König Friedrich die deutsche Literatur als barbarisch empfand, während von Kaiser Joseph deutliche Signale kamen, daß dieser Kunst ein ihr gemäßer Rahmen zu geben war. Und obgleich dann Lessing durch Maria Theresia, die den Protestanten nicht in ihrer katholischen Hauptstadt dulden wollte, an der Übernahme des Direktoriums am Burgtheater gehindert wurde, so war er doch auch weiterhin einer der gewichtigsten und nützlichsten Wortführer unter den deutschen Intellektuellen zugunsten Josephs. Unstreitig habe dieser Kaiser, der ein großer Mann sei, »uns Deutschen am ersten eine

Nationalbühne gegeben«, erklärte er. Mit Sicherheit wußte er nichts davon, daß Joseph einmal gestanden hatte, sich noch nie so amüsiert zu haben wie ausgerechnet im Trauerspiel »Emilia Galotti«.

Aber es gab auch noch andere, handfestere Gründe für die Zuneigung der Intellektuellen, für die großen Hoffnungen, die man in ihn setzte. So etwa galt er spätestens seit seinem Eintreten für eine Humanisierung des Strafrechts als »sozialer Kaiser«. Außerdem hatte man nicht vergessen, daß er einst das kaiserliche Jagdgebiet in den Donauauen vor Wien, den sogenannten Prater, zur allgemeinen Benützung freigegeben hatte. Ebenso war es Joseph gewesen, der ein anderes kaiserliches Jagdgebiet, den Augarten, 1775 den Wienern zugänglich gemacht hatte. »Allen Menschen gewidmeter Belustigungsort von ihrem Schätzer«, lautete eine Inschrift, die von Joseph selbst erdacht worden war und wohl anzeigen sollte, daß er die Menschen liebte.

Und die Menschen waren – zumindest zu diesem Zeitpunkt – davon überzeugt, daß er die Wahrheit sagte. Denn auch das Volk setzte große Hoffnungen in das zukünftige Wirken des nunmehr alleinverantwortlichen und alleinregierenden Kaisers, von dem es erwartete, daß er jetzt, da er endlich der Bevormundung durch die Kaiserin ledig war, seine menschenfreundlichen Vorhaben verwirklichen würde.

Nein, Trauer über den Verlust seiner Mutter war bei Joseph kaum vorstellbar. Er begriff vielmehr ihren Tod als den Abschluß einer Ära, in welcher er nur die zweite Geige hatte spielen dürfen. Und gerade das war es, worunter er immer am meisten gelitten hatte.

Der Kaiser (1)

Alles wurde jetzt anders oder sollte jener radikalen Veränderung unterworfen werden, die den neuen, den josephinischen Stil signalisierte. »Ich arbeite von 7 Uhr morgens bis 2 Uhr, dann gehe ich aus. Um 4 Uhr nehme ich mein Mittagsmahl, hernach arbeite ich wieder bis 9 Uhr, dann gehe ich in Gesellschaft bis 11 Uhr und hierauf zu Bette; so ist es jeden Tag.« Einer, der das guten Gewissens seinem Bruder Leopold nach Florenz schreiben kann, der zum Nachtlager einen Strohsack nimmt, worüber eine Hirschhaut und ein eher derbes Leintuch gebreitet sind, und der sich überdies mit einer einzigen Köchin anstelle der bisher üblichen Division von Hofköchen begnügt, weil er nur Frugales zu sich nimmt, nur Spartanisches gewohnt ist, nur Wasser trinkt und die einfachsten Speisen bevorzugt, einer, der keine anderen Vergnügungen mehr kennt, als gelegentlich bei den berühmten fünf Fürstinnen plaudernd zu verweilen, wie das einer seiner Biographen mit leisem Tadel feststellte – das waren Eleonore und Leopoldine Liechtenstein, Leopoldine Kaunitz, Maria Josepha Clary und Maria Sidonie Kinsky, Repräsentantinnen der österreichischen Hocharistokratie und vornehmstes Publikum für die manchmal derben, obszönen und rüden Späße Josephs –, ein solcher Monarch ist auch ohne weiteres imstande, alles das, was seine Vorfahren an Etikette und Luxus zur Gewohnheit haben werden lassen, über Nacht aufzuheben und einzusparen.

Joseph begann sein neues Leben mit einschneidenden Sparmaßnahmen im eigenen Haushalt. Er ließ die nicht oder nur selten benützten Räume der Burg – von denen manche auch gar nicht mehr benützbar waren – kurzerhand schließen und entließ das dadurch eingesparte Personal. Einige seiner unverheirateten Schwestern, von denen auch nicht mehr anzunehmen war, daß sie, wie man in Wien sagte, »eine passende Partie machen«, also einen honorigen Ehemann finden würden, delegierte er in Klöster. Sie wurden immerhin Äbtissinnen, so etwa Elisabeth in Innsbruck und Maria Anna in Prag. Das kam billiger als ihre Erhaltung in Wien, wo sie ein Anrecht auf ein gewisses Dekorum hatten, und es war außerdem gottgefällig. Marie Christine wiederum mußte sich mit einer drastischen Kürzung ihrer Apanage einverstanden erklären, was dem habsburgischen Geldbeutel immerhin jährlich fast 50 000 Gulden ersparte und dem Kaiser ein Beweis war, daß mit den von ihm ins Auge gefaßten erheblichen Sparmaßnahmen »selbst bei Personen höchsten Standes nicht gezögert werden dürfe«, wie er sich einmal ausdrückte.

Joseph knauserte sogar bei seinen Liebschaften, sofern man diesen Ausdruck überhaupt verwenden darf für das, was ihm lediglich eine sexuelle Betätigung und Erleichterung bedeutete. Ein gewisser Michael Pichler, ein Lakai niedrigen Ranges, war ihm dabei behilflich, preiswerte und billige Frauenzimmer auszukundschaften und in die Arme zu treiben, Mädchen, die mit den Marotten Josephs einverstanden waren und sich nicht darum kümmerten, daß der Kaiser »nur wenig zahlte«, wie das der Baron Trenck ungeniert in aller Öffentlichkeit aussprach.

Josephs Sparsamkeit war fast krankhaft. Ein ungarischer Autor namens Kazinczy beobachtete einmal, daß des »Kaisers grüner Mantel an den Ellenbogen geflickt war«, und kam wie alle Welt zum einfachen Schluß: »Er haßte Verschwendung und Luxus und indem er einen geflickten Mantel anzog, wollte er ein Beispiel für Einfachheit geben.« Was alsbald nachgeahmt wurde: »Alles formte sich nach Josephs Vorbild, sogar Charaktere und Gesichter. Kaiserblaue Augen, geflickte Mäntel, abgeschabte Wagen vervielfältigten sich« (F. Fejtö). Zwei Jahre nach dem Tod seiner Mutter verlor Joseph fast über Nacht alle Haare, »und selbst diese Kahlheit gehört zum Stil der Epoche«, schrieb Fejtö. »Frühzeitige Kahlheit, Perücke, Steifheit, verdrießliche Miene. Auch die Tatsache, daß der Kaiser ein alter Junggeselle geworden war, hinterließ bei den markantesten Gestalten seiner Zeit ihre Spuren. Selbst verheiratete Männer benahmen sich, als hätten sie keine Frau ...«

Der kaiserliche Hof, wo noch zu Lebzeiten Maria Theresias prunkvolle Feste und ein aufwendiges, fast luxuriöses Zeremoniell für Abwechslung und gesellschaftliche Attraktionen sorgten, wurde still. Der Kaiser vereinsamte, es wehte ein frostiger Hauch durch die ohnedies kühlen Räume in der Hofburg, und auch »das Leben in der genußfrohen Stadt wurde sichtbar einförmiger« (V. Bibl). Im Sommer 1781, also knapp ein Jahr nach der alleinigen Machtübernahme Josephs, verfügte eine vom Kaiser persönlich initiierte Hofresolution: »Das mutwillige Schreien und Händeklatschen auf der Gasse ist bei angemessener Strafe ohne Rücksicht des Standes verboten.« Der preußische Gesandte Riedesel berichtete ziemlich konsterniert nach Potsdam, daß die Wiener sich fast schon scheuten, die ungemein beliebten Bälle und Maskeraden zu besuchen. Und an die Wiener Polizeikommissariate erging eine Verfügung, darauf zu achten, daß die Faulheit bei den Bürgern nicht »unziemlich ausarte«. Denn nichts haßte Joseph, der selbst ein arbeitswütiger Mensch war, mehr als jenes süße Nichtstun, dem die Wiener zu allen Zeiten mehr Vergnügen abzugewinnen wußten als irgendeiner schweißtreibenden Anstrengung.

Allerdings rührte das Übermaß an Arbeit, welches sich Joseph regelrecht aufbürdete, wohl auch daher, daß er sich hartnäckig einbildete, alles selbst erledigen zu müssen. In einem Handschreiben vom 25. Januar 1781 beklagte er sich Kaunitz gegenüber, daß die »Maschine unserer Regierung in der Art aufgebaut« sei, demnach »die kleinsten Einzelheiten bis zum Mittelpunkt gelangen, und dies darum, weil viel zu viele Angestellte sich als notwendig beweisen wollen und deshalb jeder vorgibt, etwas zu tun zu haben. Für den Augenblick gebe ich nur diesen Tropfen Öl dort, wo es nötig ist, und ich lasse mir alle Zeit, um meine Ideen reifen zu lassen, die auf eine Vereinfachung des Umlaufes abzielen.«

Aber Joseph wollte auch sich selbst als »notwendig beweisen«. Und er hatte in Wahrheit gar keine Zeit, diese gewaltige Verwaltungsreform, die auf eine erhebliche Vereinfachung des sogenannten bürokratischen Geschäftsganges und damit auch auf eine Verminderung der Beamten abzielte, wenigstens in ihren wichtigsten Ansätzen eher behutsam zu beginnen. Es ging ihm, der wie immer ungeduldig und damit unduldsam war, alles viel zu langsam. Er besaß, weil ihm die Zeit unter den Fingern dahinschmolz, auch nicht die Muße, die von ihm initiierten Reformen ausreifen zu lassen. Alles mußte er selbst und sofort in die Hand nehmen, mußte selbst unaufhörlich tätig sein, um sich und der Welt zu beweisen, daß etwas in Bewegung war, wobei es ihm manchmal völlig gleichgültig war, was er eigentlich bewegte, was er erreichte, wenn er bloß zu erreichen vermochte, daß Unruhe herrschte und durch sein persönliches Eingreifen etwas geschah.

Es waren häufig Nichtigkeiten, die ihn in Raserei versetzten. Bagatellen animierten ihn zu gesteigerter Arbeitsleistung. Der Ankauf eines Zebras für den Tiergarten in Schönbrunn, die Anwerbung von »acht Individuen für die blasende Musik im Nationaltheater«, das Engagement einer Sängerin waren unendlich bedeutsame Staatsakte, die über seinen Schreibtisch liefen, ihn beschäftigten, ihn mit zusätzlicher Arbeit belästigten, weil er der Meinung war, daß kein Beamter mit solchen Dingen belästigt werden durfte, weil untergeordnete Instanzen damit nicht beauftragt werden konnten oder weil sie solchen Anforderungen ganz einfach nicht gewachsen waren. Das wiederum bedeutete, daß er, der Kaiser, jeden Tag viele Stunden damit verbringen mußte, Nebensächliches und Unbedeutendes persönlich zu erledigen.

Ein geradezu klassisches Beispiel dafür war Josephs Anordnung, die weiblichen Zöglinge öffentlicher Erziehungsanstalten von ihrer einengenden Corsage zu befreien, weil jedes Korsett, wie der Kaiser durchaus zutreffend anmerkte, »durch die unnatürliche Abschnürung zur besorgenden Gefahr einer Mißbildung des jungen Körpers« führen könnte. Die Gegner dieser Verfügung richteten daraufhin zahlreiche Gnadengesuche an den Kaiser, in denen sie dringend um die Aufhebung dieser Verfügung ansuchten. Auf solche Gesuche mußte natürlich geantwortet werden. Joseph erledigte auch diese Arbeit, sofern die Urheber höhergestellte Persönlichkeiten wie etwa eine Gräfin namens Illeshazy waren. Das war nicht immer ganz einfach zu bewerkstelligen, weil es sich hier nicht um staatspolitische Angelegenheiten handelte, bei denen ein kaiserliches Machtwort genügte. In jedem Fall mutete es mitunter schon grotesk an, was sich der Kaiser aufbürdete, um sich selbst das Gefühl zu vermitteln, ein tätiger Mensch zu sein.

Dazu gehörte auch die von ihm tolerierte Gewohnheit der persönlichen Entgegennahme von Petitionen aller Art, was zur Folge hatte, daß Joseph der am meisten belagerte oder umworbene aller habsburgischen Monarchen wurde. Er gab, sofern er in Wien residierte, täglich Audienzen, die stürmischen Zulauf hatten, er war aber auch, wenn er sich auf Reisen befand, für fast jedermann zu beinah jeder Stunde erreichbar, was zu mancher merkwürdigen Situation führte. Einer Dame zum Beispiel, die in einem pompösen Reifrock erschienen war, um ein Gesuch zu überreichen, erklärte er eines Tages, daß sie mit diesem voluminösen Rock den Weg zum Himmel, der bekanntlich ungemein schmal wäre, kaum bewältigen könnte. Im übrigen untersagte er ausdrücklich die längst schon zur Gewohnheit gewordene Manie des Handkusses, der den »allerhöchsten Herrschaften«, wie man in Wien sagte, von untergeordneten Personen appliziert werden mußte. Derlei wäre mit der menschlichen Würde unvereinbar, fand Joseph, der andererseits durchaus empfänglich war für die schmeichelhafteste Ehrerbietung, die er als selbstverständliche Pflichterfüllung seiner Untertanen begriff.

Jean-Jacques Langendorf meinte, daß Joseph wie alle »Ritter von der traurigen Gestalt groß im Erteilen von Lektionen gewesen« sei. »Im übrigen«, schreibt Langendorf, »tragen fast alle Maßnahmen des Kaisers den Stempel der Improvisation und Unausgewogenheit. Seine geistige Kurzsichtigkeit hindert ihn, zwischen Großem und Kleinem, Wesentlichem und Nebensächlichem zu unterscheiden.« Und dann heißt es weiter: »Man ist verblüfft, wie sehr sich Joseph darauf verstand, Lappalien hervorzubringen und sie dann allen Widerständen zum Trotz durchzusetzen. Bei Gewitter dürfen die Glocken nicht mehr geläutet werden, die Herstellung von Pfefferkuchen wie das Tragen von Korsetts sind verboten, da beides nach kaiserlicher Meinung der Gesundheit schadet, die Bauern ... müssen auf den uralten Brauch verzichten, ihre Weiden einzuzäunen, die Jagd ist den begüterten Bürgern und Bauern untersagt, denn sie könnte sie von der Arbeit abhalten. Schließlich die wohl bekannteste Verordnung: der wiederverwendbare Sarg, dessen Boden sich durch einen Mechanismus öffnet und die Leiche ins Grab fallen läßt.«

Langendorf entdeckte, als er seinen Essay gegen Joseph II. schrieb, genügend überzeugende Materialien, um seinen literarischen Kreuzzug gegen den habsburgischen Kaiser recht eindrucksvoll zu gestalten. Und er hatte mehr oder minder bedeutende Vorläufer wie jenen Historiker Hübner, der, indem er auf Josephs Ungeduld anspielte, süffisant bemerkte, daß der Kaiser es ganz einfach »nie gewohnt war, das erkannte Gute lange unversucht oder ungetan im Busen zu behalten«. Preußens König Friedrich, Erbfeind der Österreicher im maria-theresianischen Zeitalter, bewundertes und zugleich angefeindetes Vorbild Josephs, spottete über den jüngeren Rivalen, daß dieser immer den zweiten Schritt vor dem ersten machen und auf diese Weise ins Stolpern geraten werde. Und ein anonymer Höfling aus Wien brachte die Sache auf einen gemeinsamen Nenner, als er erklärte, daß Josephs »rühmenswerter Eifer für alles Gute vielleicht doch zu heftig war«.

Die Antwort auf alle diese kritischen Anmerkungen und Spötteleien ist ziemlich einfach. Joseph selbst gab sie, als er sagte: »Zwanzig Jahre habe ich warten müssen«, und damit auf den Umstand anspielte, unter dem viele Mitregenten und Thronfolger zu leiden haben. Denn tatsächlich hatte die »bremsende Tätigkeit seiner bedächtigen, alternden Mutter die schwerwiegende Folge, daß sich seine Erlässe gleich einem Sturzbach, der die ihn hemmenden Schleusen durchbricht, auf seine zu beglückenden Untertanen ergossen« (V. Bibl). Und das Glück des Volkes oder das, was er sich darunter vorstellte oder wovon er glaubte, daß es dem Glück der Allgemeinheit dienlich sein könnte, war ihm die Triebfeder für die meisten seiner manchmal überstürzten, aber manchmal auch wenig bedachten Handlungen. »Wenn man wie ich das Unglück hat zu glauben, daß man ein wenig Reformator sein müsse«, gestand er in einem Anflug von Selbstironie ein und unterstrich dadurch seine Absicht, sehr viel zu reformieren.

Für diese Radikalität, mit der Joseph an die Neugestaltung der Gesellschaft ging, gab es auch eine Erklärung. Es war sein politischer Instinkt, der ihn vor dem Heraufdämmern der Revolution warnte. Er war davon überzeugt, daß diese Revolution, die alles Bestehende zerstören und die Monarchien in Europa hinwegfegen würde, unausbleiblich war, wenn sich die gesellschaftlichen Verhältnisse nicht grundlegend änderten und eine neue soziale Ordnung etabliert werden könnte. Er selbst war dabei alles andere als ein Revolutionär. Aber er wußte, daß tiefgreifende Veränderungen unausbleiblich waren. Dazu gehörte seiner Meinung nach eben auch, daß die Bauern beim Aufziehen eines Gewitters nicht mehr die Glocken läuten durften, weil das ein Beweis für jenen frommen Aberglauben war, den Joseph verabscheute, oder daß er das Tragen von Korsetts in gewissen Erziehungsanstalten untersagte, weil er für die damalige Zeit recht eigenwillige und im übrigen durchaus zutreffende Ansichten über die Gesundheit hatte. Und wenn er die Jagd zu verbieten suchte, so tat er das nicht aus Bosheit oder aus irgendwelchen schrullenhaften Absichten heraus, sondern weil er tatsächlich davon überzeugt war, daß eine zeitraubende Zerstreuung wie die Jagd die Menschen nur davon abhielt, einer nützlicheren Betätigung nachzugehen.

Er war neben allem anderen, was seinem Charakter nachgesagt werden darf, auch ein grenzenloser Idealist. Von einer seiner Reisen hatte er einmal voll Enthusiasmus an seine Mutter diese Worte gerichtet: »Unsere Monarchie ist groß, weitschichtig, von unterschiedlichen Ländern zusammengesetzt. Wenn alle vereinigt, mit warmem Herzen und Willen sich die Hände böten, so sehe ich noch die glücklichen Folgen vor mir . . .«

An diese Utopie glaubt er jetzt, da er endlich Alleinherrscher war, mit unveränderter Heftigkeit und Hartnäckigkeit. Er, der gefürchtet war für seinen Zynismus, entblößte sich von jedem – manchmal lebensnotwendigen – Spott, wenn es darum ging, diese Utopie zu verwirklichen. Und er nahm alles – auch das ihm Fremde, Entgegengesetzte – auf sich, leichten Herzens und beschwingt durch seine notorische Arbeitswut, um dieses erhabene Ziel irgendwann einmal zu erreichen: nämlich das Glück der ihm anvertrauten Menschen zu garantieren und die Monarchie davor zu bewahren, im Rachen einer aufziehenden Revolution zu verschwinden.

Eine der Möglichkeiten, das Bestehende vor dem Chaos zu bewahren und es unangetastet von revolutionären Ideen zu belassen, bestand nach Josephs Überzeugung darin, den Menschen ein hohes Maß an Freiheit zu gewähren, was für ihn gleichbedeutend war mit Verantwortung. Aber da sein Regierungssystem eine merkwürdige Mischung aus Militarismus, Absolutismus, Bürokratismus und Liberalismus war, entwickelte sich ein höchst eigenartiger Freiheitsbegriff. Joseph war zum Beispiel ein fast kompromißloser Anhänger und Befürworter der Pressefreiheit, weil er sie als die logische Fortsetzung jener Gedankenfreiheit begriff, die ihm als höchstes Gut politischer Reife vorschwebte. »Mein größtes Glück wäre es, freien Männern zu gebieten«, schrieb er. Und weil freien Männern unzumutbar war, sich einer Zensur zu unterwerfen, die alles Unabhängige, Schöne und Wahre unnachsichtig unterdrückte, erließ Joseph bereits im ersten Jahr seiner Alleinregierung jenes berühmte Dekret, welches die bis dahin geltenden strengen Zensurvorschriften aufhob und ein für die damaligen Verhältnisse und Begriffe fast unvorstellbares Höchstmaß an Pressefreiheit garantierte. In diesem Dekret hieß es unter anderem: »Solange der Ton nicht beleidigend ist, soll die Kritik nicht verboten sein, mag sie nun dem Herrscher oder dem einfachsten Untertan gelten. Es ist dabei gleichgültig, ob der Autor sich zu erkennen gibt oder nicht. Aber sie soll ganz besonders dann nicht untersagt werden, wenn der Verfasser mit seinem Namen für die Wahrheit seiner Behauptungen eintritt. Wer die Wahrheit liebt, kann sich über Kritik nur freuen. Wenn sie falsch ist, fällt sie in sich selbst zusammen, wenn sie gerecht ist, können wir nur Nutzen daraus ziehen.«

Das war in der Tat so unerhört neu und aufregend, daß sich die davon Betroffenen und damit Befaßten nur mühsam an dieses neue Pressegesetz, an diese völlig veränderten Zensurbestimmungen gewöhnen konnten. Dieses Dekret, das Josephs Ruhm vor allem bei den Intellektuellen ins Unermeßliche steigen ließ, veränderte die geistige Situation der habsburgischen Monarchie auf eine Weise, wie das bis zum Zuammenbruch dieses Staatswesens im Jahre 1918 niemals mehr der Fall sein sollte. So wurde zum Beispiel mit dem Grafen Chotek ein leidenschaftlicher Anhänger der Aufklärung und einer der Wortführer eines neuen Liberalismus zum Präsidenten der Zensurkommission ernannt. Und deren sogenannter Erster Zensor wurde ausgerechnet jener gewesene Jesuitennovize, satirische Schriftsteller und erklärte *Antiklerikalist* namens Aloys Blumauer, den man damals den österreichischen Voltaire nannte und der, als Literat eher harmlos, kein Interesse hatte, die Zensurbestimmungen rigoros anzuwenden.

Die neu gewonnene oder eigentlich neu gewährte Freiheit schmeckte süß und verführte die Menschen zu manchen Mißverständnissen. »Die Freiheit des Geistes setze zunächst einmal dessen Vorhandensein voraus«, hat ein ungarischer Publizist nicht ohne Bosheit ausgesprochen, was das eigentliche Dilemma dieser Anfänge des josephinischen Zeitalters ausmachte. Denn wenn man die Namen jener heute längst vergessenen Literaten nennt, die vor allen anderen die eigentlichen Nutznießer der Pressefreiheit sein sollten, so entdeckt man verhältnismäßig rasch, daß es sich bei diesen »freien Männern« eher um Beamte als um Poeten oder Publizisten handelte, die das neue Zeitalter auch mit neuem Geist hätten erfüllen können. Das Recht der freien Meinungsäußerung wurde außerdem vielfach als Freibrief für Schmähung und Denunziation begriffen, was die verheerendsten Folgen hatte. Manche Druckwerke, die nun erschienen, waren tatsächlich von unterschiedlichster Qualität, wobei es auch nicht an »bisweilen schrankenloser Unverschämtheit gegen den Monarchen« (H. Magenschab) fehlte.

Dabei war Joseph durchaus imstande, seinen Untertanen durch signifikante Beispiele zu beweisen, daß er selbst es sehr wohl ernst nahm mit der von ihm ausgerufenen Gedanken- und Meinungsfreiheit. Er zitierte des öfteren Autoren von Flugschriften, die gegen ihn gerichtet waren oder ihn ungebührlich scharf kritisierten, zu sich in Privataudienz, unterhielt sich ausführlich mit ihnen und entließ dann die Verblüfften und Ratlosen – die damit gerechnet hatten, ins tiefste Verlies der Hofburg geworfen zu werden – mit allen Anzeichen der Wertschätzung. Der Nationalökonom Hessl, der den Kaiser einer unangebrachten Steuer wegen in aller Öffentlichkeit hart attackiert hatte, erhielt, nachdem Joseph sich von der Richtigkeit der Kritik überzeugt hatte, ein kostbares Geschenk. Außerdem wurden die von der Verwaltung begangenen Fehler unverzüglich korrigiert.

Die Freimaurerei – deren Bestrebungen Joseph allein schon deshalb billigte, weil sie von der Kirche erbittert verfolgt wurden – erlebte jetzt in Österreich eine Blütezeit, obgleich sie unter Polizeiaufsicht gestellt wurde. Das erwies sich freilich deshalb als notwendig, um den klerikalen Angriffen gegen die Freimaurer etwas die Spitze zu nehmen. Außerdem galt auch hier, was für alle Bereiche des öffentlichen Lebens der allgemeingültige Maßstab war: die Autorität des Kaisers. Sie allein war ausschlaggebend. Sie bestimmte, was Pressefreiheit bedeutete, wie sie aussehen durfte und wo ihre Grenzen waren. Eine Herausgabe der gesammelten Werke Voltaires zum Beispiel wurde untersagt, weil das die Gefühle der vorwiegend katholischen Bevölkerung verletzen könnte. Überhaupt wurde das Erscheinen von Flugschriften, Broschüren und Büchern verboten, in denen »die Autorität der Kirche, der christlichen Moral und des Kaisers« untergraben wurde.

Joseph hatte nie ein Geheimnis daraus gemacht, welche Wünsche und Pläne ihn bewegten, was seine wichtigsten politischen und moralischen Programmpunkte sein sollten für den Fall seiner Alleinregierung: »In einem Reich, das ich regiere, muß, nach meinen Grundsätzen beherrscht, Vorurteil, Fanatismus, Parteilichkeit und Sklaverei verschwinden, damit jeder meiner Untertanen in den Genuß seiner angeborenen Freiheiten eingesetzt werden kann.« Das hat der Kaiser etwa drei Monate nach dem Tod Maria Theresias ausgesprochen und war eine jener schönen Absichtserklärungen, die ihm vorerst einmal die Zuneigung der breiten Masse und die herzlichen Sympathien der sogenannten Gebildeten sicherten.

Etwa zur gleichen Zeit schrieb er an den Staatssekretär Ludwigs XVI., an den Herzog von Choiseul, einen Brief, in dem die folgende Passage enthalten war: »Mit den Provinz-Gouverneurs bin ich nicht ganz zufrieden. Ich werde einige Aufmerksamkeit auf ihre Benehmungsart in Geschäften haben, die Statthalter von Böhmen und den Minister in Mailand realisieren. Der bisherige Einfluß der Geistlichkeit in der Regierung meiner Mutter wird ein anderer Gegenstand meiner Reformen werden. Ich sehe nicht gerne, daß die Leute, denen die Sorge für das Zukünftige aufgetragen ist, sich so viele Mühe geben, unser Dasein hienieden zum Augenmerk ihrer Weisheit zu machen. Auch fordert der Finanzzustand von den österreichischen Ländern eine andere Einrichtung. Nach einer kurzen Übersicht, die ich mir über denselben verschaffte, finde ich die Staatsschulden auf eine beträchtliche Summe, die Gnadengaben, Pensionen, Zulagen und Nebeneinflüsse verschiedener Edlen und Beamten zu einer ziemlichen Höhe gestiegen. Ich muß Einschränkungen machen, so schwer es Einigen fallen mag, die es betreffen wird. Noch sind mir diese Gegenstände ziemlich neu. Ich muß mich besser orientieren, ich muß die Pflichten meiner neuen Würde auch mit einer vollkommenen Kenntnis der Gegenstände derselben vereinbaren, sonst wäre ich ein Monarch wie der Großherr, der nichts als sein Vergnügen und keine von den Obliegenheiten seines Standes kennt.«

Joseph, der seine neue Position, die ihm unerhörte Machtvollkommenheit zusicherte, vor allem auch als eine Prüfung seiner moralischen Substanz begriff und dem die selbstauferlegte Verantwortung gegenüber seinen Untertanen fast mehr bedeutete als das berauschende Gefühl, endlich den Höhepunkt der absoluten Macht erreicht zu haben – was bei einem so egozentrischen Charakter schon einiges bedeutet haben mag –, Joseph schwankte zwischen Neigung und Pflichterfüllung. Er sah sich immer wieder genötigt, aller Welt seine Fähigkeit zur Liebe zugunsten dieser Welt mitzuteilen. Aber mit einer ähnlichen Heftigkeit und auch Rücksichtslosigkeit gegen sich selbst veröffentlichte er sein Unbehagen und auch seine Ängste über den wahren Zustand der von ihm regierten und beherrschten Gesellschaft. Und dieser Zustand war bei weitem nicht so erfreulich, wie es einem Liebhaber der Menschen wohl angenehm gewesen wäre. Außerdem fürchtete Joseph ständig, viel zu wenig zu leisten oder sich von einem privaten Egoismus verführen zu lassen, den er sich, was die eigene Person betraf, niemals erlauben würde. Er war angetreten, das ihm anvertraute Land und dessen Menschen zu erneuern. Da hatten private Wünsche zurückzustehen, auch wenn sie einen Kaiser betrafen.

Allerdings war dieser Kaiser ein Mann in den sogenannten besten Jahren. Oder er war, um es direkter und damit derber zu sagen, ein durchaus gesunder Mann mit sexuellen Vorstellungen und erotischen Wünschen. An eine Ehe dachte er seit der hoffnungslos mißglückten Verbindung mit der bayrischen Prinzessin Josepha allerdings nicht mehr. Und es gab auch keine standesgemäße Geliebte, die er ohne weiteres hätte besitzen können, wenn er das bloß gewollt oder wenn er sich an eine solche Affäre über die Barrieren seiner Komplexe hinweg gewagt hätte. Jene Eleonore von Liechtenstein, die, weil unglücklich verheiratet, anderen Männern eine passable Liebhaberin gewesen war, blieb ihm durch sein Unvermögen, eine Frau zu erobern, versagt. Er liebte sie zwar, begehrte sie stürmisch, aber er umwarb sie auf eine so dumme und zugleich verletzende Art, daß sie dadurch eher beleidigt als geschmeichelt sein mußte.

Es blieb Joseph also nur jener wenig zufriedenstellende Ausweg mit Dienstboten, Prostituierten und Schauspielerinnen, der auf Dauer gravierende Spuren hinterlassen mußte. »Die Gesellschaft von Frauen ist für einen vernünftigen Mann unerträglich. Ich muß sagen, das heiterste oder geistreichste Gespräch ekelt mich an«, gestand er seinem Bruder Leopold. Und wenige Jahre vor seinem Tod schrieb er: »Ich habe niemals dem schönen Geschlecht meine Grundsätze geopfert, dessen Empfehlungen ich selten und nur dann höre, wenn ein anständiger Mann der Gegenstand ist . . .«

Er wollte der Helfer und Förderer aller Menschen sein. Aber den

Frauen gegenüber versagte sein Charisma. Er wollte alle Menschen lieben. Aber die Frauen verfolgte er mit Mißtrauen und zuweilen sogar mit einem Anflug von Haß.

Er war ein Puritaner mit lasziven Neigungen. Und wie alle Puritaner, die den Dämon der Sexualität in sich wüten fühlen, ohne ihm jemals auf diese besondere Weise nachgeben zu dürfen, die Befreiung von allen einengenden und verunsichernden Komplexen bedeutet hätte, wurde er von den sonderbarsten Stimmungen und Neigungen beeinflußt. Die Nachwelt glaubt in Joseph einen toleranten Schwärmer entdecken zu müssen, einen absoluten Freund der Aufklärung, der glänzende Rahmenbedingungen für eine neue Geistigkeit und der Freiheit eine Möglichkeit zur ungehinderten Entfaltung schuf. Dieses noble Bild hat freilich einen empfindlichen Nachteil: Es entspricht nur in groben Umrissen der historischen Wahrheit. Die schönen Künste etwa, als deren Freund und Förderer er gelobt wurde, waren ihm lediglich ein Mittel zum Zweck wie auch alles andere, was er seinen reformatorischen Plänen dienstbar zu machen verstand. In spöttischer Anspielung auf die Neigung des Preußenkönigs Friedrich, sich als schriftstellernder Dilettant zu versuchen, oder auf Katharinas, der russischen Zarin, mühsame poetische Übungen bekannte er, daß er äußerst unnötig fände, »Madrigale zu schreiben«. Bei anderer Gelegenheit äußerte er, daß er nie Zeit gefunden hätte, »Epigramme zu machen und Vaudevilles zu schmieden«. Joseph war nur an der brauchbaren Zweckhaftigkeit der Kunst interessiert. »Ich habe gelesen, um mich zu unterrichten. Ich bin gereist, um meine Kenntnisse zu erweitern. Und indem ich die Gelehrten unterstütze, erweise ich ihnen einen größeren Dienst, als wenn ich an einem Pulte Sonette faselte.« Das war es, was zählte: der Nutzen, den man von einer Sache hatte. Man könne sich die Leiden vorstellen, die Mozart und gleich ihm alle Musiker mit empfindsamer Seele in dieser Atmosphäre des reinen Nützlichkeitsprinzips erdulden mußten, schrieb einer der kritischeren Biographen des Kaisers und erinnerte an jene berüchtigte Bemerkung Josephs, die dieser anläßlich der Uraufführung von Mozarts »Entführung aus dem Serail« getan hatte. Schulterklopfend und dabei eher zerstreut hatte nämlich der Kaiser zum Komponisten gesagt: »Sehr gut, sehr gut, nur sind ein bißchen viele Noten darin.« Und nicht übersehen sollte man auch, daß Mozart dem Habsburger eine Jahresrente von lediglich 800 Gulden wert war, obgleich der Komponist außerhalb der österreichischen Grenzen ein Mehrfaches an materieller Unterstützung erhalten hätte, wenn er bloß, um nur ein Beispiel zu nennen, an den Hof des preußischen Königs in Potsdam gegangen wäre.

»Der Josephinismus baute Krankenhäuser, Waisenhäuser, Armenhäuser, Arbeitshäuser. In keiner Epoche zuvor, nicht einmal zur Zeit der mildtätigen Maria Theresia, war je so viel für die Armen getan worden. Aber man gab jetzt nicht in der rechten Art, denn man gab mit gefühllosem, kaltem Herzen. Man war freigiebig, ohne großmütig zu sein, man übte Barmherzigkeit, ohne den Geist der Barmherzigkeit zu kennen« (F. Fejtö).

Da war es dann fast schon selbstverständlich, daß der Kaiser, der dem Theater seine besondere Aufmerksamkeit widmete, die Bühne als durch und durch moralische Anstalt im Sinne Schillers begriff, was ihn aus verständlichen Gründen nicht hinderte, Schillers »Räubern« die Anerkennung zu versagen und an der »Verschwörung des Fiesco zu Genua« eigenhändig Kürzungen vorzunehmen. Überhaupt nahm er großen Einfluß auf die Gestaltung des Spielplans am Wiener Hoftheater, wo er die Aufführung jener Stücke verhinderte, die seinen moralischen Ansprüchen nicht genügten. Das Schauspiel »Figaros Hochzeit« von Beaumarchais zum Beispiel erregte sein Mißfallen, weil darin vom »Jus primae noctis« die Rede war, von jenem seinerzeit durchaus üblich gewesenen »Recht auf die erste Nacht«, das sich der Adel gegenüber den Frauen der Leibeigenen herausnahm. Joseph sprach von »lüsternen Situationen, Zweideutigkeiten und mutwilligen Scherzen« und kanzelte das Stück gnadenlos ab. Daß darin der Adel verspottet wurde und sich das Rumoren der von Joseph selbst vorausgeahnten Revolution ankündigte, störte ihn dabei nicht im mindesten. Es waren die sexuellen Anspielungen, die ihn störten. Der Puritaner Joseph empfand das Laszive in der Welt des Beaumarchais als besonders anstößig und zugleich gefährlich wirkungsvoll, weil er selbst einer gehörigen Portion Laszivität durchaus zugänglich war.

Das hinderte ihn aber nicht daran, mehr und zugleich auch ein intellektuelleres Verständnis für die sogenannten schönen Künste zu haben als seine Vorgängerin Maria Theresia. Er verfügte über einen gewissen Instinkt für alles Schöngeistige, besaß einen feinen Geschmack und bewältigte mit seinem scharfen Verstand auch schwierige ästhetische und formalistische Probleme. Er war lediglich unfähig, aus seinen Vorlieben auch eine Herzenssache zu machen. Den »Don Giovanni« Mozarts beispielsweise verteidigte er gegen die Angriffe anläßlich der Wiener Premiere mit der spöttischen Bemerkung: »Das Stück ist zu stark für meine Wiener . . .« Die Musik bezeichnete er als »hervorragend und göttlich«. Aber er dachte nicht daran, dem Komponisten eine großzügigere finanzielle Hilfe zukommen zu lassen. Die Ausgabe öffentlichen Geldes für Kunst wäre Verschwendung gewesen. Wichtiger war die Errichtung eines Waisenhauses oder eines Krankenhauses. Und noch wichtiger war die Förderung des Militarismus. Denn, so argumentierte Joseph, mit einer starken Armee konnte dem Staat genützt werden. Die Aufführung einer Oper, die materielle Absicherung eines Komponisten, das Engagement bedeutender Schauspieler ans Wiener Hoftheater hingegen waren ein zwar köstlicher, jedoch gänzlich unangebrachter Luxus.

Bei allem aber, was er unternahm, war Joseph von brennender Ungeduld beseelt. Es gibt dazu das Bonmot eines ungarischen Historikers namens Michél Horvath, der spöttisch feststellte, daß der Kaiser viel zu ungeduldig wäre, um das kontinuierliche Heranwachsen der jungen Bäumchen abzuwarten, die man im Wiener Prater nach dessen Öffnung für die Allgemeinheit gepflanzt hatte; deshalb hätte er ganz einfach große, ausgewachsene Bäume einsetzen lassen. Diese kleine Geschichte, ob sie nun wahr oder bloß gut erfunden ist, charakterisiert jedenfalls das Temperament Josephs recht genau und auch seinen Ehrgeiz, nicht nur alles möglichst grundlegend zu reformieren, sondern diese Erneuerungen auch möglichst rasch zu bewerkstelligen.

In einem ganz bestimmten Punkt, nämlich bei der Reorganisation, Einsetzung und Verwendung einer sogenannten Polizeibehörde, ist ihm das auch auf außerordentliche Weise gelungen, und zwar nicht zuletzt deshalb, weil er in der Person des Johann Anton Graf Pergen einen ebenso ergebenen wie ehrgeizigen Mitarbeiter gefunden hatte, der sich als hervorragendes Instrument für die Durchführung von Josephs kühnen Ideen erweisen sollte. Pergen, seit 1775 Landesmarschall, übernahm 1782 die Leitung des Polizeiwesens in jenem Kronland, das unter dem Titel »unter der Enns« firmierte und weitgehend mit Niederösterreich und Wien identisch war. Pergen war es auch, der dem Kaiser die Vorstellung von einem allgemeinen Polizeiwesen schmackhaft machte, wobei es zu den vielen Widersprüchlichkeiten gehörte, daß gerade während der Regierungszeit Josephs, die doch dem Thema der Aufklärung und eines modernen Liberalismus gewidmet sein sollte, das später einmal berüchtigte und gefürchtete österreichische Polizeiwesen mit unheimlicher Perfektion ausgebaut wurde. Denn bald erhielt jede der Landeshauptstädte innerhalb der Monarchie ihre eigene Polizeidirektion, wobei es vor allem die sogenannte Staats- oder Geheimpolizei war, die mit den allergrößten Vollmachten ausgestattet wurde und in weitgehender Selbständigkeit operieren durfte. Später, ab dem Jahre 1789, wurde der fast völlig erblindete Pergen zum ersten Polizeiminister Österreichs ernannt, während ein Graf Auersperg das Präsidium und damit die praktischen Agenden der Polizeibehörde übernahm.

Diese Neueinführung, die zu den weniger spektakulären, dafür jedoch folgenschweren Entscheidungen unter Josephs Herrschaft als Alleinregent zählte, veränderte das Leben in Österreich auf eine viel radikalere Weise, als das allgemein angenommen wird. Denn damals wurden der besseren Möglichkeit zur Observierung wegen nicht nur die Städte in verschiedene Bezirke eingeteilt, sondern auch die Durchnumerierung der einzelnen Häuser bindend vorgeschrieben. Ebenso wurde die bis dahin kaum existente oder nur nachlässig gehandhabte Meldepflicht zur polizeilich überwachten Selbstverständlichkeit.

Draußen auf dem offenen Land, wo vielfach noch Banden ihr Unwesen trieben und es vor allem in entlegeneren Gebieten kaum ratsam war, nach Einbruch der Dunkelheit unterwegs zu sein, wurden jetzt berittene Gendarmen eingesetzt, die man als Vorreiter der heutigen Gendarmerie betrachten kann. Sie übernahmen die Sicherung der wichtigeren Verkehrswege und hatten gemeinsam mit der Geheimpolizei, die in den größeren Städten ihre Stützpunkte hatte, für Ruhe und Ordnung zu sorgen. Die Nachfolger Josephs und deren Minister (wobei hier vor allem Franz II. und Metternich zu nennen wären) haben sich später dieses vorzüglich geschulten, weitgehend loyalen Beamtenapparates auf eine recht drastische Weise bedient und Österreich, das unter Joseph ein aufgeklärter, moderner und liberalen Ideen verpflichteter Staat sein sollte, dadurch zum reaktionärsten Polizeistaat Europas gemacht. Wobei auch die Arbeitshäuser und Zuchthäuser, die gleichfalls unter Joseph ihren sozialen Bestimmungen zugeführt wurden, eine gänzlich andere und schlimmere Bedeutung erfuhren.

Aber nicht überall war der Kaiser so erfolgreich wie bei der Etablierung einer besonderen Art von Polizei, die sowohl Spitzeldienste zugunsten des Staates als auch Sozialdienste für die Allgemeinheit zu leisten hatte. Joseph verfügte über keine Elite, die ihm bei der raschen und präzisen Durchführung seiner Reformen behilflich hätte sein können. Er mußte auf einen Beamtenapparat zurückgreifen, der vielfach faul, indolent, unfähig, hochmütig und nur darauf bedacht war, seine Privilegien sich zu erhalten oder sogar noch zu vermehren. In den Briefen an seinen Bruder Leopold kann man immer wieder die zornige Verzweiflung darüber spüren, daß es zu wenig Idealisten und fähige Köpfe gab, die »für das Wohl des Vaterlandes die erforderliche Begeisterung« aufbrächten.

»Als er nach drei Jahren notgedrungen zu der Erkenntnis kam, daß die Beamten trotz seiner Anweisungen nach wie vor ihre Arbeit nur mechanisch verrichteten, wurde der Ton seiner Verfügungen noch befehlender« (F. Fejtö). Das allerdings änderte am Grundproblem selbst gar nichts. Was den österreichischen Beamten der josephinischen Ära, ohne deren grundsätzliche Mitarbeit alle Reformen

Josephs nur Stückwerk bleiben mußten, tatsächlich fehlte, war jener Idealismus, war auch jene Begeisterung, mit deren Hilfe die Schwerfälligkeit und Sperrigkeit eines eingerosteten Mechanismus aufgesprengt hätte werden können. Allerdings überforderte Joseph den Beamtenapparat durch die Fülle der Neuerungen, die alle Bereiche des öffentlichen und privaten Lebens betrafen und eine grundsätzliche Veränderung überlieferter Lebensgewohnheiten voraussetzten.

Einer der wesentlichen Punkte dieser radikalen Neugestaltung der österreichischen Gesellschaft war Josephs Eintreten für die Juden, eine Haltung, die in einem betont antisemitisch orientierten Land wie Österreich auf große Schwierigkeiten stoßen mußte. Dabei ist die häufig aufgestellte Behauptung, daß Joseph allein schon aus Neigung ein Freund der Juden gewesen wäre, wahrscheinlich falsch. Ihn interessierten lediglich die ökonomischen Konsequenzen, die durch die Befreiung der Juden aus ihrer Ghettosituation fast zwangsläufig entstehen mußten. Im sogenannten Patent vom 2. Januar 1782 heißt es: »Auch erneuern wir hiermit die Erlaubnis und ermuntern [die Juden] zur Anlegung von Manufakturen und Fabriken.« Dieses vielzitierte und auch umstrittene Toleranzpatent sollte der österreichischen Wirtschaft neue Impulse vermitteln und die unbestreitbaren wirtschaftlichen Fähigkeit der Juden zugunsten der Allgemeinheit ausnützen und sie davor bewahren, weiterhin lediglich als Geldverleiher und Hausierer tätig sein zu müssen.

Joseph hielt im übrigen gar nichts vom weitgehend religiös indoktrinierten Antisemitismus der Österreicher, wobei es vorstellbar wäre, daß er allein schon wegen der judenfeindlichen Haltung seiner Mutter, die eine überzeugte Antisemitin gewesen war, ausgesprochen semitophil reagierte. Noch wenige Jahre vor ihrem Tod hatte Maria Theresia unmißverständlich erklärt, daß sie »keine ärgere Pest vom Staat« kenne, »als diese Nation wegen Betrug, Wucher und Geldverträgen, Leut in Bettelstand zu bringen, all üble Handlungen ausüben, die ein ehrlicher Mann verabscheut«. Dieses vernichtende Urteil hatte Joseph bereits zu Lebzeiten seiner Mutter zum vehementen Verteidiger der Juden gemacht, ohne daß er als Mitregent irgendeine Möglichkeit gehabt hätte, seine günstige Meinung über die Juden politisch ausdrücken zu können. Jetzt, nur zwei Jahre nach dem Tod Maria Theresias, gestattete er ihnen ein bis dahin undenkbares Höchstmaß an personeller Unabhängigkeit, politischer Freiheit und wirtschaftlicher Eigenständigkeit.

Allerdings entsprach es seinem notorischen Widerspruchsgeist, daß er den Juden gleichzeitig so gut wie alle geistigen und religiösen Möglichkeiten zur Selbstbestätigung nahm. Er verordnete zwar die Abschaffung aller Diskriminierungen, untersagte »die das Ehrgefühl unterdrückenden Abzeichen an der Kleidung«, was den berüchtigten gelben Stern betraf, der erst rund anderthalb Jahrhunderte nach Joseph wieder zum schrecklichen Symbol des deutschen Antisemitismus werden sollte, aber andererseits wurde das Jiddische verboten, was bedeutete, daß den Juden ihre Sprache genommen wurde. Auch wurden die jüdischen Kinder unter Strafandrohung gezwungen, die christlichen Ausbildungsstätten zu besuchen, was ein schmerzhafter Schnitt ins jüdische Selbstbewußtsein war.

Dafür aber öffnete Joseph den Juden den Zutritt zu allen Positionen des öffentlichen Lebens und erlaubte ihnen sogar, in den Armeedienst einzutreten, eine wahrlich revolutionäre Neuerung, die die Mehrzahl der Juden zu begeisterten Patrioten machte. Sie verzichteten aufs Jiddische, schickten ihre Kinder in die josephinischen Reformschulen, trugen stolz den Degen und waren fanatische oder zumindest überzeugte Monarchisten. Vor allem aber kurbelten sie die darniederliegende österreichische Wirtschaft an, wagten sie sich an die Übernahme von Massenproduktionen und waren damit die eigentlichen Wegbereiter einer Industrialisierung Österreichs, die dem vom Siebenjährigen Krieg und einer desorganisierten Verwaltung beeinträchtigten Land zugute kam.

Der Kaiser (2)

Die Einführung des Polizei- und Spitzelwesens durch Joseph wurde nicht zuletzt durch dessen fast rabiaten Ehrgeiz gefördert, alle Neuerungen rasch und perfekt durchzuführen. Er war in gewisser Weise abhängig von einem Denunziantentum, das ihn einerseits über Mißstände informierte, das aber andererseits eben diese Mißstände immer wieder von neuem provozierte. Einem Gerichtspräsidenten, der durch eine Denunziation vorübergehend sein Amt verloren hatte und der nun vom Kaiser forderte, daß der Denunziant bestraft werde, antwortete Joseph mit der billigen Binsenweisheit, daß »alle Unschuld sich am Ende doch zeige«. Er war außerstande, alle Auswüchse des von ihm etablierten Polizei- und Spitzelunwesens zu beseitigen, weil er sich damit jener Zuträger beraubt hätte, die ihn über Unzulänglichkeiten in der Verwaltung, über nachlässige Beamte oder unfähige Experten rasch und umfassend informierten.

Das verursachte freilich manches Unbehagen. Ein Wiener Publizist namens Johann Pezzl bezeichnete die Zuträger und Schnüffler im Dienste des Staates als Schmeißfliegen; »dieses Ungeziefer drängt sich zu allen Gesellschaften, verunreinigt jeden Zirkel. Vorzüglich nistet es in Wirtshäusern, bei Trakteurs, in den Gärten, auf den Spazierplätzen und allen öffentlichen Belustigungsorten, bald stellte es einen Wirt vor, bald einen Markör, nun einen Kammerdiener oder Sekretär. Es befühlt in der Hülle des Doktors den Puls, schreibt in der Hülle eines Advokaten Akten und Rapporte, macht in Form eines Mönches Hausbesuche, tändelt im Mäntelchen eines Abbé um galante Weiber.« Das anfängliche Unbehagen angesichts eines überhandnehmenden Spitzelunwesens wurde allmählich zum Haß. Und der sogenannte »Geheime Dienst« wurde zum unaufhörlichen Widerspruch in einer Politik, die den Reformen und der Aufklärung gewidmet war. »Nur durch gut geleitete Polizeianstalten kann die innere Ruhe, Sicherheit und Wohlfahrt des Staates gegründet werden«, formulierte es Graf Pergen, Josephs erster Polizeiminister. Und in einer Dienstinstruktion hieß es unter anderem, daß die Polizeibeamten »alle beim Volk einschleichende Unzufriedenheit, üble Gesinnung oder gar aufkommende Meuterei zu entdecken« hätten, wobei solche Möglichkeiten staatsgefährdender Umtriebe »womöglich in ihrer Geburt zu ersticken« wären. Als wichtigste Tätigkeit wurde in dieser Dienstinstruktion aber die Nachforschung darüber begriffen, »was von dem Monarchen und seiner Regierung gesprochen werde«. Das Schnüffeln und Aushorchen, das Anzeigen und Verraten wurden zur allgemeinen Bürgerpflicht.

Beamte, Soldaten, Priester, die natürlich wie alle anderen Bürger des josephinischen Staates auch überwacht wurden, hatten sich in den Dienst einer ständigen Bespitzelung zu stellen und mußten als staatlich beauftragte Zuträger fungieren, wobei sie sich im eher fragwürdigen Bewußtsein rechtfertigen durften, stets nur im Interesse des Staatswohls zu handeln. »Die so kostbare Wahrheit dringt so selten bis zu mir durch«, argumentierte Joseph, was durchaus zutreffend sein mochte, aber kaum eine Entschuldigung für die fast totale Unterwerfung der Gesellschaft unter ein demütigendes und zutiefst amoralisches Spitzel- und Denunziantenwesen sein konnte. Hans Magenschab brachte das Widerspruchsvolle dieses Zustandes auf einen gemeinsamen Nenner, als er schrieb: »Der Kaiser ließ jeden lächerlichen Literaten über sich Spottverse schreiben; aber er stöberte in den Papierkörben der Skribenten, was diese wohl planten. Der Kaiser dekretierte Gewissensfreiheit und spionierte nach der Meinung der Untertanen . . . Er war ein Despot im Dienst der guten Sache.« Und vor allem war er, wie man wohl hinzufügen sollte, ein Despot der eigenen Natur.

Denn dadurch, daß er alles selbst zu erledigen wünschte und eigentlich über zu geringe brauchbare Hilfe verfügte, gleichzeitig aber ein Perfektionist war, der, weil er ungeduldig war, alles auf einmal und alles in überhöhtem Tempo erledigte, brachte er sich selbst an den Rand gesundheitlicher Gefährdung und psychischer Zerrüttung. »Er war überall zugleich, in der Ungarischen, Böhmischen und Österreichischen Kanzlei, er nahm an Beratungen teil, diskutierte, ärgerte sich, bat, befahl, versuchte zu überzeugen, beleidigte diesen und jenen, tadelte hier und dort« (F. Fejtö).

Er war ein Revolutionär und beging selbstverständlich alle Fehler, die Revolutionäre immer machen. Er war zu ungeduldig und operierte zu hastig, als daß alles, was er schuf, von solider Qualität hätte sein können. Und weil er sich einbildete, über den eigenen Schatten springen zu können, forderte er von allen seinen Mitarbeitern das Unmögliche. Gehorsam allein war ihm zuwenig. Derlei setzte er ohnedies voraus. Was er tatsächlich verlangte, hatte mit Inspiration und Idealismus zu tun. Er selbst war solcher Fähigkeiten durchaus mächtig. Also glaubte er unverbrüchlich daran, daß auch Minister und Beamte Leistungen erbringen sollten, die über alles Durchschnittliche, Biedere, Selbstverständliche hinausragten. Und er war stets von neuem enttäuscht, betroffen und wütend, wenn das von ihm geforderte Wunder nicht eintraf und er erkennen mußte, daß er es mit gewöhnlichen, also durchschnittlichen Menschen zu tun hatte, die nicht mehr als das Gewöhnliche, also Durchschnittliche, leisteten.

Er machte die Ehe zu einer Angelegenheit des bürgerlichen Rechts, garantierte die Gleichberechtigung der Erbansprüche aller Kinder und verbesserte die soziale Behandlung der außerehelichen Kinder, die bis dahin als Bastarde gegolten hatten und dementsprechend schlecht behandelt wurden. Er sorgte für eine neue Kriminalprozeßordnung und schaffte die Todesstrafe endgültig ab, weil er die barbarischen Konsequenzen von Justizirrtümern vermeiden wollte.

Dem Adel nahm er alle Privilegien, die er vor Gericht besessen hatte, was immerhin auch dazu führte, daß die Straßen Wiens nicht nur von abgeurteilten Prostituierten und Dieben gefegt wurden, sondern auch von Grafen und adeligen Damen, die einer »gelinden Strafe zugeführt worden sind«, wie es in einem zeitgenössischen

Dokument hieß. »Der Verbrecher verliert seinen Adel im Augenblick, in dem er ein Verbrechen begeht«, war Josephs kompromißlose Meinung zu diesem Thema. Er setzte dabei auf die schöne Theorie von der Gleichheit vor dem Gesetz, die er zum Prinzip erhoben wissen wollte, was selbstverständlich den Adel gegen ihn aufbrachte, außerdem einige drastische oder auch bloß erheiternde Beispiele von dieser angestrebten Gleichheit vor dem Gesetz lieferte und im übrigen nicht sehr viel an der überlieferten Form der Gerichtsbarkeit änderte.

Den Frauen wurde ganz allgemein das Tragen von sogenannten Schnürbrüsten verboten, weil der Kaiser davon überzeugt war, daß diese Mode gegen die Gesundheit gerichtet sein mußte. Die Polizeiwachen wurden angehalten, renitenten oder widerspenstigen Frauenzimmern auch auf offener Straße das enge Mieder zu öffnen, nötigenfalls durch Gewaltanwendung, damit frei, ungehindert und fern jeder künstlichen und damit gesundheitsschädigenden Einengung sich entfalten konnte, was den Damen ein verbotener Anlaß war für manche modische Entartung. So zumindest sah es Joseph.

Eines Tages verdarb er sich den Magen durch übermäßigen Genuß der damals beliebten Pfefferkuchen. Aus dem privaten Ungemach wurde ein offizielles Gesetz, das 1786 die Erzeugung und den Verkauf dieser Pfefferkuchen untersagte. Die Zollbehörde wurde damit beauftragt, strenge Untersuchungen vorzunehmen, um den Schmuggel mit der nach wie vor heißbegehrten Ware zu unterbinden.

Populärwissenschaftliche Abhandlungen entstanden im Auftrag des Kaisers über die Fohlenzucht, über Kreuzungsergebnisse zwischen Merinoschafen und rumänischen (walachischen) Lämmern. Die Bauern durften nicht mehr beliebig viele Dienstboten zur Bewachung ihres Viehs auf der Weide abstellen, weil die Arbeitskraft der Menschen zu wertvoll war, um sie eher ungenützt zu vergeuden . . . In besonders heißen Sommermonaten mußte dem Brunnenwasser Essig beigemischt werden, weil eine solche Vorsichtsmaßnahme, wie Joseph befand, die Entstehung und Ausbreitung von Seuchen verhinderte. Hebammen wurden auf kaiserlichen Befehl angeworben, ausgebildet und dann aufs offene Land geschickt, wo sie der schrecklichen Kindersterblichkeit Einhalt gebieten sollten, Ärzte mußten sich in entlegene Regionen verpflichten, wo sie die Armen kostenlos behandelten.

In wirtschaftlich unterentwickelte Gebiete holte der Kaiser ausländische Facharbeiter, denen er jahrelange Steuerfreiheit und andere Privilegien zusicherte. Für die Belegschaften der neu entstandenen Fabriken, in denen jene billigen Massenartikel produziert wurden, die Österreichs Aufstieg zur Industrienation sichern sollten, wurden Hausordnungen eingeführt, die sowohl auf die Moral als auch auf die Hygiene der Arbeiter Einfluß nahmen. Frauen und Männer mußten auf Josephs ausdrückliche Anordnung in getrennten Räumen schlafen. Außerdem waren sie dazu angehalten, mindestens einmal wöchentlich die Leibwäsche zu wechseln, was in der Tat eine unerhörte Neuerung darstellte und gewiß nicht überall eingehalten wurde. Andererseits wurde den Arbeitern jede Möglichkeit einer verhältnismäßig freien politischen Willensäußerung vorenthalten. Allein schon der Versuch eines gesellschaftlichen Zusammenschlusses von Arbeitern wurde mit schwerem Gefängnis bestraft. Denn auch hier wie überall sonst war der Kaiser der Meinung, daß die bestehenden Gesetze vollauf genügten, um die Ehre und das Wohlbefinden der Arbeiter zu garantieren, und diese es nicht notwendig hätten, sich eigene Gesetze zu schaffen. Er liebte alle Welt und war bereit, für alle Menschen zu sorgen. Aber wie diese Liebe beschaffen sein, wie diese Vorsorge aussehen sollte, konnte und durfte nur er allein bestimmen.

Joseph begriff das, was ihn in ein nahezu wahnwitziges Arbeitstempo hineintrieb, als seine »Schuldigkeit«. Und er war von fast panischer Furcht besessen, seine »Schuldigkeit« nicht mehr tun zu können. In diesem Fall, so schrieb er sich selbst ein moralisches Limit vor, »muß ich mich pensionieren lassen und in ein Kloster gehen wie Karl V.«. Daß er dabei Gefahr lief, sich selbst zugrunde zu richten, kümmerte ihn wenig. Er hatte Pflichten übernommen, die zu erfüllen waren. Alles andere war nebensächlich.

»So wie mich die Vorsehung zu diesem Berufe bestimmt«, sagte er, »mußte sie mir auch die dazu notwendigen Eigenschaften geben.« Joseph war davon überzeugt, alle Voraussetzungen für die möglichst perfekte Ausübung seines Berufes zu besitzen. Er war außerstande einzusehen, daß auch er Fehler begehen, Irrtümern erliegen könnte. »Ich bin von der Redlichkeit meiner Absichten in meinem Innersten überzeugt«, schrieb er an einen Freund. Und bei anderer Gelegenheit erläuterte er: »Ein Herrscher braucht nur hilfreiche Arme, diese aber recht anzuwenden und zu leiten, muß Sache seines Kopfes sein.« Josephs Verhängnis war, daß er über viel zuwenig solcher »hilfreicher Arme« verfügte; und daß er auch nicht immer imstande war, sie tatsächlich »recht anzuwenden und zu leiten«.

Pedanten haben errechnet, daß es annähernd sechstausend Edikte gewesen sein müssen, die Joseph in den rund zehn Jahren herausschleuderte, die er allein regieren durfte. Da war manches darunter, was mit den Maßstäben der praktischen Vernunft nicht zu begreifen war, und manches, das ursprünglich gutgemeint und Verbesserungen verursachend, sich schließlich gegen den Verursacher kehrte. So zum Beispiel bewirkte jene große Strafrechtsreform, welche die Todesstrafe und die Folter abschaffen wollte, fast noch Schlimmeres und Erniedrigenderes. Es wurde zwar während der Alleinherrschaft Josephs nur ein einziges Todesurteil vollstreckt, »aber was statt dessen verhängt wurde, war schmerzhafter als der sofortige Tod, wirkte fürchterlicher als eine Hinrichtung« (E. Benedikt). Und tatsächlich waren alle jene, die sich eines Kapitalverbrechens schuldig gemacht hatten, nach der josephinischen Strafrechtsreform bedauernswerter als zuvor, als sie ein rascher und letztlich gnädiger Tod getroffen hatte. Jetzt wurden sie zuerst einmal auf alle möglichen Arten öffentlich gezüchtigt, was von schweren Stockhieben bis zur Blendung reichen konnte. Jetzt wurden sie in entlegene Grenzgebiete geschickt, wo sie wie Galeerensträflinge gehalten wurden, Ketten an den Füßen und Armen, Prangerhölzer um die Hälse gebunden, Kanäle grabend im südlichen Ungarn, Straßen anlegend auf dem Balkan, schutzlos der Wildnis preisgegeben, erbarmungswürdige Kreaturen, denen nichts Menschliches mehr anhaftete.

Oder sie wurden an den Pranger gestellt oder jahrelang, jahrzehntelang in den Kasematten der Festungen wie Tiere gehalten oder eigentlich noch schlimmer als Tiere, nämlich wie Menschen, die man als Bestien ansah. Zeitgenossen haben ausgesagt, daß Joseph selbst häufig mit kaum verhohlener Freude anwesend gewesen wäre beim Anschmieden von abgeurteilten Delinquenten an die schweren Eisen, von denen sie erst der Tod erlöste; und daß ihn die Qual der Verbrecher offensichtlich amüsiert hätte.

Daran mag ebensoviel Wahres sein wie am Faktum, daß Joseph sich häufig beim Polizeiminister Graf Pergen darüber beschwerte, daß in den Polizeistrafhäusern zu hohe Krankenstände feststellbar waren; und daß er an einen Graf Sinzendorf, der als eine Art Kerkermeister für politische Sträflinge fungierte, eigenhändig geschriebene Billets schickte, mit denen er zornig bessere hygienische Zustände für die Gefangenen anordnete.

Die Widersprüche reißen nicht ab. Es herrschte ungeachtet der Strafrechtsreform eine fast barbarische Vorstellung von Schuld und Sühne. Aber in einem Schreiben an Graf Sinzendorf machte sich Joseph als erster Monarch Gedanken über die Unterbringung von Kindern und Jugendlichen in den Gefängnissen: »Diese Kinder sind künftig in einem ganz besonderen Behältnisse unter der Aufsicht eines Wächters aufzubewahren, damit sie sich nicht mit berüchtigten Verbrechern in einem nämlichen Arrest befinden und von ihnen nicht noch mehr zum Bösen ... mißbraucht werden.«

Joseph war zwar noch nicht fähig, Acht-, Zehn- oder Zwölfjährige von der schrecklichen Prozedur eines Gefängnisaufenthaltes zu befreien, aber er hatte begriffen, daß diese Kinder nicht wie gewöhnliche Verbrecher behandelt werden durften. Der Historiker Ernst Benedikt schrieb dazu einen passenden Kommentar: »Ebenso modern und aktuell ist es, wenn der Kaiser für rascheste Erledigung der Bagatellverfahren plädiert, wenn er den Verdächtigen jede Schikane ersparen will, wenn er sich dem Massenbelag der Kerker widersetzt. Ist das der gleiche Joseph, der Selbstmörder auf dem Schindanger verscharren läßt, der keine Verjährung für Verbrechen kennt, der den Häftlingen das Besuchsrecht verweigert?«

Aber wenn es um die Erziehung der Kinder ging, war Joseph von erstaunlicher Fortschrittlichkeit. Endlich erhielten die Mütter die gleichen Vollmachten wie die Väter bei der Heranbildung der Kinder, endlich wurde auch den unehelich geborenen Kindern das Recht auf Ernährung durch ihre Eltern zugebilligt und durften sie ihre Eltern, sofern diese ledig geblieben waren, beerben. Und der Ehebruch, ein eher häufig vorkommendes und noch unter Maria Theresia schwer bestraftes Delikt, wurde jetzt nicht mehr automatisch strafrechtlich geahndet, sondern nur, wenn »der Beleidigte selbst es verlangt«.

Sechstausend Gesetze entstanden also in rund zehn Jahren, Anordnungen, Dekrete, Edikte, Anregungen, die das Privat- und vielfach auch das Intimleben seiner Untertanen reglementierten, alles verändern wollten, was bisher Recht oder Gewohnheit gewesen war, alles neu bewerteten, vieles völlig neu erfanden und ihm, Joseph, der nichts dem Zufall oder seinen Beamten überlassen wollte, ein Unmaß an Arbeit und Hektik aufbürdeten, unter dem er früher oder später zusammenbrechen mußte. Sein Arbeitstag sah dementsprchend aus. Sechzehn, achtzehn Stunden angestrengter Tätigkeit waren das Selbstverständliche. Es war eine Tretmühle, die im Normalfall von fünf Uhr früh bis gegen Mitternacht andauerte. Lediglich in den dunkleren, kälteren Wintermonaten begann der Tag eine Stunde später.

Und alle mußten sich selbstverständlich nach den Gewohnheiten des Kaisers richten, den man seit dem Ende der sechziger Jahre übrigens nur noch in Uniform sah, was wohl seine Vorliebe für alles Militärische sichtbar ausdrücken sollte. Zumindest bei allen jenen Auftritten, die einen offiziellen Charakter hatten, steckte er im Kostüm eines Feldmarschalls. Die Brust war dabei, wie es sich schickte, ordensgeschmückt. Und um den Hals trug er die Insignien vom Goldenen Vlies. Joseph legte Wert darauf, schneidig und eindrucksvoll auszusehen. Die Uniform, mochte er gemeint haben, würde seine bloß mittelgroße Gestalt ins Achtunggebietende, Einschüchternde erheben. Und die mit Brillanten besetzten Orden machten daraus auch noch ein schönes Schauspiel. Er war, weil alles an ihm doppelbödig und widerspruchsvoll war, auch in dieser Hinsicht janusgesichtig. Er verabscheute jede Aufdringlichkeit. Aber er konnte ausgesprochen eitel sein. Er war ein Asket und doch wieder auch ein Verschwender. Er wünschte es – und war sich der Bedeutung eines guten Aussehens für einen Politiker wohl bewußt –, majestätisch und zugleich anmutig auszusehen. Aber mit zunehmendem Alter wurde seine Haut faltig, hingen die Wangen schlaff herunter, erhielt sein Gesicht ein grämliches, sorgenvolles Aussehen, dem alles Majestätische fehlte.

Einem seiner Kabinettssekretäre, der manches Menschliche über Joseph der Außenwelt berichtete, gab er den Laufpaß. Es war ein gewisser Günther, der arglos ausplauderte, was er im täglichen Umgang mit dem Kaiser an Marotten und Anekdoten erlebte. Später mußte er sich noch glücklich schätzen, nur mit einer fristlosen Entlassung bestraft worden zu sein. Dafür wissen wir ganz genau, daß Joseph regelmäßig von sechs Uhr früh an zu arbeiten gewohnt war, wobei er im Morgenrock im Kreis seiner Sekretäre die ersten Erlässe und Gesetzestexte diktierte oder Petitionen bearbeitete, Berichte studierte und manchmal auch eilends herbeibeorderte Minister gnadenlos examinierte. Gegen neun Uhr früh frühstückte er, rasch und frugal, etwas Milchkaffee, später heiße Schokolade, die er zu schätzen gelernt hatte, etwas Weißbrot oder feines Gebäck, das er achtlos eintunkte, zerstreut und anspruchslos und schon mit der Beendigung seiner Toilette beschäftigt, während er noch die letzten Bissen dieses achtlos eingenommenen Frühstücks hinunterwürgte. Der Obersthofkämmerer, Graf Orsini-Rosenberg, war ihm bei dieser Toilette behilflich, ein Kammerdiener brachte seine Perücke in Ordnung. Dann erst, einige Minuten nach neun Uhr, begab sich Joseph ins Kabinett, begann er, wie er sich ausdrückte, »mit dem Regieren«, wobei das alles einem zwar ungeschriebenen, jedoch peinlich genau eingehaltenen Zeremoniell gehorchte.

Vor dem »Regieren« stand noch Josephs sogenannter Kontrollgang, der ihn durch die Räumlichkeiten des Hofkontrollamtes führte, wo der Kaiser seinen Untertanen täglich bis zu einer halben

Stunde zur Verfügung stand und wo jedermann, Adeliger, Bürger, Bauer oder sogar Bettler, ihm Bittschriften überreichen und dazu ein paar Worte sagen durfte. Das hatte nichts mit den großen Audienzen gemein, die Joseph im offiziellen Rahmen gewährte, sondern war ein fast demokratischer Dienst am Volk, das nicht zuletzt auch deshalb diesem Kaiser über den Tod hinaus aufrichtig ergeben war.

Aber auch hier sollte man sich, während man noch Elogen anstimmt auf Joseph, vorsichtig rückversichern. Was wirklich gezählt habe an diesem Kaiser, hat einmal ein österreichischer Historiker gesagt, sei dessen Werk gewesen. Alles andere war nur ein mehr oder weniger barocker Rahmen, eine Verzierung, die schmückte und zugleich verharmloste. Manchmal mußte es den Zeitgenossen und Augenzeugen vorgekommen sein, als spielte Joseph immerzu Theater. Er war zweifellos ein exzellenter Komödiant, ein Zerrissener im Sinne Nestroys, ein Demokrat, der den Absolutismus nicht bloß neu definierte, sondern ihm eine neue Gesetzmäßigkeit verlieh, ein Kaiser, der in Wahrheit alles andere als ein Menschenfreund war und der dann doch seiner verbürgten Menschenfreundlichkeit wegen zum Volksfreund avancierte. Man müsse ihn liebhaben, und man müsse ihn bedauern, hat eine der fünf Fürstinnen über ihn gesagt, bei denen er jahrelang den Großteil seines Privatlebens absolvierte. Und das war es dann auch. Joseph war ein unglücklicher Mensch, dem man dennoch nicht Sympathie versagen konnte. Er war sympathisch, weil er unglücklich war. Und er war unglücklich, weil er tatsächlich ein Zerrissener war.

Gegen das Klösterreich

Es begann eigentlich völlig harmlos, eher beiläufig. Zwei unzufriedene Mönche, Kartäuser des nahe bei Wien gelegenen Klosters Mauerbach, beschwerten sich so lange und so hartnäckig über das Finanzgebaren ihres Prälaten, bis schließlich eine Kommission eingesetzt wurde, die den Fall untersuchte. Das wichtigste Ergebnis dieser Untersuchung war ein Antrag, alle Klöster zu erfassen und zu überprüfen, was wiederum vom Staatskanzler Kaunitz aufgegriffen und im Staatsrat befürwortet wurde. Kaunitz versprach sich von solchen Maßnahmen eine willkommene Bereicherung der ohnedies an chronischem Geldmangel leidenden Staatskasse, weil er nicht ganz unrichtig annahm, daß man im Verlaufe der durchzuführenden Erhebungen auf etliche Unregelmäßigkeiten stoßen würde, die wiederum saftige Geldbußen nach sich ziehen könnten. Und überhaupt, so Kaunitz, wäre es Gott wohlgefälliger und für den Staat ersprießlicher, wenn man sich den Unterhalt von unnützen Mönchen ersparte und dafür Gebär- und Findelhäuser oder auch eine Akademie der Wissenschaften finanziell unterstützte. Der Staatskanzler eröffnete hier seinem Kaiser eine brauchbare Perspektive für dessen eigenwillige Kirchenpolitik.

Joseph brauchte für eine solche Meinung nicht erst besonders gewonnen zu werden. »Da ich den Aberglauben verabscheue«, schrieb er an den Kardinal Hržan, der als Österreichs Gesandter beim Vatikan fungierte, »so will ich mein Volk von ihm erlösen. Statt Mönchen sollen Priester predigen, und zwar nicht über Heiligengeschichten, sondern über das Evangelium und Moral.« Er mußte die Möglichkeit einer umfassenden Kontrolle über die Finanzpolitik der Kirche als so faszinierend erkennen, daß er zu jedem Schritt und allerdings auch zu jedem Schlag gegen die Kirche bereit war, wenn ihn das bloß seinem Ziel, Beherrscher der Geistlichkeit zu werden, entscheidend näherbrachte. Das kanonische Recht verpflichte die Prälaten, hatte er einer Abordnung von Äbten, die Beschwerde über seine religionsfeindliche Politik einlegten, geantwortet, »einen Teil ihres Jahreseinkommens für kirchliche und wohltätige Zwecke zu verwenden«. Und es sei seine Pflicht, darüber zu wachen, »daß dies in angemessener Weise geschieht«. Gegen die Prälaten, die sich anscheinend nicht vorstellen konnten, daß ein habsburgischer Kaiser gegen die allumfassende Macht der Kirche Opposition betreiben könnte, setzte er die Drohung ein, ihre Güter zu säkularisieren. »Nichts konnte ihn in seinem Entschluß wankend machen, den ungeheuren Reichtum der Kirche wieder seiner ursprünglichen sozialen Bestimmung zuzuführen« (F. Fejtö).

Der erste dramatische Schritt, der für Österreich ein Paukenschlag und für alle Freunde der Aufklärung und Anhänger einer liberalen Politik ein unüberhörbares Signal war, erfolgte am 29. November 1781. An diesem Tag nämlich erging an die Hofkanzlei der offizielle Auftrag, alle Orden aufzuheben, die »dem Nächsten ganz und gar unnütz, nicht gottgefällig sein können, die weder Schule halten noch Kranke unterhalten noch sonst in studiis sich hervortun, die Vermögen und ihre Einkünfte zu übernehmen und den Individuis davon einstweilen nur Pensionen auszuwerfen«. Wobei diese Pensionen sogleich verdoppelt wurden, wenn die freigesetzten Mönche sich bereit erklärten, in die Seelsorge zu gehen und überhaupt als weltliche Geistliche zu wirken. Im übrigen wurde von Joseph selbst mit der gebotenen Klarheit ausgesprochen, welche Art von Orden aufzulösen waren, nämlich diejenigen, die »bloß ein beschauliches Leben führen«.

Davon gab es mehr als genug. Im Papier vom 29. November 1781 wurden sie namentlich aufgeführt. Insgesamt wurden bis zum Jahre 1791 mehr als vierhundert Klöster geschlossen, wovon rund zwei Drittel Nonnenklöster waren.

Wenige Wochen später, am 12. Januar 1782, erschien dann auch der kaiserliche Erlaß, der die aufzuhebenden Klöster und die Art und Weise, auf welche sie geschlossen werden sollten, genau bezeichnete. Es wurden in den verschiedenen Ländern der Monarchie Kommissionen eingesetzt, die die Aufhebung der Klöster zu überwachen hatten. Dabei kam es auch zu detaillierten Erhebungen über das jeweilige Vermögen der verschiedenen Ordensgemeinschaften. Bereits nach etwas mehr als einem Jahr kam man auf die durch den notwendig gewordenen Verkauf klösterlicher Besitzungen eingenommene horrende Summe von mehr als 15 Millionen Gulden.

Die Aufhebung der Klöster mit allen ihren politischen und sozialen Konsequenzen verursachte naturgemäß weit über die Grenzen Österreichs hinaus ungeheures Aufsehen. Und sie hatte, wie bei einem solchen Thema nicht anders zu erwarten war, ebenso leidenschaftliche Befürworter wie Gegner. Der Publizist Johann Friedel berichtete zum Beispiel in seinen »Briefen aus Wien«, daß nichts anderes mehr das Tagesgespräch in der kaiserlichen Metropole wäre als »Josephs Entschluß, einige Mönchs- und Nonnenklöster aufzuheben«, was freilich zahlenmäßig eine gelinde Untertreibung darstellte, wenn man die Zahl der betroffenen Klöster berücksichtigt. Viele zeitgenössische Autoren begrüßten diesen radikalen Schritt, weil er ihrer Meinung nach dem Staat nützte. »Die Mitglieder der Bettelorden kosten mehr, als wenn sie als Soldaten mit täglich zwei Pfund Brot und vier Kreuzern unterhalten würden«, argumentierte ein gewisser Christian Friedrich Menschenfreund, der sich in zahlreichen Flugschriften als engagierter Helfer dieser josephinischen Neuordnung hervortat. Und jener seinerzeit berühmte Hofrat Ignaz Edler von Born, der sich auch als Naturforscher einen Namen gemacht hatte und im öffentlichen Leben der Hauptstadt eine nicht unbedeutende Rolle spielte, verstieg sich sogar zu einer recht wüsten »Monachologie«, wie er das Pamphlet nannte, das er gegen die Mönche und deren soziale Existenz geschrieben hatte: »Der Mönch ist ein menschenartiges, bekuttetes, zur Nachtzeit heulendes, durstiges Tier, ein Mittelding zwischen Menschen und Affen und diesem noch näher, als von dem er sich nur kaum durch Stimme und Speise unterscheidet.«

Die Wiener belustigten sich über solche Auswüchse eines fast schon zur Raserei gewordenen patriotischen Fanatismus, gegen den in diesem besonderen Fall Wiens streitbarer Erzbischof Migazzi beim Kaiser persönlich protestierte, was freilich einen eher sonderbaren Erfolg hatte. Borns »Monachologie« war ursprünglich nur im Lateinischen erschienen, was den Leserkreis dieser derben Anschuldigungen doch erheblich beschränkte. Jetzt, nachdem die Kirche laut und heftig protestiert hatte, kam das hofrätliche Machwerk als »Naturgeschichte des Mönchtums« auch in deutscher Sprache auf den Markt und wurde endgültig ein sensationeller Erfolg.

Joseph selbst wurde in dieser Angelegenheit des öfteren angesprochen. Dem Erzbischof von Salzburg erklärte er in einem ausführlichen Schreiben: »Ein Reich, das ich regiere, muß nach meinen eigenen Prinzipien geführt werden. Vorurteile, Fanatismus, Parteilichkeit und Versklavung müssen aufhören und alle meine Untertanen müssen sich wieder ihrer natürlichen Freiheit erfreuen. Wenn ich den Schleier vom Mönchtum weggerissen habe, wenn ich den Spinnweb der asketischen Doktrin beseitigen kann, wenn ich die Mönche in nützliche Bürger verwandelt habe, dann werden vielleicht einige Parteizeloten anders über meine Reformen urteilen.«

Es war diese fast schon an Manie grenzende Besessenheit Josephs, alle Menschen in nützliche Bürger zu verwandeln, wohl die eigentliche Triebfeder seiner per Dekret und Federstrich verordneten Aufhebung der Klöster. Er war, und das aus vielen einsichtigen Gründen, aufrichtig davon überzeugt, daß manches am Mönchtum grundsätzlich falsch organisiert wäre. Und er war vor allem außerstande einzusehen, welchen allgemeinen Nutzen die Gesellschaft von den Mönchen hätte, wobei er kategorisch davon ausging, daß die Monarchie »zu arm und zu rückständig ist, um sich den Luxus zu erlauben, Nichtstuer zu erhalten«. Denn, so argumentierte er, »der Staat braucht tugendhafte, gebildete, die Nächstenliebe lehrende Priester, nicht aber bloßfüßige, in Lumpen gekleidete Bettler«. Joseph spielte damit auf die zahlreichen Bettlerorden an, deren hauptsächliche Tätigkeit aus nichts anderem als aus der Zudringlichkeit bestand, mit der sie die Allgemeinheit um Almosen anschnorrten.

Ebenso waren ihm allerdings auch die reichen Orden unangenehm, deren eindeutig politischer Einfluß auf die Öffentlichkeit
zuweilen sehr groß war, wobei die intrigante Politik mancher
Bischöfe, die den vermögenden Ordensgemeinschaften deren Einkünfte neideten, für Josephs Haltung in dieser Frage eine gewisse
Rolle gespielt haben mag. Diese Bischöfe waren seine besten Verbündeten im Kampf gegen die Ordensgemeinschaften.

Es kam auch zu mancherlei fragwürdigen Erscheinungen. Die
Notwendigkeit, Klostergüter auf eine möglichst simple, zeitspa-
rende Weise zu veräußern, führte zu einer Art Inflation und ver-
leitete manchen kaiserlichen Kommissär zum organisierten Betrug.
Wertvolles Kirchengut, mancher kunsthistorische Schatz, manche
Kostbarkeit ging dadurch endgültig verloren, und »vor allem jüdische Händler richteten sich nur nach dem Schätzpreis und behandelten Monstranzen und Leuchter, Reliquien und Handschriften
wie die Waren eines Trödelmarktes« (H. Magenschab).

Übrigens wäre es völlig falsch, Joseph eines betonten Antiklerika-
lismus zu bezichtigen, wie das viele Autoren auch heute noch tun,
die sich dabei auf Propagandisten eines angeblich antireligiösen
josephinischen Kurses berufen, den es in Wahrheit nie gegeben hat.
Unbestreitbar bleibt hingegen das tiefe Unbehagen aller sogenannten fortschrittlichen Kreise jenes Zeitalters über die Liederlichkeit
der »Meßpfaffen«, wie der Wiener Volksmund jene Geistlichen und
Mönche bezeichnete, die über den Umweg der Religion zu ge-
schäftstüchtigen Spekulanten geworden waren. »Wie sehr dadurch
die Religiosität im Volke untergraben, wie bei dieser geringen Sorge
um das geistige Wohl des Volkes die allgemeine Verdummung
reißende Fortschritte machte, bedarf wohl kaum einer näheren
Auseinandersetzung«, wetterte Carl Namshorn noch um die Mitte
des 19. Jahrhunderts gegen Zustände, die er so beschrieb: »Noch nie
war die Ablaßkrämerei, der Reliquienunfug auf unverschämtere
Weise getrieben worden, noch nie der Glaube an Wunder und die
Notwendigkeit der Heiligenverehrung mehr im Gange gewesen als
gerade damals.« Dazu kamen innerkirchliche Auseinandersetzungen, denn »eine andere Folge von der Abscheulichkeit einer sich

offenbarenden Verworfenheit der Geistlichkeit war das allmähliche Entstehen förmlicher Parteien in der sonst einigen katholischen Kirche«.

Es war also zweifellos auch ein Akt der politischen Vernunft, daß Joseph gegen diese mittelalterliche Form eines Katholizismus einschritt, den er als unaufhörliche Bedrohung seines Reformkurses verstehen mußte. Sein vielfach als revolutionär begriffener Angriff auf die Vorrechte und die Existenz vieler Ordensgemeinschaften war in Wahrheit der Versuch, auch das Mönchtum in die große Parade der Nützlichkeit und des Dienstes am Staatswohl einzubinden, und außerdem war er im Grunde nichts anderes als der verzweifelte Wunsch, die durch das Ordenswesen und durch separatistische Bestrebungen der Kirche gefährdete Einheit des Staates zu gewährleisten.

Mit Religonsfeindlichkeit hatte das überhaupt nichts zu tun. Joseph war im Gegenteil durchaus daran interessiert, seinen Untertanen ein starkes und dauerhaftes Gefühl für Religion und Sittlichkeit zu vermitteln, wobei sein Ideal freilich die Etablierung einer starken Staatskirche war, die jedoch nur so mächtig und einflußreich sein durfte, als es dem Repräsentanten der absoluten Gewalt – also dem Kaiser – gefällig war.

Es traf zwar zu, daß er die Ordensgemeinschaften durch die Aufhebung vieler Klöster fast vernichtend schädigte und daß er ihre Existenz durch das Verbot, innerhalb der nächsten zwölf Jahre Novizen aufzunehmen, auf ein bedrohliches Minimum reduzierte. Und auch die Entfernung aller ausländischen Mönche aus jenen Klöstern, die nicht geschlossen werden mußten, bedeutete einen radikalen Eingriff und eine unerhörte Brüskierung gegenüber den kirchlichen Instanzen, die sich bisher als Staat im Staate fühlen durften und so souverän sein konnten, als ihre Äbte und Ordensführer imstande waren, eine eigenständige Politik zu betreiben. Aber andererseits war Joseph sehr wohl daran interessiert, die weltliche Geistlichkeit zu unterstützen, begriff er den Seelsorger als ein geistiges Ideal und als wichtigen Erfüllungsgehilfen einer Sittlichkeit, die selbstverständlich vom absolutistisch regierenden Herrscher vorgegeben sein mußte. »Denn alles zielte konsequent darauf ab, die Seelsorge zu stärken und sie zum alles tragenden Pfeiler des kirchlichen Lebens zu machen«, meinte demnach auch Hans Magenschab, während Fejtö von einer »Reinigung« des kirchlichen Lebens schrieb: »Er, Joseph, regelte die Prozessionen, untersagte die übermäßige Beleuchtung der Altäre und ließ die bizarre Ausschmükkung der Heiligenbilder und die Votivtafeln entfernen . . .«

Vielleicht wäre dieser großangelegte und in seiner Art tatsächlich einzigartige Versuch einer Erneuerung der kirchlichen Welt durch einen aufgeklärten Monarchen sogar geglückt, wenn Joseph selbst bloß maßvoll geblieben wäre. Aber er wollte auch hier alles auf einmal erreichen. Er wollte den vollkommenen Umsturz. Und er wünschte ihn sich zu heftig herbei, er war zu blindwütig darauf versessen, die Veränderungen um jeden Preis zu erreichen, er war so sehr außerstande, unerläßliche flankierende Maßnahmen zu ergreifen – oder es fehlten ihm auch hier die geeigneten Mitarbeiter –, daß er schließlich unverzeihliche Fehler beging und letztlich scheitern mußte.

Dabei sollte man sich einige Zahlen in Erinnerung rufen. Von den mehr als zweitausend Klöstern, die es zu jener Zeit auf habsburgischem Gebiet gab, wurden im ersten Anlauf rund vierhundert aufgehoben. Weitere dreihundert Klöster, deren Äbte sich auf kostspielige und auch zeitraubende Prozesse einließen, um die Aufhebung hinauszuzögern, waren in den folgenden Jahren von dieser Verfügung betroffen. Das wiederum bedeutete, daß von den rund 60000 Mönchen und Nonnen annähernd 35000 ihres geistlichen Obdaches verlustig gingen.

Dabei war es Joseph keinesfalls darum zu tun, die katholische Kirche durch diese Attacken tödlich zu treffen, sich als Gegner des Christentums aufzuspielen oder gar als Antichrist zu deklarieren, wie das eine kirchenhörige und klosterfreundliche Propaganda jener Zeit darzustellen versuchte. Und am wenigsten war Joseph daran interessiert, die Klöster und damit die Ordensgemeinschaften auf habsburgischem Boden gleichsam ersatzlos auszulöschen. Er begriff durchaus die sittliche und auch geistige Bedeutung eines geordneten Klosterwesens, dessen bevorzugte Aufgabe es nach seinem Verständnis vom Zusammenspiel zwischen Religion und Gesellschaft allerdings sein sollte, als pädagogisches Instrument zu wirken. Äbte, die Politik betrieben und als kontraproduktive Verschwörer gegen das Staatsinteresse in Erscheinung traten, konnte er nicht dulden. Mönche, die sich der Bettelei als Hauptberuf verschrieben, waren ihm ein Greuel. Nonnen, deren Existenz lediglich durch die Zahl ihrer unermüdlich formulierten frommen Litaneien gerechtfertigt wurde, hatten keinen Platz in einem Gemeinwesen, wie es sich Joseph vorstellte. Alles mußte einem höheren Sinn der Zweckmäßigkeit untergeordnet werden können. Jeder Berufsstand mußte einen Stellenwert zugunsten der Allgemeinheit haben. Also waren die Mönche der Seelsorge und die Nonnen karitativen Tätigkeiten zuzuführen. Mönche und Nonnen hatten erzieherische und soziale Aufgaben zu übernehmen. Alles andere war ihnen untersagt. Und eben aus diesem Grund, argumentierte Joseph, war es vollkommen unnötig, daß mehr als zweitausend Klöster mit mehr als sechzigtausend Nonnen und Mönchen die Allgemeinheit belasteten.

Seine Gegner haben ihm unterstellt, daß er sich des klösterlichen Eigentums bemächtigt hätte, um den ständig drohenden Bankrott der Staatskasse hinauszuzögern. Das war selbstverständlich eine Verleumdung. Denn alle Erträge, die durch den Verkauf von Vermögenswerten der Ordensgemeinschaften aufgebracht wurden, mußten öffentlich verwaltet werden, waren dem direkten Zugriff des Kaisers automatisch entzogen und außerdem so anzulegen, daß sie dem Fortschritt der Kirche nutzen konnten. Es existiert ein Handschreiben Josephs an einen Graf Blümegen, der als kommissarischer Leiter mit der Aufhebung der Klöster und der Veräußerung deren Besitztümer betraut worden war, in welchem es unter anderem heißt, daß »die ganzen Einkünfte bloß und allein zur Beförderung der Religion und des damit so eng verknüpften und so schuldigen Besten des Nächsten verwendet werden«.

Joseph wollte also ein Maximum des Möglichen. Er war vielleicht ein Schwärmer; in jedem Fall aber war er ein Idealist. Sein Glaube an die Machbarkeit dessen, was die Voraussetzung aller Politik sein sollte, war grenzenlos. Er wünschte sich den vollkommenen Menschen, der auch in seiner Gläubigkeit perfekt war. Und was produziert Gläubigkeit? Ein Höchstmaß an Bildung. Joseph war fest davon überzeugt, daß nur der gebildete Mensch ein glückliches Individuum sein konnte. Also galt es, die Bemühungen um eine umfassende Bildung seiner Untertanen zu verstärken. Und was war der Feind einer solchen Bildung? Selbstverständlich die Heranzüchtung jenes Aberglaubens, der sich der Wallfahrten und Bildstöcke und einer übertriebenen Heiligenverehrung bediente. Dementsprechend mußten Wallfahrten, Bildstöcke und Heiligenverehrung drastisch eingeschränkt werden. Außerdem waren Joseph auch die Opferstöcke verhaßt, schüttelte er zornig den Kopf über die Anhäufung der Kerzen auf den Altären und entdeckte er in manchem Brauchtum – wozu die Taufe, die Firmung und die Hochzeit zählten – einen kultisch motivierten Luxus, den es abzuschaffen galt; und zwar nicht aus irgendwelchen obskuren kirchenfeindlichen Gründen, sondern einzig und allein aus der Sorge um das Wohlergehen des Volkes.

Daß es dabei vom Notwendigen zum Grotesken unter Umständen nur ein winziger Schritt war, liegt auf der Hand. Die Sparerlässe des Kaisers waren durchaus einsichtig, und daß die neue Begräbnisordnung nur noch Särge aus billigem Weichholz vorsah, die mit platten (anstatt der bisher gewohnten bauchigen und freilich auch erheblich kostspieligeren) Deckeln verschlossen wurden, sah man auch noch ein. Das Volk bestattete seine Toten in diesen merkwürdigen Särgen, schlug die komischen Deckel über den Leichen zu, nannte diese Verschlüsse »Nasenquetscher« und amüsierte sich. Das Lachen verging den Wienern allerdings, als sie ab dem Jahre 1784 dazu angehalten wurden, aus Einsparungsgründen Holzsärge überhaupt zu vermeiden und ihre Toten in Papier- oder Tuchfetzen und in Säcken zu beerdigen. Das ging dem Volk entschieden zu weit, und es war damit nicht mehr einverstanden. Da wurde nicht bloß zu rasch, sondern auch zuviel auf einmal umgeformt und neugestaltet.

Joseph hatte jedenfalls, wie schon so oft in seinem Leben, das Nützliche mit dem Überflüssigen vermischt. Der Widerstand gegen ihn regte sich, die Front seiner Gegner wurde kompakter. Und aus Rom drang ein erstes bedrohliches Signal der Rebellion gegen diesen revolutionären Kaiser über die Alpen nordwärts.

Ein Papst in Wien

Am 26. März 1781 ließ Joseph ein kaiserliches Patent veröffentlichen, das alle Anordnungen des Papstes an Österreichs Bischöfe und Prälaten und deren Befolgung durch die Kirchenbehörden einer landesfürstlichen Genehmigung unterordnete. Das sollte endgültig den Vorrang der weltlichen Macht gegenüber der kirchlichen bestätigen und war ein unerhörter Eingriff in die Rechtshoheit der Kirche. Rom reagierte aufgebracht bis wütend auf diesen unerhörten Affront und machte Wiens streitbaren Erzbischof Migazzi zum Wortführer einer Politik, die aus verschiedenen Gründen eine gegen Österreich gerichtete war.

Das hatte wohl auch mit der Person des regierenden Papstes zu tun, denn Pius VI., ein geborener Braschi aus Cesena im Kirchenstaat, seit 1775 gekrönter Pontifex, war ein erklärter Freund der Jesuiten, die sein Vorgänger so schwer gemaßregelt hatte, wobei dieser Vorgänger, Clemens XIV., bei seinem Edikt gegen die Jesuiten durch Maria Theresia eine tatkräftige Unterstützung gefunden hatte. Und das wiederum hatte dazu geführt, daß Jahre später Pius VI. nach dem Tod Maria Theresias sich weigerte, der Dahingeschiedenen in Rom das feierliche Seelenamt zu zelebrieren, wie es eigentlich frommer Brauch gewesen wäre. Denn jeder katholische Monarch hatte Anspruch auf eine solche Seelenmesse, die der Papst im Beisein der Kardinäle abzuhalten hatte. Pius hatte seine Weigerung, die am Wiener Hof mit Bestürzung aufgenommen worden war, dadurch zu erklären versucht, daß es nicht üblich wäre, Königinnen eine solche Ehrung zu erweisen.

Pius war eine Person von ganz eigentümlichem Verhalten. Als Mann eine imponierende Erscheinung, als Politiker geschmeidig bis zur Charakterlosigkeit, war er auch fähig, das Überraschende zu tun, um seine Ziele durchzusetzen. Zeitgenossen haben kritisiert, daß »seine Art der Regierung ein verfehltes Anstreben gegen die Forderungen der Zeit« wäre, haben ihm starrsinniges Festhalten an altmodischen Vorstellungen vom Ansehen des päpstlichen Stuhles vorgeworfen und ihn einer Eitelkeit geziehen, die sich verhängnisvoll auf sein Wirken als Politiker auswirken mußte. Andererseits war Pius – ähnlich wie Joseph – fest dazu entschlossen, ein Reformator zu sein. Und zu reformieren gab es im Wirkungsbereich des Hauses Habsburg, soweit es kirchliche Fragen betraf, mehr als genug.

In Österreich eskalierten inzwischen die Ereignisse. Der Erzbischof von Görz, Graf Edling, hatte von Rom Unterweisung erbeten, wie er sich dem kaiserlichen Patent vom 26. März 1781 gegenüber verhalten sollte, das die Unterwerfung der Kirchenfürsten unter die weltliche Macht anordnete. Und Rom hatte erwartungsgemäß geantwortet, daß diese kirchenfeindliche Anordnung Josephs selbstverständlich zu ignorieren wäre, zumindest so lange, bis dieser Konflikt auf irgendeine – der Kirche angenehme – Weise aus der Welt geschafft wäre. Joseph zitierte den Erzbischof von Görz nach Wien; Graf Edling aber gehorchte diesem unmißverständlichen Befehl mit einer Verzögerung von rund vierzehn Tagen. Josephs Reaktion darauf war der Beschluß, das Erzbistum Görz aufzulösen beziehungsweise es mit jenem von Laibach zu vereinen.

Das war nur eine von mehreren Geschichten, die die Zerrüttung des Verhältnisses zwischen Wien und dem Vatikan deutlich machte. Beiden Parteien, also dem Papst wie dem Kaiser, war bewußt, daß jede weitere Verschärfung dieser Auseinandersetzung unheilvolle Folgen haben könnte und daß irgendein Kompromiß gefunden werden mußte, der sowohl der weltlichen als auch der kirchlichen Macht nützlich sein würde. Dabei machte Pius, der eher ein vorsichtiger Diplomat als ein Mann der energischen Tat war, den Fehler, Josephs Charakter falsch einzuschätzen. Dieser war für ihn ein Habsburger wie jeder andere, also ein gehorsamer Diener der Kirche. Etwas anderes von einem Habsburger sich vorzustellen war zu jener Zeit wohl auch beinahe undenkbar. Das Haus Habsburg hatte seit Generationen die Belange der Kirche gefördert und gestützt. Warum sollte das jetzt plötzlich anders sein?

Pius begab sich für vierundzwanzig Stunden in Klausur und verließ sich, wie er selbst sagte, auf Gott, daß dieser ihm Kraft und Beredsamkeit vermittle. Dann ließ er die Öffentlichkeit wissen, daß er, der Pontifex, sich über die Alpen nach Wien begeben werde, um persönlich alle strittigen Fragen zwischen der Kirche und dem Kaiser einer vernünftigen Regelung zuzuführen.

Das Erstaunen über diesen ungewöhnlichen Schritt war diesseits wie jenseits der Alpen groß. Die Gegner des Papstes, der damals fünfundsechzig Jahre alt war, unterstellten ihm, daß er nur seiner Eitelkeit gehorche und Aufsehen um jeden Preis erregen wolle, was möglichweise sogar ein Teil der Wahrheit war, allerdings nicht die ganze Wahrheit. Die bestand doch wohl eher darin, daß Pius instinktiv ahnte, in Joseph einen so ungewöhnlichen Gegner zu haben, daß nur ungewöhnliche Schritte erfolgversprechend sein konnten. In Wien wiederum bedrängte Kaunitz den Kaiser, den angekündigten Besuch des Papstes zu verhindern und aller Welt mitzuteilen, daß ein österreichischer Kaiser nicht daran denke, eine einmal getroffene Entscheidung über kirchenpolitische Fragen nur deshalb aufzuheben, weil hoher Besuch aus Rom sich angesagt hätte.

Aber Joseph hatte erstens gar keine korrekte Möglichkeit, den Besuch des Papstes zu verhindern, und zweitens schmeichelte ihm die Tatsache, allein durch seine Person und seine Taten den Pontifex zu einer so unerhörten Anstrengung bewegt zu haben. Er ließ zwar durch Eilkuriere nach Rom ausrichten, daß es ganz unmöglich wäre, etwas von seinen kirchenpolitischen Reformen zurückzunehmen, garantierte aber Pius Gastfreundschaft und ein herzliches Willkommen, was in den Augen jener konservativen Papisten, denen die Reise des Papstes nach Wien als ein zweiter Gang nach Canossa mit umgekehrten Vorzeichen erschien, wie blanker Zynismus vorgekommen sein muß.

Pius und der Kaiser begegneten einander am 22. März 1782 in

einem Ort namens Neunkirchen südlich von Wiener Neustadt, das eine von Maria Theresia gegründete militärische Schule barg und bereits in den Türkenkriegen einigen Ruhm für Österreich hatte einlegen können, woran jetzt freilich, da Pius im Triumphzug durch Österreich fuhr, niemand dachte. Joseph war übrigens doch etwas überrascht von der Begeisterung, mit der die Österreicher und zumal die Wiener den Papst begrüßten, und eher mürrisch musterte er in Neunkirchen die Auffahrt der Karossen und die Kavalkaden von Reitern, die Pius von Wien aus entgegengezogen waren. Der Kaiser und der Papst umarmten einander, und die Kirchenglocken läuteten, was sich in den folgenden Tagen noch des öfteren wiederholen sollte und Joseph das bissige Bonmot von den »Glocken als der Artillerie des Papstes« tun ließ. Jetzt in Neunkirchen nahm der Pontifex Platz in der kaiserlichen Kutsche, neben Joseph, der mit schmalen Augen beobachtete, wie das Volk entlang der Straße weniger ihm als seinem Gast zujubelte.

Die Begeisterung sollte anhalten. Denn wenn auch Joseph voll Ironie an seinen Bruder Leopold nach Florenz die Bemerkung machen konnte, daß die Kanonen nicht gedonnert hätten, nur weil der Papst sich persönlich an den kaiserlichen Hof nach Wien bemüht hätte, so war doch unleugbar, daß Pius eine vortreffliche Figur machte. Er sei ein schöner, Ehrfurcht gebietender Greis mit sicherem Gang und hohem Wuchs, und »die Natur selbst hat ihn dafür geschaffen, Papst zu sein«, schwärmte ein hoher Beamter der Staatskanzlei und drückte damit nur das aus, was alle Welt in Wien vom ersten Tag der Ankunft des Pontifex an übereinstimmend dachte. Pius machte Furore, er gefiel den kritischen Wienern. »In endloser Prozession zogen Geistliche, Adlige, Bürger, Kaufleute, Gesellen, Lehrlinge, Köche, landwirtschaftliche Verwalter, Hofbedienstete und Holzträger an ihm vorbei, um ihm zu huldigen«, schrieb ein Augenzeuge dieser Ereignisse beeindruckt, und selbst von weither kamen die Menschen nach Wien, um den Papst zu sehen und ihn, den Stellvertreter Christi, ihrer unverbrüchlichen Treue zu versichern.

Diese Huldigungen nahmen zuweilen groteske Formen an. So

war es zum Beispiel begehrter und gewiß auch frommer Brauch, Einlaß in die Vorzimmer in jenem Teil der Hofburg zu erlangen, wo der Papst untergebracht war, um die dort abgestellten oder eigentlich feierlich und durchaus absichtsvoll auf- und ausgestellten Pantoffeln des Pontifex ehrerbietig zu küssen. Derlei war ein Zeremoniell von höchster Bedeutung und wurde so häufig in Anspruch genommen, daß die Begleitung des Papstes genötigt war, die ganze Sache zu beschleunigen. Man schickte die Pantoffeln ganz einfach reihum in die Adelspaläste der österreichischen Hocharistokratie, deren Vertretern man nicht zumuten wollte, daß sie sich in den dunklen Korridoren der Hofburg drängen und anstellen mußten, um zum ehrerbietigen Pantoffelkuß zu kommen.

Kaunitz, der sich in diesen Tagen und Wochen als politischer Freigeist deklarierte, brüskierte freilich Pius und leistete auf diese Weise seinem Kaiser eine etwas merkwürdige Schützenhilfe. Anläßlich eines Empfangs, den Österreichs Staatskanzler in seinem Palais für den hohen Gast aus Rom gab, trat Kaunitz Pius in Hauskleidern entgegen und verweigerte dem Papst nicht nur Kniefall und Handkuß, sondern begnügte sich damit, dessen ausgestreckte Hand auf ganz gewöhnliche oder fast schon ordinäre Weise zu schütteln. Derlei beabsichtigtes Benehmen erregte enormes Aufsehen, amüsierte Joseph und besänftigte zumindest vorübergehend seine rasch erwachte Eifersucht angesichts des großen Erfolges, den Pius beim breiten Publikum hatte.

Dieser populäre Erfolg änderte jedoch gar nichts daran, daß des Papstes Mission von allem Anfang an zum Scheitern verurteilt war. Joseph machte ihm einige völlig unbedeutende Zugeständnisse und erlaubte der Kirche beispielsweise bei der Zensur antireligiöser Schriften eine Art Vorschlagsrecht. Aber was die wesentlichen Punkte der josephinischen Reformpolitik anging, blieb der Kaiser unnachgiebig. Weder in der wichtigen Frage der Aufhebung von Klöstern, der Beschneidung gewisser Ordensgemeinschaften noch hinsichtlich der Priesterausbildung ging Joseph von seinen Standpunkten ab. Eine entscheidende Aussprache mit Pius im Beisein des streitbaren Kardinals Migazzi und des freilich nicht minder energischen Kaunitz, in welcher der Papst Josephs Reformpolitik scharf kritisierte, endete mit einem Debakel für die Kirche. Der Kaiser erwies sich dabei ganz einfach als der bessere Diplomat, war der geschicktere und wahrscheinlich auch rücksichtslosere Politiker, der nicht nur den Vorteil bereits vollzogener Tatsachen auf seiner Seite wußte – schließlich waren die Klöster aufgehoben, waren verschiedene Ordensgemeinschaften aufgelöst, waren Tausende von Mönchen und Nonnen neuen und besseren Möglichkeiten ihrer Berufsausübung zugeführt worden –, sondern der auch energischer, kompromißloser und zielbewußter zu verhandeln verstand. Der Papst befand sich hier in Wien auf verlorenem Posten. Daran änderten auch die Jubelarien nichts, die ihm sein katholisches Publikum hartnäckig sang.

Joseph allerdings ärgerte der demonstrative Beifall, den der erfolgreiche Papst überall in Wien empfangen durfte, und es schmerzte ihn auch die »lächerliche Begeisterung«, wie er sich ausdrückte, die Pius vor allem bei den Frauen erregte. Endlich sei er ihn losgeworden, soll der Kaiser erleichtert ausgerufen haben, nachdem der Papst am 22. April seinen Abschiedsbesuch absolviert hatte und wenig später abgereist war. Joseph gab ihm noch bis Mariabrunn das Geleit, man umarmte einander ein letztes Mal, dann trennten sich die beiden Männer, die eigentlich zu gewichtigen Gegenspielern hätten werden sollen und die einander doch zu wenig gleichwertig waren, um sich ein ausgeglichenes politisches Duell zu liefern.

In Rom versuchte Pius zuerst den Eindruck zu erwecken, der erfolgreiche Repräsentant einer unbeugsamen Kirche gewesen zu sein. Und er lobte sogar den Habsburger als ebenso freundlichen wie bedeutenden Mann, mit dem es nicht schwierig wäre, Übereinstimmung zu erzielen. Aber die Wahrheit über die Niederlage des Papstes ließ sich natürlich nicht lange verheimlichen. Und bald beherrschte jene Partei, die jetzt einen offenen Konfrontationskurs mit Joseph anstrebte, nicht nur die öffentliche Meinung Roms, sondern auch den Papst selbst. Im September 1783 gab es eine erste Möglichkeit, dem Kaiser doch noch zu beweisen, daß Rom nicht gesonnen war, seiner reformatorischen und, wie manche Papisten meinten, ketzerischen Kirchenpolitik ohne jeden Widerstand zu gehorchen. Die Position des Erzbischofs von Mailand war neu zu besetzen, und es verfügte Joseph – ohne Einvernehmen mit Rom – über die Einsetzung des Kirchenmannes, was im Vatikan auf scharfe Kritik stieß. Dazu kam ein offizieller Brief, in welchem Pius dem Kaiser unmißverständlich mit dem Kirchenbann drohte, sollte er in seiner verhängnisvollen Politik gegenüber der Kirche und den Ordensgemeinschaften fortfahren. Joseph retournierte das geöffnete Schreiben unverzüglich an den Vatikan und machte darauf aufmerksam, daß hier wohl ein Gegner des Papstes, »der die zum wechselseitigen Vorteil abzielende Eintracht [zwischen Kaiser und Papst] zu stören trachte«, die Hand »im frevelhaften Spiel« gehabt haben müßte. Und er gab dem Papst auch noch den gutgemeinten und in diesem besonderen Zusammenhang reichlich frivolen Rat, »alsogleich nach dem Urheber dieser beleidigenden Schrift forschen zu lassen«.

Joseph hatte dadurch, daß er den Brief des Papstes, der tatsächlich in einem drohenden Tonfall gehalten war, als Fälschung bezeichnete, dem ersten Ansturm aus Rom den Wind aus den Segeln genommen. Aber die Situation blieb gespannt. Und auch in Wien gab es allenthalben Unzufriedenheit oder doch erhebliche Sorgen über den sich abzeichnenden Bruch mit Rom, den sich der Herrscher über ein vornehmlich katholisch orientiertes Volk allerdings nicht leisten durfte.

In diesen angespannten Augenblicken demonstrierte Joseph wieder einmal seine Begabung für die Bewältigung des Außerordentlichen. Er handelte rasch, entschlossen und bei aller Zielstrebigkeit mit jener Meisterschaft des behutsamen Taktierens, wie das nur wirklich große Politiker zu tun vermögen. Gänzlich unvorbereitet für die Öffentlichkeit und einmal mehr inkognito reiste er nach Rom, wo er am Weihnachtsmorgen des Jahres 1783 im Vatikan eintraf. Dort bereitete man sich gerade für den Empfang des Königs von Schweden vor, der gleichfalls nach Rom gekommen war, und als jetzt ein Trompetensignal die Ankunft eines hohen Gastes ankündigte, ein Empfangsoffizier der Garde vorschriftsmäßig salutierte und ein Kardinal auftrat, um den Fremden, in welchem jedermann den erwarteten König von Schweden vermutete, zum Audienzsaal zu geleiten, da war auch Pius fest davon überzeugt, den Schwedenkönig vor sich zu haben. Salbungsvoll begann der Papst mit jener Rede, die man zur Begrüßung des protestantischen Herrschers aufgesetzt hatte. Und es dauerte einige Augenblicke, bis Pius und seine Umgebung das Mißverständnis begriffen, dem man sich gedankenlos hingegeben hatte. »Da bin ich also in Rom«, schrieb der Kaiser gutgelaunt an seinen Staatskanzler, »und mein Eintreffen wirkte wie eine Bombe.«

Er habe die Bestürzung des Papstes, die peinliche Verlegenheit der Kardinäle wie ein Schauspieler genossen, der sich am Erschrekken seines Publikums in einer besonders dramatischen Szene weidet, haben später Beobachter dieser tatsächlich einmaligen Szene geschildert, die nur der Anfang einer ganzen Reihe von komödiantischen Meisterleistungen war, zu denen ein brauchbarer Politiker stets fähig sein sollte. Denn Joseph setzte jetzt alles auf eine Karte, um seine Kirchenpolitik und die davon abhängigen sozialen und geistigen Reformen ungefährdet fortsetzen zu können. Er wußte, daß Pius in Rom nicht ohne Opposition war, daß es viele Kritiker gab, welche die Politik dieses Papstes ablehnten. Und er wußte auch, daß der Vorteil seiner Gegner hauptsächlich darin bestand, ihn zu verleumden, indem man ihn als kirchenfeindlich und auch als Atheisten hinstellte. Also schlüpfte er in die Rolle des tiefgläubigen Monarchen, warf sich andachtsvoll vor dem völlig überraschten und zugleich hilflosen Papst auf die Knie, betete bei jeder Gelegenheit, unterließ es auch nicht, zahlreiche Kirchen aufzusuchen und überhaupt so ehrerbietig der Kirche und ihren Institutionen gegenüber zu sein, wie das nur ein frommer Monarch zustande brachte.

Er hatte Erfolg mit seiner Komödie, Erfolg beim Papst, dem er geschickt und mit einer Mischung aus Schmeichelei und Drohung das Recht ausredete, die Ernennung des Erzbischofs von Mailand selbst durchzuführen, und Erfolg bei den Römern, die ihn, wenn er sich in der Öffentlichkeit zeigte, begeistert akklamierten. »Seine Leutseligkeit, Milde und Freundlichkeit«, schrieb ein römischer

Beobachter, »seine immer bereitwillige kaiserliche Freigiebigkeit, seine Religiosität, die er bei seinen häufigen Kirchenbesuchen an den Tag legte, stimmten das römische Volk zu einem wahren Enthusiasmus.« Und ein anderer Chronist notierte: »Niemand war zufriedener mit dem Kaiser als der Papst selbst. Nicht laut genug konnte er Josephs Milde und Freundlichkeit rühmen, daher er denn auch alles aufbot, ihm seinen Aufenthalt in Rom so angenehm als möglich zu machen.«

Es war das, was Joseph im Vatikan und in Rom inszenierte, eines der glänzendsten und dabei doch auch billigsten Täuschungsmanöver der neueren Politik. Joseph führte buchstäblich alle Welt an der Nase herum, belog alle Welt aufs schamloseste über seine wahren Absichten, bediente sich aller möglichen Verkleidungen und Täuschungen, um sein Ziel zu erreichen, und führte sich bei alledem mit jener selbstverständlichen und charmanten Liebenswürdigkeit auf, zu der nur ein wirklich großer Heuchler oder ein überdurchschnittlich begabter Politiker fähig ist. Er mußte der Öffentlichkeit beweisen, daß die gegen ihn ausgestreuten Verleumdungen, soweit sie seine angeblichen atheistischen Neigungen betrafen, vollkommen haltlos waren. Und seine Beweisführung wurde in der Tat zur überzeugenden Demonstration dafür, daß er sich nicht, wie gelegentlich schon behauptet wurde, als neuer Martin Luther aufführen wollte, der an den Grundfesten der katholischen Kirche rüttelte, sondern daß er ein demütiger, pflichtbewußter Sohn dieser Institution war.

Nie hat freilich ein Monarch schamloser, dreister und dabei überzeugender gelogen. Nie wurde die Unwahrheit liebenswürdiger ausgesprochen. Und nie wurden Lügen geschickter und rücksichtsloser zur Durchsetzung und Fortführung notwendiger Reformen politisch eingesetzt. Es dauerte lange – jedenfalls lange genug, um Joseph freie Hand zu lassen –, bis man in Rom endlich begriff, daß man mit ihm nicht einen Triumph, sondern eine blamable Demütigung erlitten hatte. In Österreich aber gingen die Reformen unverändert weiter. Und es sollte in der Folge nicht der Vatikan, sondern das österreichische Volk selbst sein, das dieser ebenso grandiosen wie radikalen Reformpolitik ein eher unrühmliches Ende bereitete. Denn »seine eigenen Untertanen lehnten sich gegen die meisten Maßnahmen auf«, und »empfand man einige Reformen, die kirchliche Unzukömmlichkeiten abstellten, zuerst als Segen, wurde der Rigorismus Josephs später zur Plage« (H. Magenschab). Aber das hatte mit Rom nichts mehr zu tun, das war einzig und allein eine Sache des österreichischen Volkscharakters.

Das war vor allem auch eine Angelegenheit späterer Tage. Vorerst war Joseph der unbestrittene Sieger. Vorerst gab es nichts mehr, das sich seinem Reformstreben hemmend in den Weg stellte. Jetzt konnte er tatsächlich das ständische, klerikale Österreich stückweise demolieren, um an dessen Stelle eine moderne Monarchie aufzubauen, wie das einer seiner Verehrer etwas übertrieben, aber in den Ansätzen durchaus richtig feststellte.

Die moralische und soziale Erneuerung der Kirche und ihre unauffällige, jedoch richtungweisende Umwandlung in eine Art Nationalkirche gingen ungehindert weiter. Das Unterrichtswesen wurde grundlegend verändert, wobei der Sohn des Leibarztes Maria Theresias, Gerhard van Swieten, mit der Leitung aller Schulangelegenheiten betraut wurde. Es wurde die Schulpflicht eingeführt und die religiöse Indoktrinierung der Schule aufgehoben, wobei Gerhard van Swieten ein gehorsamer Diener seines Herrn war, den »die Geistlichen bald mehr haßten als den Kaiser selbst«. Es wurde die Anzahl der Volksschulen vervielfacht, der Unterricht an den Universitäten modernisiert und der Einfluß der Kirche im Schulwesen ganz erheblich zurückgedrängt.

Der Befreier der Bauern

Die vehemente Gegenoffensive der Kirche blieb freilich nicht ohne Wirkung auf die Menschen, denen Joseph um den Preis, daß sie die Bequemlichkeit ihres Fühlens und Handelns in religiösen Dingen aufgaben, ein neues Paradies auf Erden schaffen wollte. Dabei wurde viel Porzellan zerschlagen. Denn in dem Maße, in welchem Joseph dem Individuum mehr Freiheit zu schenken wünschte, beraubte er seine frommen oder auch bloß abergläubischen Untertanen ihrer liebgewordenen Gewohnheiten. Das wiederum nützten Priester und Mönche dazu aus, um gegen den Kaiser und seine Politik scharfe und vielfach erfolgreiche Opposition zu betreiben. Es waren beispielsweise seine Versuche, das Elend der Bauern einzuschränken, in dem Augenblick fragwürdig geworden, da er das Glück der Bauern im Umgang mit der Religion drastisch schmälerte.

Die Bauernbefreiung durch Joseph war eine soziale Leistung allererster Ordnung. Aber sein Versuch, die kirchliche Oberhoheit über die Existenz der Bauern drastisch einzuschränken, gefährdete diesen Erfolg. Denn beinahe hatte es den Anschein, als ob der ländlichen Bevölkerung ihr schweres Los weniger bitter und minder ungerecht erschien, wenn ihr die Zuflucht zu ihren Heiligen, barocken religiösen Vorschriften und kultischen Festen blieb. Aber gerade das wurde jetzt erheblich eingeschränkt. Kirchenfeste, die seit Jahrhunderten ihren festen Platz im religiösen Leben der Bauern hatten, wurden aufgehoben. Die Prozessionen, beliebtes und volkstümliches Instrument religiöser Andacht und weltlicher Zerstreuung, mußten um mehr als die Hälfte reduziert werden. Und viele Heilige, mit denen nicht nur draußen auf dem Land, sondern auch in den Städten ein feierlicher und häufig kostspieliger Kult getrieben wurde, erlitten jetzt gleichsam ein offizielles Auftrittsverbot. Josephs Reformen waren radikal und plünderten gewissermaßen den bäuerlichen Himmel, der bald ausgeräumt und kahl wirkte und der frommen Phantasie keinen Anlaß mehr bot für irgendwelche Träumereien.

Die Bauern rebellierten dagegen. Und sie rebellierten um so heftiger und folgenschwerer, je unnachsichtiger Joseph seine Reformpolitik durchzusetzen versuchte. In Tirol kam es beinahe zu Aufständen, nachdem dort Beamte im Auftrag des Kaisers die Kirchen reinigten, das heißt manchen überflüssigen Zierat und manches barocke Beiwerk der Religion einfach ausräumten. Im Böhmischen brach der alte Konflikt zwischen den Katholiken und den Protestanten wieder aus. Und in Ungarn kam es überhaupt zu einem Bauernaufstand von gefährlichen Dimensionen, der allerdings weniger in religiösen als in sozialen Unzukömmlichkeiten seine Ursache hatte. Es ging in der Hauptsache um die siebenbürgischen Leibeigenen, die vom magyarischen Landadel auf eine Weise ausgebeutet wurden, die allen sozialen Veränderungen und offiziellen Anordnungen hohn sprach. Jenes Untertans- und Strafpatent vom Jahre 1781, durch welches die bis dahin fast allmächtige Judikatur der Grundherrschaft empfindlich eingeschränkt werden sollte, kam in Siebenbürgen überhaupt nicht zur Anwendung. Und auch die schöne Theorie von der individuellen Freiheit, »auf die jeder Mensch von Natur aus und auch durch die Gesetzgebung ein Anrecht hat«, drang nicht bis nach Siebenbürgen vor. Jene kaiserliche Verfügung, die der Leibeigenschaft im Gebiete der habsburgischen Monarchie ein Ende bereitete, überschritt jedenfalls die Grenzen Ungarns nicht, blieb unverwirklicht und änderte nichts am schrecklichen Los der siebenbürgischen Landbevölkerung.

Im Jahre 1783, als der Kaiser wieder einmal eine Inspektionsreise durch Siebenbürgen unternahm, mußte er völlig überrascht erfahren, daß sein Erlaß über die »individuelle Freiheit«, der praktisch das Ende der Leibeigenschaft bedeuten sollte, den Menschen nicht einmal dem Buchstaben nach bekannt war; und daß es der allmäch-

tige magyarische Landadel geschickt verstanden hatte, die Propagie-
rung und praktische Durchführung dieses wesentlichen Gesetzes
zu verhindern. Alle Anordnungen, Befehle, Drohungen aus Wien
änderten nichts an der unzumutbaren Situation in Siebenbürgen.
»Je energischer der Kaiser die Durchführung der Reform verlangte,
desto mehr beuteten die Adligen die verwahrlosten Leibeigenen
aus, die unter fast tierischen Lebensbedingungen dahinvegetierten«
(F. Fejtö).

Ein Leibeigener aus der kleinen Ortschaft Topánfalva riskierte
schließlich den Aufstand gegen das Schicksal, das ihm und seinen
Genossen zugemutet wurde. Er hieß Nikolai Hora, war zum Zeitpunkt seiner Rebellion annähernd fünfzig Jahre alt und versuchte es
zuerst mit dem legalen Mittel untertänigen Gehorsams. Er schlug
sich mit einigen seiner Leidensgefährten, die wie er ihr elendes Los
nicht mehr ergeben hinnehmen wollten, bis nach Wien durch und
erreichte eine jener berühmten kaiserlichen Audienzen, bei denen
Joseph bekanntlich für jedermann zu sprechen war.

Es gibt leider keinen Augenzeugenbericht über jene Augenblicke,
da Hora dem Kaiser seine mühsam genug aufgesetzte Petition
überreichte und dazu ein paar erklärende Worte stammelte, die der
Monarch wahrscheinlich kaum verstand, weil der walachische Leibeigene gewiß nicht des Deutschen mächtig war und Joseph wiederum kein Wort des Dialektes verstand, den Hora sprach. Der Bitt-
steller war ein schlanker, hochgewachsener Mann mit hoher Stirn
und grimmigem Schnauzer. Man erzählte sich, daß er im gleichen
Anzug, in welchem er am 22. August 1783 zu seiner eigenen Fol-
terung und Hinrichtung geführt werden sollte, auch dem Kaiser
unter die Augen getreten war. Dieser sogenannte Anzug war dürftig
genug, bestand aus einem langen Hemd mit Fransen an der Seite,
blau verziert und bis übers Knie fallend, dazu eine weiße Hose, ein
Umhang aus Schaffell, dessen glatte Seite nach außen gekehrt war,
und eine schwarze Mütze oder, wie manche behaupteten, ein
schwarzes Tuch nach Art der süditalienischen Briganten, was aber
wohl nur eine phantasievolle Unterstellung gewesen sein mag. Denn
Hora war alles andere als ein gewöhnlicher Bandit.

Joseph hörte sich die Klagen des walachischen Leibeigenen geduldig an, nahm dessen Petition entgegen, gab Auftrag, den Fall zu untersuchen und gewährte dem Nikolai Hora und dessen Gefährten eine Art kaiserliche Absolution, indem er ihnen völlige Straffreiheit zusicherte. Dieses Versprechen taugte nichts. Denn kaum waren Hora und seine Begleiter wieder im Siebenbürgischen, wurden sie vom dortigen allmächtigen Landadel verfolgt, mißhandelt und eingekerkert. Hora konnte allerdings aus dem Gefängnis entkommen und sich mit oppositionellen Fürsten aus den Moldauregionen und sogar mit den Türken ins Einvernehmen setzen. Gemeinsam mit seinem Sohn Juon und zwei Freunden namens Kloska und Krisan schürte er den Widerstand der Leibeigenen und organisierte einen Bauernaufstand, der ganz Siebenbürgen in Aufruhr versetzte.

Dazu gab es alsbald Gerüchte, gab es aber auch Fakten, die der josephinischen Amtsführung oder dem verpfändeten Wort des Kaisers kein besonders gutes Zeugnis ausstellen. Denn angeblich – so behaupteten es zumindest die siebenbürgischen Landbarone, deren Schlösser jetzt von den Hora-Rebellen niedergebrannt wurden – soll Joseph selbst die Leibeigenen zu diesem Tun animiert haben, und zwar für den Fall, daß ihre Leibeigenschaft und damit ihr Sklavendasein nicht, wie vom Kaiser dekretiert, unverzüglich aufgehoben würde. Hora berief sich auf dieses gegebene Wort. Und die siebenbürgischen Barone wiederum zeterten lauthals in Richtung Wien, daß es bloß der unbesonnenen Politik des Kaisers zu danken wäre, wenn jetzt der Abschaum des Landes aufsässig wurde.

Das Militär griff übrigens eher zaghaft ein. Und die Rebellen hüteten sich augenscheinlich, etwas gegen kaiserliche Beamte zu unternehmen. Es herrschte tatsächlich so etwas wie ein stummes Einverständnis zwischen den beiden Parteien. Dafür richtete sich die ganze Wut der Aufständischen gegen den Landadel, dessen Frauen vergewaltigt und dessen Besitzungen gebrandschatzt wurden. Das dauerte so lange an, bis endlich ein kaiserlicher Kommissär namens Anatol Jankowitsch gegen diese Übergriffe – nicht gegen deren Ursachen – eingesetzt und jetzt endlich auch das Militär mobilisiert wurde. Die Rebellen wurden in mehreren Gefechten besiegt, ihre Anführer gefangengenommen, drei von ihnen, nämlich Nikolai Hora, Kloska und Krisan, zum Tode verurteilt, was bedeutete, daß sie zuerst aufs Rad geflochten und dann bei lebendigem Leibe geviertelt wurden.

Dem erzürnten Landadel war's zu wenig. Die Barone meuterten, daß nur drei und nicht dreihundert Aufsässige umgebracht wurden. Jankowitsch, des Kaisers Abgesandter in dieser Sache, antwortete mit einer feierlichen Erklärung, daß die Leibeigenschaft der siebenbürgischen Bauern aufgehoben sei und daß man nunmehr nicht bloß Schulen für die Kinder der Landarbeiter einrichten, sondern auch alle Willkürakte der allzu selbstbewußten Landbarone unterbinden werde.

Aber in einem Brief an seinen Bruder Leopold schrieb Joseph nur Abwertendes über diesen Hora, der doch nichts anderes getan hatte, als den Erklärungen und Dekreten seines Kaisers zu glauben: »Unter Führung eines Schurken haben walachische Bauern sich zu einer Bande zusammengetan ... wir müssen nun zu energischen Mitteln greifen, um diesem Wahnsinn Einhalt zu gebieten.« Hora ein Schurke? Das Recht auf eine Art selbstverständliche Freiheit, wie Joseph sie predigte, ein Wahnsinn? Plötzlich bekommen die Gerüchte, daß Joseph sich dieses Hora und seiner verzweifelten Rebellen nur dazu bedient hätte, um die allmächtigen magyarischen Landbarone in eine heillose Situation zu manövrieren, eine gewichtige, unangenehme Bedeutung. »Einen Aufruhr als machiavellistisches Einschüchterungsmittel zu benutzen, widerstrebte der offenen, ehrlichen Art des Kaisers«, verteidigte ihn Fejtö. Aber hatte Joseph nicht schon einmal, nämlich beim Aufstand der böhmischen Leibeigenen, ein ähnliches Verhalten gezeigt?

Seinem Kommissär Jankowitsch schrieb der Kaiser nach Siebenbürgen, daß jeder echte Patriot sich darum bemühen müßte, die Menschen wieder friedlich zu stimmen »und den Zorn aus ihren Herzen zu reißen«. Das war schön gesagt und in einem ganz bestimmten Sinne zweifellos auch aufrichtig gemeint. Dem geschundenen, gevierteilten Hora, der sich auf diese edle Maxime verlassen hatte, nützte das freilich nichts mehr.

Und was die Schreckensherrschaft der sogenannten magyarischen Milizen anging, die nichts weiter als gedungene Mordbanden waren, so hatte Jankowitsch alle Mühe, um diesen blutigen Rachefeldzug des ungarischen Landadels zu beenden. Die Opfer unter der hilflosen und vielfach auch völlig unschuldigen Landbevölkerung waren groß. Und der Haß, der dadurch neuerlich gesät wurde, sollte über Generationen hinweg andauern.

Ein wesentlicher Schritt zur Befreiung der Bauern aus ihrer sozialen Knechtschaft war für Joseph die Aufhebung des Grundmonopols. Das wiederum bedingte eine völlig neue Form der Steuerberechnung, was eine ganze Reihe von einschneidenden Veränderungen mit sich brachte. Eine davon war die allgemeine Landvermessung. Denn nur dadurch, daß der realistische Wert eines Besitzes ermittelt wurde, konnten gerechte Steuern verhängt werden. So begann der Kaiser im Jahre 1785 damit, im ganzen Bereich der habsburgischen Monarchie Unterrichtskurse in Vermessungslehre einzurichten, da er über viel zuwenig Fachleute verfügte, um seine Reformpolitik im großen Stil durchführen zu können. Er ging in diesem besonderen Fall eher behutsam und schrittweise vor. Zuerst sorgte er für die notwendige Anzahl von Vermessungstechnikern, dann, im Mai 1786, begann man mit der Einrichtung des Katasters, den es bis dahin entweder gar nicht oder nur im Interesse des allmächtigen Landadels gegeben hatte. Jetzt kamen auch die bisher völlig rechtlosen Bauern in den Genuß staatlicher Fürsorge, wurde auch ihnen die Möglichkeit geboten, eine Art Klassenbewußtsein zu entwickeln und sich gewisse soziale Rechte zu sichern.

Joseph erwies sich dabei als nahezu bedingungsloser Anhänger der sogenannten Physiokratie. Diese neue Soziallehre kam aus Frankreich und hatte im Leibarzt Ludwigs XVI., Quesnay, und in Turgot, einem späteren Finanzminister, ihre hauptsächlichen Befürworter. Das Grundprinzip der Physiokraten war ebenso einfach wie schlüssig. Es besagte nichts anderes, als daß die hauptsächliche Voraussetzung eines allgemeinen Wohlstandes in der möglichst vollkommenen Bearbeitung und Ausnützung von Grund und Boden liege. Eine Vergrößerung des Nationalprodukts war nach Meinung dieser Physiokraten also nur durch neue und verbesserte Methoden im Ackerbau und in der Viehzucht zu erreichen. Außerdem vertraten sie, die sich durchaus als Menschenfreunde bezeichneten, die Ansicht, daß das herrschende Steuersystem es beinahe sträflich verabsäume, »Intelligenz und Arbeitskraft zu ermutigen«. Ihre Philosophie lief letztlich darauf hinaus, daß nur derjenige imstande sein sollte, als Grundbesitzer aufzutreten, der auch fähig war, seinen Grund und Boden wirklich gewinnbringend zu bearbeiten. Dilettanten, so meinten die Physiokraten, die sich lediglich als Grundbesitzer aufspielten, ohne ihr Eigentum auch tatsächlich ertragreich bewirtschaften zu können, müßten vom Staat genötigt werden, ihren Grundbesitz an tüchtigere Individuen zu verkaufen.

Das war natürlich eine offene Kampfansage an den allmächtigen Landadel, in dem sowohl die Physiokraten als auch Joseph ein ernsthaftes Hindernis auf dem Weg zu einer neuen, besseren und damit glücklicheren Gesellschaft vermuteten. Der Kaiser sah also in den Erklärungen der französischen Philosophen, die überdies auch noch überzeugte Monarchisten waren, eine moralische Rechtfertigung für seine Bemühungen, alle steuerlichen Privilegien des Adels abzuschaffen, um den Bauern zu helfen. Denn auch er erblickte neben einer künftigen Industrialisierung, die er ohnedies nach Kräften förderte, vor allem in einer moderneren, ertragreicheren Bewirtschaftung des vorhandenen Bodens eine Möglichkeit, die Landbevölkerung von ihrer sozialen Rückständigkeit zu befreien und zugleich der Monarchie eine gesunde ökonomische Basis zu verschaffen.

Daher die plötzlich aus dem Boden gestampften Kompagnien der Landvermesser. Daher die Errichtung eines völlig neuen Katasters. Daher die Aufhebung des bisherigen Fiskalrechtes, das dem Adel genützt und der Allgemeinheit geschadet hatte. Und daher auch Josephs leidenschaftliches Bekenntnis zur Befreiung der Bauern von der verhängnisvollen Leibeigenschaft.

Ein letzter Widerspruch freilich kann nicht ausgeräumt werden: daß der Kaiser nämlich, der immerhin ein österreichischer Physiokrat zu sein versuchte, jenen Nikolai Hora, der auch nichts anderes sein wollte als ein glückliches Individuum, dennoch einen Schurken nannte und es nicht zu verhindern wußte, daß er grausam hingerichtet wurde.

Hatte er ihn tatsächlich nur als Werkzeug gegen den aufsässigen und allzu mächtigen Landadel benützt? Und sich, da die Vormacht dieses Landadels gebrochen war, des bequemen Werkzeuges rasch entledigt? Immerhin hatte er noch in Wien diesem Nikolai Hora Straffreiheit zugesichert. Und Hora hatte dann nur die Philosophie der Physiokraten auf eine etwas drastische Weise verwirklicht, wobei er dem ihm gegenüber verpfändeten Wort des Kaisers vertraute. Aber Joseph war in diesem einen Punkt bedenkenlos wortbrüchig geworden.

Dafür diktierte der Kaiser seinen Sekretären diesen schönen Satz in die Feder, daß die Erde dem Menschen von der Natur geschenkt worden sei und daß sie zudem die einzige Quelle sei, »aus der aller Reichtum fließt«. Das entsprach genau dem, was Turgot und Quesnay als den eigentlichen Sinn ihrer Soziallehre predigten und was damals gleichsam als letzter Schrei einer fortschrittsgläubigen Wissenschaft galt, daß nämlich die Landwirtschaft, wie sie in allen Ländern Europas betrieben wurde, es nicht im mindesten verstand, alle positiven Möglichkeiten wahrzunehmen, die ihr von der Natur her gegeben waren. Außerdem sah man einen ursächlichen Zusammenhang zwischen der Gleichgültigkeit, mit der Grundeigentümer – also der Landadel – den Boden behandelten, und den immer wieder aufflammenden Hungersnöten selbst in so hochentwickelten Ländern wie Frankreich oder Österreich.

Einem so energischen, ungeduldigen, dem Fortschritt zutiefst verpflichteten Politiker wie Joseph bedeutete eine solche Meinung fast schon eine Art Glaubensbekenntnis. Er beschleunigte das Tempo seiner Reformen. »Noch hatte er Zutrauen zu seiner eigenen Kraft, noch glaubte er an die Richtigkeit seiner Ideen« (F. Fejtö). Er war von einer Vision durchdrungen, an deren Beginn die Befreiung der Bauern von der Leibeigenschaft gestanden hat und deren großes Ziel die Befreiung der Monarchie von der Armut sein mußte. »Von jetzt an würde der Staat seine Nahrung aus dem Boden gewinnen, der einzigen Quelle des Reichtums; die Innungen würden den freien Wettbewerb von Handel und Industrie nicht mehr hemmen; die ständischen Einrichtungen würden der königlichen Macht nicht mehr hindernd im Wege stehen; zwischen den Einwohnern der Monarchie, welcher Rasse oder Religion sie auch immer waren, würde es keine Unterschiede mehr geben; alles, was nicht dem Wohl oder der Größe der Monarchie diente, würde aus dem Reich verbannt sein« (F. Fejtö).

Solche Bilder zeigen eine Idylle, die ungemein trügerisch sein kann. Es mag schon sein, daß Joseph »voll innigem Behagen«, wie seine Bewunderer schreiben, »an die große Zahl der Feldmesser dachte, die das Land in allen Richtungen durcheilten« und eine neue Gesetzmäßigkeit formulierten, die vor allem jenen zugute kommen sollte, die bisher stets benachteiligt gewesen waren. Aber, wie das ein gewisser Paul Spielenberg seinerzeit schon feststellte, »die Vermessung wurde von Ignoranten und nicht von Ingenieuren ausgeführt und von halbgebildeten Studenten eingetragen«. Die Grundbesitzer gaben dazu falsche Erklärungen ab, die von den Beamten, welche diese Angaben hätten überwachen sollen, gedeckt wurden. Denn viele dieser Beamten waren, wie Spielenberg lakonisch notierte, »in einer anderen Ortschaft selbst Grundeigentümer«.

Es war vor allem der magyarische Landadel, der sich allen reformatorischen Plänen Josephs hartnäckig widersetzte. Man hat die Zahl dieser ebenso egoistischen wie engstirnigen Krautjunker auf rund 300 000 geschätzt, was immerhin eine beachtliche Größenordnung darstellte, groß genug jedenfalls, um die Reformen Josephs empfindlich zu sabotieren. Und es sind ungarische Historiker und Publizisten, die heute noch davon ausgehen, daß Josephs Unglück damit begonnen hätte, der magyarischen Resistenz gegenüber zu nachsichtig gewesen zu sein; und daß es diese Magnaten dem habsburgischen Kaiser nie verziehen hätten, von ihm »nicht in Frieden gelassen worden zu sein«, wie es ein ungarischer Schriftsteller einmal höflich ausdrückte.

Joseph wiederum kränkte ihren Stolz und demütigte sie auf eine subtile Art, als er die heilige Stephanskrone nach Wien bringen ließ und außerdem die Einführung der deutschen Sprache als Amtssprache durchsetzte. Das waren unerhörte Angriffe auf das Selbstbewußtsein der Landbarone, die sich unter Maria Theresia als die verwöhnten Lieblingskinder der Nation fühlen durften. Jetzt plötzlich mußten sie zu ihrer Bestürzung entdecken, daß dieser unangenehme, nervöse und unberechenbare Reformator auf dem habsburgischen Thron keine Rücksicht auf irgendwelche Privilegien nahm, die noch von seiner Mutter feierlich gewährt worden waren, als Österreich verzweifelt auf die Hilfe der Magyaren gegen die Preußen angewiesen gewesen war. Jetzt wehte ein anderer Wind. Und er blies den Landlords stürmisch ins Gesicht.

Aber die Zeit sollte ihr bester Verbündeter werden. Sie reihten sich erwartungsvoll und geduldig in die Schar jener ein, die nur darauf warteten, daß diesem Kaiser endlich der Atem ausging. »Vorläufig waren sie viel zu vorsichtig, um sich der Anwendung der kaiserlichen Verfügungen zu widersetzen. Aber sie warteten auf einen günstigen Augenblick, um mit einem Schlag das Werk des Kaisers umzustürzen. Sie hatten die Gewißheit, daß dieser Zeitpunkt nicht mehr fern war« (F. Fejtö).

Das niederländische Abenteuer

Die Opposition gegen Joseph und seine ungestüme Reformpolitik formierte sich, wurde zum Widerstand und steigerte sich in einzelnen Fällen sogar zur offenen Rebellion. Der begüterte Landadel sah spätestens nach den Vorfällen in Siebenbürgen im Kaiser seinen Gegner und mußte in ihm auch den möglichen Vernichter altgewohnter Privilegien und damit letztlich der eigenen Existenz vermuten. Die Kirche, und zwar nicht nur jener Teil, der mit den Ordensgemeinschaften befaßt war, wehrte sich erbittert gegen die religiösen Reformen Josephs, die dieser unter dem Deckmantel einer sozialen Notwendigkeit energisch betrieb. Und selbst die Bauern, denen die Fron der Leibeigenschaft endgültig genommen wurde, wehrten sich hartnäckig gegen die allzu strenge, allzu übertriebene Liebe, mit der Joseph ihre abergläubischen Seelen heimsuchte.

Es häuften sich also die Schwierigkeiten in Josephs Reich, dessen innere Zerrissenheit nur noch mühsam durch den energischen Willen des Kaisers verdeckt werden konnte. Eine der Ursachen dafür, daß Joseph das gewaltige Werk, das er in Angriff genommen hatte, buchstäblich unter den Händen zu zerbrechen drohte, war der Zeitmangel. Seine Reformen waren im Ansatz vielfach großartig, notwendig und zukunftweisend, aber ihm fehlte neben einer Armee von hervorragend ausgebildeten und begeisterungsfähigen Mitarbeitern vor allem die Zeit. Er mußte praktisch über Nacht und mit unbotmäßiger Radikalität eine Neuordnung aller Verhältnisse riskieren, die der Allgemeinheit und damit dem Staatswohl bisher geschadet hatten. Er mußte unentwegt Druck erzeugen. Und Druck erzeugt bekanntlich Gegendruck.

Dazu kam seine berüchtigte Ungeduld, die es ihm nicht erlaubte, auf diplomatisch notwendig gewordenen und durchaus nützlichen Umwegen sein Ziel zu erreichen. Er, der seine Ziele klar vor Augen hatte, wählte stets den vermeintlich kürzesten Weg, um sie zu erreichen, und wunderte sich, wenn ihm das durch verschiedene Umstände, die er vorher nicht einkalkuliert hatte, erschwert wurde. Sein Ungestüm aber richtete sich manchmal gegen ihn selbst, und so erzielte er mit seiner politischen Kühnheit genau das Gegenteil von dem, was er eigentlich hatte bewirken wollen.

Josephs Innenpolitik war jedenfalls, um es so vorsichtig auszudrücken, nicht frei von Spannungen. Sein Abenteuer mit dem Papst hatten ihm nicht nur Sympathien eingebracht, seine Politik der Bauernbefreiung war beim zahlenmäßig stark vertretenen Landadel, aber auch bei vielen Bürgerlichen mit Grundbesitz auf wenig Gegenliebe oder Verständnis gestoßen, seine Reform des Unterrichtswesens hatte ihm bei der Geistlichkeit viele Feinde eingebracht. Eine Welle von Unruhen ging durch die Monarchie, fast keines der Länder blieb davon unbehelligt.

Als Joseph spätestens 1781 auch die Österreichischen Niederlande mit ihrem Zentrum Brüssel, die eine Art Klammer bildeten zwischen dem allmächtigen Frankreich und den sogenannten Vereinigten holländischen Provinzen, zu einem Musterstaat nach seinen Vorstellungen umwandeln wollte, griffen die Unruhen auch auf diese ein wenig verschlafene, jedoch insgesamt bisher glückliche, reiche und recht selbstzufriedene Provinz über. Im Jahre 1781 hatte der Kaiser eine Reise dorthin unternommen und war dabei noch mit außerordentlichem Jubel empfangen worden. Jetzt, Jahre später, 1787, Joseph befand sich gerade auf einem Besuch in Rußland und hielt sich als Gast der Zarin Katharina auf der Krim auf, war die Erregung in den Niederlanden groß. Sie ging zuerst einmal vom belgischen Klerus aus, der mächtiger und auch einflußreicher war als irgendeine andere Geistlichkeit innerhalb der Monarchie und der sich wütend dagegen wehrte, ein Opfer der josephinischen Reformen zu werden. Kundgebungen, welche die Rückkehr zur alten Ordnung im Unterrichtswesen forderten, wurden gewaltsam unterdrückt. Und der fast allmächtige Fürsterzbischof von Mecheln, Johann Heinrich Frankenberg, ein intimer Freund des Papstes, rief offen zur Rebellion gegen den Kaiser auf.

Das allein wäre wahrscheinlich noch nicht ausreichend gewesen, um jenen merkwürdigen Konflikt entstehen zu lassen, der dann als »Aufstand in den Niederlanden« den Verlust dieser Provinz einleitete. Es waren auch noch andere Faktoren notwendig, um aus der allgemeinen Unruhe und dem Widerstand gegen kaiserliche Erlässe eine Rebellion entstehen zu lassen. Und diese Faktoren gab es, nicht zuletzt bedingt durch die eklatante Unfähigkeit einzelner Minister, zur Genüge.

Das war die eine Seite der niederländischen Medaille, die den Habsburgern manche Sorge bereitete. Die andere wurde von den Holländern geprägt. Denn sie beherrschten mit der Schelde und Antwerpen den Zugang zum Meer und inszenierten damit eine Art Wirtschaftsimperialismus, der die Österreicher schwer verdrießen mußte. Außerdem lagen holländische Soldaten in den Grenzfestungen, waren holländische Kanonen unmißverständlich auf habsburgisches Territorium gerichtet und benahmen sich die erfolggewohnten und dadurch politisch ein wenig übermütig gewordenen Holländer überhaupt so, als wären sie und nicht die Habsburger oder die Franzosen die eigentlichen Herren in diesen flachen, windreichen Landstrichen an der Nordsee.

Für Zündstoff jeglicher Art war also gesorgt. Die Belgier rebellisch, die Holländer auf übertriebene Weise selbstbewußt, und die Österreicher hatten plötzlich erhebliche Mühe, nicht als abgeschlagene Dritte gänzlich verdrängt zu werden. In dieser Situation ließ Joseph seinen kaiserlichen Minister in den niederländischen Provinzen von der Leine. Es war das ein Graf Belgiojoso, »ein schlecht erzogener, hochmütiger, unfähiger und herzloser Bürokrat, Gegenstand des allgemeinen Hasses«, wie ihn die wohlwollenderen, objektiveren Autoren beschrieben haben. Die anderen urteilten kurz und bündig, daß der Mann nur eine entsetzliche Karikatur des Kaisers gewesen wäre, »ein aufgeblasener Kretin, der seinen Säbel schwang, wo ein Lächeln alles in Ordnung gebracht haben würde, und der lächelnd Bücklinge machte, als es galt, das Schwert aus der Scheide zu ziehen«. Belgiojoso sollte in den habsburgischen Niederlanden noch manches Unheil anrichten und den Untertanen gewaltsam alles Österreichische oder zumindest Habsburgfreundliche austreiben, bis er endlich durch den Grafen Trauttmannsdorff ersetzt und buchstäblich davongejagt wurde, wobei zu diesem Zeitpunkt dann freilich alles schon zu spät war.

Er also, Belgiojoso, wurde jetzt zum Protagonisten einer josephinischen Außenpolitik, die zum energischen Angriff blies, um unter anderem wohl auch von den erheblichen innenpolitischen Schwierigkeiten in den niederländischen Provinzen abzulenken. Im August 1784 unterbreitete der Minister in Brüssel den zuerst völlig überraschten und dann heillos verärgerten Holländern in einer Art Ultimatum, daß die Schelde unverzüglich freigegeben werden müsse für die österreichischen Schiffe, daß deren Zufahrt zum offenen Meer nicht länger versperrt werden dürfe. Der Minister setzte sich dabei besonders auffällig in Szene und ergänzte aus eigenem Antrieb – oder hatte ihn Joseph doch dazu ermächtigt? – die Erklärung des Kaisers insofern, daß dieser »die verlangte Freiheit der Schelde nicht als einen Gegenstand neuer Unterhandlungen« betrachte, wie es in einem zeitgenössischen Dokument heißt; vielmehr erachte der Kaiser die Angelegenheit bereits als entschieden, »und jedes Hindernis, das man der Schiffahrt seiner Untertanen auf dem Strome (der Schelde) entgegensetzen würde, werde er als wirkliche Feindseligkeit, als förmliche Kriegserklärung ansehen und ahnden«.

So stand es in den Protokollen. Und so war es wohl auch buchstäblich gemeint, recht ernsthaft und ohne Berücksichtigung der Konsequenzen, die sich unter Umständen aus einer solchen Haltung ergeben könnten. Europa staune über die offenbare Ungerechtigkeit des Kaisers, schrieb ein österreichischer Anonymus. Und in Frankreich erhob jener Graf Mirabeau, der wenige Jahre später einer der intellektuellen Anstifter der großen Revolution sein sollte, seine kritische Stimme gegen Joseph. Selbstverständlich sympathisierten die Großmächte eindeutig für das vermeintlich schwächere Holland, das sich plötzlich dem kapitalistisch motivierten

Machtanspruch eines Größeren, Stärkeren, Brutaleren ausgesetzt sah, wobei es völlig gleichgültig war, daß jede einzelne dieser Großmächte in einem ähnlichen Fall genauso gehandelt hätte wie das habsburgische Österreich. Dieses wollte schließlich nichts anderes als den freien Zugang für seine Handelsschiffe zum offenen Meer, der von den Holländern aus verständlichen Konkurrenzgründen halsstarrig versperrt wurde.

Die Lage war gespannt. Die Holländer, darauf bedacht, vor allem einmal Zeit zu gewinnen, forderten Geld. Sie konnten es sich nicht leisten, alle Brücken hinter sich abzubrechen, alle Möglichkeiten einer gütlichen Verständigung auszuschlagen. Also verlegten sie sich aufs Feilschen, woran nichts Unehrenhaftes zu entdecken war. Sie betrachteten sich selbst als gute Pfeffersäcke, als brauchbare Krämer und weniger als Soldaten, die eine strittige Sache mit militärischen Mitteln austragen wollen. Und wenn der österreichische Kaiser, der keine sonderlich gute Meinung von den Holländern hatte, jetzt auch noch haben wollte, daß sie ihre Grenzfestungen aufgaben, die Soldaten und Kanonen zurückzogen, so mußte ihnen dafür ein Äquivalent geboten werden. So einfach war das – oder so naiv betrachteten die Holländer die gegebene Situation. Sie dachten vorerst nicht im Traume daran, daß es Joseph ernst sein könnte mit den grimmigen Drohungen, die sein Minister in Brüssel ausgestoßen hatte.

Aber Joseph meinte, was er sagte oder was er seinen unfähigen Minister in Brüssel den holländischen Abgesandten hatte vortragen lassen. Außerdem mochte er nicht ernsthaft daran denken, daß die Holländer es wagen würden, sich den österreichischen Forderungen zu widersetzen. In Wien nahm man das, was diese starrsinnigen Kaufleute taten und sagten, ganz einfach nicht ernst. Und im Oktober 1784 befuhren erstmals wieder Schiffe unter österreichischer Flagge die Schelde, um den endlosen Verhandlungen, die sich praktisch auf der Stelle bewegten, ein Ende zu setzen.

Die Brigantine, die der letzte Anlaß zum nun folgenden Krieg war, der eigentlich kein wirklicher Krieg, sondern nur die schlecht inszenierte Vortäuschung eines solchen sein konnte und wollte, das kleine Schiff also, das eine ganze Reihe von mehr oder weniger dramatischen Konflikten auslöste, hieß »Louis«, war aus Antwerpen ausgelaufen und versuchte sich als eine Art Blockadebrecher. Aber die wachsamen Holländer ließen sich auf kein Risiko ein. Eines ihrer Wachschiffe, mit denen sie die Schelde gegen österreichische Eskapaden absicherten, hielt die »Louis« an, was den Kapitän des Blockadebrechers vorerst noch wenig genierte. Dann freilich flogen die ersten Kartätschen über das Flußwasser, schossen die holländischen Kanonen Salven gegen die Brigantine. Jetzt erst drehten die Österreicher bei. Und die Holländer enterten das Schiff und beschlagnahmten es.

In Wien war man, als dort die Nachricht von diesem Ereignis eintraf, zuerst konsterniert und dann rechtschaffen entrüstet. Kaunitz, der diesem niederländischen Abenteuer von allem Anfang an mit großer Skepsis begegnet war, jagte dem in Ungarn weilenden Kaiser einen Eilkurier nach, der nichts anderes zu überbringen hatte als den einen lakonischen Satz: »Sie haben doch geschossen, Majestät.«

Das bedeutete wiederum, daß Joseph nicht im entferntesten an die Möglichkeit einer kriegerischen Auseinandersetzung mit den Holländern gedacht hatte, auch gar nicht darauf vorbereitet war und im Augenblick nicht einmal über die materiellen Mittel verfügte, um sich an den weit entfernten westlichen Grenzen seines Imperiums einen militärischen Konflikt leisten zu können. Denn wie sollte er jetzt, da die Holländer »doch geschossen hatten«, Truppen, Kanonen, Munition, Proviant in die Niederlande bringen? Preußen würde, das wußte Joseph, sofort seine Grenzen dichtmachen, so daß nicht ein einziger habsburgischer Soldat den direkten Weg in Richtung Brüssel und Antwerpen nehmen konnte. Und daß die übrigen deutschen Fürstentümer und Königreiche ähnlich reagieren würden, ließ sich unschwer ausrechnen.

Aber der Krieg war durch diese ersten Salven, die auf der Schelde gegen die Brigantine »Louis« abgefeuert worden waren, nun einmal ausgebrochen, und es mußte dementsprechend gehandelt werden. Die Österreicher setzten den Herzog Albert von Sachsen-Teschen als Oberstkommandierenden ein, wobei dessen hauptsächlicher

Vorzug wohl darin bestanden haben mochte, daß er ein Schwager des Kaisers war. Die Holländer wiederum benahmen sich auf übertriebene Weise so patriotisch, daß sie in ihrem Übereifer selbst Schafe für habsburgische Infanteristen hielten und eifrig darauf feuerten, weil sie die weiße Wolle der Tiere für das Weiß österreichischer Uniformen hielten. Im übrigen marschierten die verschiedenen Regimenter und Kontingente beider Parteien im wabernden Nebel des niederländischen Spätherbstes eifrig hin und her und verfehlten einander mit beeindruckender Regelmäßigkeit, während Europas Diplomaten sich eher nervös als zielstrebig damit befaßten, diesen gänzlich unnotwendigen Konflikt wieder zu entschärfen. Selbst die Schwester des Kaisers, Marie Antoinette, Frankreichs lebenslustige und weit mehr der Frivolität als dem ernsthaften politischen Geschäft zugewandte Königin, wurde in diese Verhandlungen einbezogen und brachte es nach etlichen Mühen immerhin zustande, daß sich Frankreich nicht gleichfalls zu einem militärischen Kraftakt hinreißen ließ. Preußens König Friedrich II., der dann im August 1786 nach diesem letzten politischen Auftritt die Bühne, auf der er so lange und so kräftig die Trommel gerührt hatte, endgültig verlassen sollte, machte sich zum eifrigen Fürsprecher der bedauernswerten Holländer.

Joseph, der jetzt wieder einmal seinen alten Lieblingsplan von der Einverleibung Bayerns aufnahm, um dadurch den sich abzeichnenden Verlust der niederländischen Provinzen zu kompensieren, mußte schließlich eine empfindliche Niederlage einstecken, wobei das allerdings schon mehr nach einer gewaltigen Blamage aussah. Wohl hatte Kaunitz alles versucht, um das drohende Debakel in erträglichen Grenzen zu halten. Aber sein Kaiser, launenhaft, sprunghaft, despotisch wie selten zuvor, wollte oder konnte nicht einsehen, daß er außerstande sei, die durchtriebenen und hartnäckigen Holländer, die plötzlich überall in Europa Freunde hatten, gebührend in die Schranken zu weisen; und daß es außerdem gefährlich war, sich schon wieder mit so delikaten Tauschobjekten wie dem bayerischen zu befassen, weil dadurch einmal mehr die berüchtigte Rechnung ohne den Wirt aufgemacht werden sollte.

Jedenfalls kam es im November 1785 im französischen Fontaine-bleau zum erzwungenen Frieden, der den Österreichern gar nichts einbrachte. Die Schelde blieb ihnen weiterhin verschlossen. Und in Berlin war vorher schon ein sogenannter Fürstenbund der wichtigsten deutschen Staaten zustande gekommen, der unmißverständlich gegen Österreich gerichtet war.

In den Österreichischen Niederlanden aber, die nach den Vorstellungen Josephs gegen Bayern hätten eingetauscht werden sollen, wuchs der Ärger, steigerte sich die Ablehnung gegen das habsburgische Regiment zur offenen Rebellion. Das war durchaus verständlich angesichts der eklatanten Ungeschicklichkeit, mit der die Österreicher hier eine Politik betrieben, die selbst den gutmütigsten und versöhnlichsten Bürger in eine patriotische und damit antiösterreichische Erregung versetzen mußte.

Des Kaisers Statthalter in den Österreichischen Niederlanden, seine Schwester Marie Christine – eben jene, die einst seiner ersten Ehefrau, der schönen Prinzessin Isabella aus Parma, so leidenschaftlich zugetan gewesen war –, sie also und ihr Ehemann, der farblose, bedeutungslose Albert, hätten dabei noch, weil sie keine echten politischen Begabungen waren, den geringsten Schaden angerichtet, denn sie gewährten den habsburgischen Untertanen in Belgien nachgiebig alles, was diese forderten. Das war vor allem nach dem 30. Mai 1787 der Fall, nachdem in Brüssel ein Volksaufstand ausgebrochen war, der sich gegen alles richtete, was habsburgisch war, gegen den unseligen Minister Belgiojoso, gegen die Steuern, gegen die kaiserlichen Reformen, gegen das österreichische Militär. Albert, des Kaisers Stellvertreter, wäre übrigens gar nicht fähig gewesen, dem Aufruhr mannhaft entgegenzutreten. Er duckte sich ängstlich, schluckte seine Furcht und gestattete lächelnd die Rebellion, zitternd sowohl vor dem Zorn des Kaisers in Wien als vor der rasenden Wut des Pöbels in Brüssel.

Joseph tobte tatsächlich, als ihn die ersten Berichte über diese Situation erreichten. Zuerst einmal beorderte er seine Schwester und deren unfähigen Gemahl zurück nach Wien. Dann gab er dem schottischen General Murray, der in österreichischen Diensten stand und Oberstkommandierender in den Österreichischen Niederlanden war, umfassende Vollmachten. Aber mit Vollmachten allein ließ sich der Aufruhr nicht mehr eindämmen. Murray, der unnützes Blutvergießen vermeiden wollte und wohl auch militärisch zu schwach war, um so energisch gegen die Rebellen vorzugehen, wie es der empörte Kaiser in Wien kategorisch forderte, versuchte es mit Verhandlungen und mit Zugeständnissen. Der Kaiser, der drakonische Maßnahmen gefordert hatte, schäumte und entließ auch Murray. An seine Stelle trat nun der irische General D'Alton, ein bissiger, mitleidloser Haudegen, der nichts anderes kannte als die Befehle seines Herren und deren pflichtgemäße Ausführung. D'Alton war eine Art Kettenhund, den man, wenn man sich von etwas Lästigem befreien wollte, nur mit der notwendigen Order loslassen mußte. Den Rest würde er dann schon erledigen.

Der irische General wurde seinem fragwürdigen Ruf mehr als gerecht. Er kam in ein Land, das in heillosen Aufruhr geraten war. »Priester umarmten atheistische Advokaten, Adlige überhäuften die bürgerlichen Anhänger der Konstitutionspartei mit Komplimenten« (F. Fejtö). Sogar die Dirnen in den Städten, so wurde berichtet, stachelten bei der Ausübung ihres Gewerbes die Bürger und auch die Soldaten gegen den fernen und verhaßten Kaiser auf. Überall wurde die Revolution vorbereitet, betrieb man den Abgang aus dem habsburgischen Österreich mit unerhörter Energie und ebensolcher Disziplin. Anhänger des Kaisers wurden geschmäht und sogar verhaftet, wobei man scheinheilig erklärte, daß derlei nur eine Vorsichtsmaßnahme wäre, um diese Leute vor Schaden zu bewahren.

Selbstverständlich war Belgiojoso aus seinem Amt davongejagt worden, aber auch sein Nachfolger Trauttmannsdorff konnte an den herrschenden Verhältnissen nichts mehr ändern. Und D'Altons wüstes, martialisches Auftreten verschärfte die Situation nur noch. Eines Tages wurde in Brüssel, wo der Belagerungszustand erklärt worden war, eine seiner Patrouillen lauthals beschimpft und mit Steinen beworfen. Daraufhin gab D'Alton Schießbefehl. Das vertrieb zwar das aufrührerische Volk von den Straßen, erhöhte aber keinesfalls die Beliebtheit der Österreicher.

In Frankreich schürte der Graf Mirabeau das Feuer der Empörung gegen die verhaßten Österreicher und übte sich damit gleichsam in der Vorbereitung zur größten und wirkungsvollsten seiner philosophischen und literarischen Leistungen, nämlich im propagandistischen Trommelfeuer zugunsten der großen Revolution. Joseph aber, dem das Wühlen und Hetzen Mirabeaus wohlbekannt war, schrieb an seinen neuen Statthalter Trauttmannsdorff: »In der Tat kann es der Bemerkung eines Philosophen nicht entgehen, daß seit einiger Zeit ein Geist der Widersetzlichkeit sich über Europa verbreitet . . .« Auf die naheliegende Idee, daß er, Joseph, alles dazu getan hatte, um diesen Geist der Widersetzlichkeit überhaupt erst zu wecken, kam der Kaiser freilich nicht.

Die Affäre endete so, wie sie begonnen hatte, nämlich in Lächerlichkeit und Frustration. Dem Ansehen Österreichs und des Kaisers war empfindlicher Schaden zugefügt worden. Die Ordnung wurde zwar mühsam und recht oberflächlich wiederhergestellt, aber im Untergrund rumorte es. Und der endgültige Abfall der Österreichischen Niederlande war nur noch eine Frage der Zeit.

Außenpolitik mit Katharina

Ende 1786 hatte Katharina, die russische Zarin, dem österreichischen Kaiser die Mitteilung überbringen lassen, daß sie für den Beginn des kommenden Jahres eine Reise auf die Krim zu unternehmen gedenke, die sich erst seit kurzem, nachdem sie den Türken entrissen worden war, in russischer Hand befand. Ausführlich schilderte Katharina auch die Situation der Stadt Cherson, welche ihr Günstling und Liebhaber, der Fürst Potemkin, von französischen Architekten hatte erbauen lassen und wo sie, die Zarin, im nächsten Frühjahr Station zu machen beabsichtige. Erst in einem Postscriptum kam Katharina auf das zu sprechen, was die Übersendung dieses Schreibens überhaupt verursacht hatte, daß es ihr nämlich Freude bereiten würde, anläßlich dieser Reise in den Süden des Riesenreiches »den Freund und Bundesgenossen wiederzusehen«.

Joseph reagierte zunächst äußerst ungehalten. Dieses Weib denke, es brauche nur mit dem kleinen Finger zu winken, damit er ihr bis Cherson nachlaufe, soll er zu Kaunitz geäußert haben. Aber sein zustimmendes Antwortschreiben war dann doch von jener subtilen Höflichkeit, die sich eine so alteingesessene, traditionsbewußte Familie wie die habsburgische gegenüber Emporkömmlingen, die zu Macht und Einfluß gekommen waren, durchaus erlauben konnte. Außerdem wirkte der kluge Staatskanzler, der Katharina rascher und schärfer durchschaute als sein Kaiser, auf Joseph besänftigend ein, da Kaunitz sich über die politische Bedeutung eines dauerhaften Bündnisses mit Rußland angesichts der zunehmenden Isolierung Österreichs auf dem westlichen Schauplatz durchaus im klaren war. Und so redete er seinem Kaiser ein, daß Katharinas cher plumper, ungeschickter Versuch, eine formvollendete Einladung zustande zu bringen, auf ihre schlechte Erziehung und ihre verhältnismäßig dürftige Herkunft zurückzuführen wäre. Sie, die aus Deutschland stammende Zarin, die von ihren Zeitgenossen auch als »Semiramis des Nordens« bezeichnet wurde, mochte sich im übrigen manche peinliche Verletzung der Etikette erlauben dürfen, denn Rußland war mächtig geworden. Und Österreich mußte sich anstrengen, wenn es sich die Gunst dieses Bundesgenossen erhalten wollte.

Also machte sich Joseph am 11. April 1787 von Wien aus gehorsam auf die weite Reise nach Rußland, wobei er wieder einmal in die Verkleidung eines Grafen von Falkenstein schlüpfte. Begleitet lediglich von einem kleinen Gefolge unter Führung eines Generals Kinsky und versehen mit Dutzenden von warnenden Ratschlägen seines besorgten Staatskanzlers, gelangte er über Lemberg und Polen nach Cherson auf der Krim, wo er am 14. Mai eintraf. Den Fürsten De Ligne hatte er schon vorausgesandt, diesen klugen, welterfahrenen Mann sozusagen als Sonderbotschafter verwendend, damit dieser die näheren Umstände, Launen, Möglichkeiten erkunden sollte, die von der Zarin zu erwarten waren. Und weil Joseph, der ein ebenso ungestümer und ungeduldiger wie direkter Charakter war, sich allen Ernstes einbildete, in der Kunst der eleganten Intrige aufgrund seiner literarischen Begabung der Zarin zumindest ebenbürtig zu sein, ließ er den vorauseilenden Fürsten auch einen sorgfältig formulierten Brief überbringen, darin der Kaiser von sich als dem Grafen Falkenstein schrieb. »Ich kann nicht verhehlen, daß die Zeit den Grafen Falkenstein übel zugerichtet hat. Er trägt eine Perücke, und die ernste, anstrengende und undankbare Arbeit, der er sich, ohne zu säumen, hingibt, hat ihn alt gemacht und die Freude aus seinem Herzen vertrieben«, schrieb der Kaiser, der damals gerade sechsundvierzig Jahre alt, allerdings aber wirklich ziemlich gealtert war, verbraucht von den Anstrengungen, zu denen ihn sein Temperament hinriß oder die ihm seine notorische Ungeduld aufzwang.

Joseph überantwortete sich also mit einer gewissen Vorsicht – die ihm gewiß Kaunitz eingeredet hatte – der schlauen, unberechenbaren Katharina, auf die er übrigens im schönen Cherson einige Zeit warten mußte, da ihr langer Weg in den Süden Rußlands als orientalischer Triumphzug organisiert worden war und dementsprechend ausgekostet werden mußte. Potemkin hatte dabei buchstäblich an alles gedacht und für alle Eventualitäten vorgesorgt. »Tag und Nacht flogen die Schlitten vorwärts, und große Feuer erleuchteten längs den Straßen den Weg der Kaiserin im Dunkel der Nacht«, berichtete der französische Gesandte. »Potemkin war vorausgereist und hatte nichts vergessen, um seiner Fürstin überall einen glänzenden Empfang vorzubereiten. Katharinas Reise glich einem Triumphzug.« Straßen wurden angelegt, Paläste errichtet, Dörfer und ganze Städte für einen Tag erbaut. Manchmal standen überhaupt nur die schön bemalten Fassaden, an denen der Konvoi der Kaiserin vorüberkam und die so den Eindruck vermittelten, daß die Provinzen, durch welche Katharina reiste, reich und zivilisatorisch hochentwickelt wären.

Es hatte jedenfalls der Fürst Potemkin, der einäugig war und dessenungeachtet der Favorit der Zarin sein durfte, ganze Arbeit geleistet. Denn kaum einmal zuvor war soviel Aufwand für ein Täuschungsmanöver betrieben worden, dessen eigentlicher Sinn darin bestanden haben mochte, den ohnedies ungebrochenen Optimismus und das beinahe ungezügelte Selbstbewußtsein Katharinas noch weiter zu bestärken.

Was übrigens das Selbstbewußtsein des österreichischen Kaisers betraf, so erhielt dieses auf der Krim einen ärgerlichen Dämpfer. Joseph hatte es sich bald nach seiner Ankunft in Cherson in den Kopf gesetzt, eine Magd, also eine Leibeigene, die einem Gutsherrn gehörte, zu seiner Geliebten zu machen. Bei einem Stelldichein, das der Kaiser mit dem Mädchen hatte, wurden allerdings beide vom Gutsherrn in einer ziemlich verfänglichen Situation ertappt. Und da Joseph wie immer auf seinen Reisen hartnäckig darauf bestand, in Verkleidung aufzutreten, wurde er auch diesmal nicht als Kaiser erkannt, sondern als Eindringling in das Territorium des Gutsherrn zurechtgewiesen und fast verprügelt. Es mußte ihn erst eine energische Intervention des allgegenwärtigen Fürsten De Ligne aus dieser peinlichen Situation befreien, was dann zur Folge hatte, daß sich zuerst die russische Zarin, später deren Hofstaat und noch später halb Wien über diese Anekdote köstlich amüsierten.

Katharina, die am 23. Mai 1787 in Cherson eintraf, hofierte dem österreichischen Kaiser auf die angenehmste und zuvorkommendste Art von der Welt. Sie ließ ihn bei jeder Gelegenheit ihre außerordentliche Wertschätzung spüren. Täglich gab sie ihm Gelegenheit, mit ihr zu speisen, sie ließ ein gerade erst vom Stapel laufendes Kriegsschiff, das mit 80 Kanonen bestückt war, auf seinen Namen taufen und inszenierte alle möglichen Unterhaltungen, um ihren bevorzugten Gast zu zerstreuen. Eine dieser Unterhaltungen, nämlich ein Ausflug quer über die Halbinsel Krim, die vor noch gar nicht so langer Zeit Kriegsschauplatz im Kampf gegen die Türken gewesen war, endete beinahe tragisch. Das kleine Malheur, das bald ein großes hätte werden können, fand in Baktschi-Serai statt, der ehemaligen Residenz der früheren Tataren-Khane. Der genaue Schauplatz war eine Straße, die an einem Abhang entlanglief, auf welcher der schwere Reisewagen der Zarin, darin sich neben Katharina auch Joseph befand, plötzlich ins Rutschen kam. Die Pferde scheuten, einige Augenblicke lang schien es, als würde das Gefährt in die Tiefe stürzen und zerschellen, und nur die tatarischen Reiter, die hier eine Art Leibwache bildeten, verhinderten buchstäblich in letzter Sekunde eine Katastrophe, indem sie mit ihren zähen kleinen Pferden eine lebende Mauer vor dem in der Tiefe gähnenden Abgrund bildeten.

Eine andere kleine Szene beschreibt die merkwürdige Koketterie, die Joseph sich angewöhnt hatte im Umgang mit der Welt, die er allem Anschein nach doch auch wieder zutiefst verachtete. Denn als ihm jener Graf Ségur, der als französischer Gesandter und witziger Memoirenschreiber einigen Ruhm auf sich ziehen konnte, vorgestellt werden sollte, wehrte Joseph diese Form der Etikette mit den Worten ab: »Ich bin nur der Graf von Falkenstein, folglich muß ich dem französischen Minister vorgestellt werden.«

Von Ségur gibt es übrigens eine recht schmeichelhafte Darstellung Josephs, wobei der französische Graf es nicht verabsäumte, sich selbst in ein vorteilhaftes Licht zu rücken. Bemerkenswert war dabei vor allem diese eine Notiz, die andeutete, daß Joseph vor Katharina auf der Hut zu sein versuchte. »In seinen Gesprächen«, schreibt Ségur, »zeigte er mir, daß er wenig aufgelegt war, Katharinas Ehrgeiz zu unterstützen . . .«

Denn selbstverständlich hatte Katharina den Österreicher nicht aus bloßer Liebenswürdigkeit auf die Krim gebeten, sondern war daran interessiert, ihn noch tiefer in die russische Außenpolitik zu verstricken, ihn noch enger an Rußland zu binden. Ihr erklärtes Ziel war die Fortsetzung des Krieges gegen die Türken und die Eroberung Istanbuls, wozu sie sich der Unterstützung Österreichs versichern wollte. Joseph wiederum, der gelegentlich von sträflicher Blindheit sein konnte, war zumindest vorübergehend davon überzeugt, daß es Katharina, die man nicht zufällig auch die Nymphomanin auf dem Zarenthron nannte, ausschließlich um seine Gesellschaft ging. Ihre mehr als liebenswürdigen Aufmerksamkeiten bezauberten ihn, der es nicht gewohnt war, politische Geschäfte unter Zuhilfenahme erotischer Anspielungen zu erledigen. Er war ein prachtvolles Opfer für die begabte Intrigantin Katharina, »die ein ganzes Leben lang persönliche Gefühle mit kalter Staatsräson genial verquickt hatte« (H. Magenschab).

Er war ein Opfer, aber eines, das offenen Auges die ihm zugedachte Rolle als Gehilfe eines Schurkenstreiches zu übernehmen bereit war. Die Zarin vergehe vor Lust, schrieb Joseph an seinen Staatskanzler Kaunitz, mit den Türken einen neuen Krieg anzufangen. Und als Katharina bei einem Festbankett in Cherson plötzlich die Erklärung abgab, daß sich Rußland selbstverständlich stark genug fühle, um mit den Türken allein fertig zu werden, »daß es aber mit ihrer Treue und ihren aufrichtigen und freundschaftlichen Gefühlen für Joseph unvereinbar wäre, Österreich von der Teilung auszuschließen«, da war Joseph tatsächlich gerührt, obgleich er ganz genau wußte, daß Katharina eine vollendete Komödiantin war. »Wie überspannt diese Frau doch ist«, äußerte er zu Ségur, aber er war außerstande, sich ihrem merkwürdigen Zauber zu entziehen.

Außerdem hatte Joseph seine eigenen Vorstellungen von einem neuen Verhältnis der Kräfte an den östlichen und südöstlichen Grenzen seines Imperiums. Der osmanische Turban wäre ein weit weniger gefährlicher Nachbar als die russische Haube, erklärte er dem Grafen Ségur. Und was die geplante Eroberung Istanbuls durch russische Truppen anging, so führte er diesen Wunsch »auf die erhitzte Einbildungskraft« Katharinas zurück. Joseph war in der Theorie ein durchaus maßvoller Politiker, vernunftbegabt, realistisch, nüchtern, vorsichtig, mißtrauisch. Kaunitz hatte ihn zudem noch in Wien mit Informationen und Ratschlägen buchstäblich gefüttert, hatte ihn geduldig und höflich indoktriniert, wie er sich den politischen Verführungskünsten der Zarin widersetzen sollte, ohne das Bündnis Österreichs mit Rußland zu gefährden. Joseph selbst hatte nicht die geringste Lust, sich in ein kriegerisches Abenteuer einzulassen. Außerdem erreichten ihn plötzlich jene verhängnisvollen Nachrichten über den niederländischen Aufstand, die seinen sofortigen Aufbruch zurück in den Westen notwendig machten. Die Niederländer verweigerten die Bezahlung der Steuern, erhoben ihre Waffen gegen ihren habsburgischen Herrscher, stürzten ihr eigenes Land in Anarchie, um von Österreich loszukommen. Er hatte jetzt wahrlich andere und gravierendere Sorgen, als sich über die zukünftige Strategie der zaristischen Außenpolitik den Kopf zu zerbrechen.

Aber Katharina war eine vortreffliche Psychologin. Sie hatte Joseph, dessen fast schon naive Vorliebe für Kriegsspiele und Soldatentum ihr bekannt war, nicht zufällig in ein wirbelndes Spektakel von Manövern und Schaugefechten verstrickt, hatte ihm ein Schauspiel inszeniert, von dessen Größe und Gewalt er zutiefst beeindruckt war und bei welchem Tausende von Soldaten und Hunderte von Kanonen jene legendäre Schlacht von Poltawa wiederholten, bei der die Russen zur Zeit Peters des Großen die Schweden entscheidend besiegt hatten. Solche Inszenierungen beeindruckten Joseph, der sich seit seiner Kindheit nichts sehnlicher wünschte, als ein bedeutender Feldherr zu sein, und der sich mehr als Soldatenkaiser denn als Politiker fühlte. Ein solches barockes Schlachtgemälde, das ihm hier auf der Krim vorgeführt wurde, bewegte sein Gemüt stärker als jede andere Überlegung, bei welcher die Vernunft den Sieg davongetragen hätte.

Einen Tag nach diesem gigantischen Schauspiel, das nichts anderes war als eine glanzvolle Täuschung, unterschrieb Joseph den neuen Bündnisvertrag mit Rußland, der Österreich in einen gänzlich überflüssigen Krieg gegen die Türken hetzen sollte. Dabei war als österreichische Kriegsbeute nur ein lächerlicher Bruchteil jener Gebiete vorgesehen, die den Russen für den Fall einer totalen Niederlage der Türkei zufallen sollten. Einige unansehnliche und unbedeutende Provinzen auf dem Balkan waren es, für die Joseph das Glück seines Reiches und letztlich auch den Erfolg seiner ganzen Reformpolitik aufs Spiel setzte. Denn ein militärischer Triumph über die Türken war keinesfalls ohne weiteres voraussetzbar. Und er war sogar unwahrscheinlich angesichts der angespannten innenpolitischen und finanziellen Situation, die ihn jetzt schon zu immer neuen Eskapaden zwang und die er nie wirklich in den Griff bekam. Außerdem würde eine ernsthafte Niederlage auf dem Schlachtfeld seine Position schwächen und viele seiner grundlegenden Reformen möglicherweise in Frage stellen.

Aber das alles kümmerte Joseph in dem Augenblick, als er den neuerlichen Bündnisvertrag unterschrieb, nicht im mindesten. Durch seinen Kopf zogen noch die Bilder vom Kampfgetümmel, das ihm am Tag zuvor gezeigt worden war. Er hatte eine russische Armee gesehen, die unbesiegbar zu sein schien. Sollte er ihr allein den Ruhm zukünftiger Siege gegen die Türken überlassen?

Vergessen waren plötzlich seine skeptischen Einwände gegen die Politik Katharinas; und daß er noch vor wenigen Tagen dem französischen Botschafter wörtlich zugesichert hatte, an einer Eroberung der osmanischen Kapitale nicht teilhaben zu wollen, denn »Konstantinopel würde ein Gegenstand der Eifersucht und ein Grund zur Uneinigkeit sein«. Vergessen war auch sein scharfsinniges und richtiges Urteil über den Favoriten der Zarin, über Fürst Potemkin, den er als »sehr tätig, aber ungeeignet« bezeichnete, »große Arbeiten zu beenden«.

Joseph war den prachtvollen Inszenierungen Potemkins auf den Leim gegangen. Zugleich war er auch dem rücksichtslosen Charme Katharinas erlegen, die einer militärischen Unterstützung durch die Österreicher weit mehr bedurfte, als das dem österreichischen Kaiser im Augenblick vorstellbar sein mochte. Denn ihr war vor allem wichtig, daß im Falle einer neuerlichen militärischen Auseinandersetzung Rußlands mit der Türkei Österreichs Heer gleichzeitig mit dem russischen losmarschierte, so daß die Osmanen gezwungen wären, einen Zweifrontenkrieg zu führen. Dabei waren Katharinas Interessen eindeutig auf die völlige Beherrschung des Schwarzen Meeres und darüber hinaus auf die Besetzung der Dardanellen gerichtet, um über diese Meerenge verfügen und Rußland den Weg ins Mittelmeer öffnen zu können. Joseph hingegen durfte in diesem zu erwartenden Konflikt lediglich als Investor auftreten, ohne dabei auf nennenswerte Erträge hoffen zu können. Bosnien, Serbien und Mazedonien, die ihm für den Fall eines vollkommenen Sieges über die Türken versprochen wurden, würden zwar eine gebietsmäßig interessante Erweiterung seines Imperiums ergeben, waren aber unterentwickelte Länder ohne nennenswerte Ressourcen und zudem zukünftige Konfliktherde. Wobei immer vorausgesetzt werden mußte, daß der Sieg über die Türken tatsächlich ein so umfassender sein würde, daß Österreich überhaupt die Möglichkeit erhielt, gravierende Gebietsansprüche zu stellen.

Das Bündnis, das Joseph jetzt in Cherson ermöglichte, die daraus resultierenden Verträge, die er unterschrieb, die Verhandlungen, die er durch sein kaiserliches Wort bestätigte und bekräftigte, das waren im Grunde nichts weiter als Chimären wie jene der nachgespielten Schlacht von Poltawa, die ihn so sehr beeindruckt hatte. Das Merkwürdige an dieser heillos unglücklichen Angelegenheit war die offizielle Haltung des Kaisers, der nach wie vor jeden militärischen Einsatz Österreichs ablehnte und nichts anderes wollte als die Fortsetzung seiner Reformen mit friedlichen Mitteln. Er, der so gerne ein Soldatenkaiser gewesen wäre, besaß nämlich weder die Mittel noch die Fähigkeit, ein Soldat von überdurchschnittlichem Format zu sein. Joseph war weit mehr Zivilist als etwa seine Mutter.

Und obgleich allen militärischen Angelegenheiten seine ganze leidenschaftliche Zuneigung gehörte, war er doch außerstande, aus dieser Marotte eine Berufung werden zu lassen.

Trotzdem hatten ihn Katharina und Potemkin mit einigen billigen psychologischen Tricks dazu gebracht, gegen seinen Willen zu handeln. Ein einziges militärisches Manöver hatte genügt, um in Joseph den Wunsch wach werden zu lassen, als erfolgreicher Eroberer und großer Heerführer in die Geschichte einzugehen. »Es war leicht zu begreifen, daß der Kaiser bei solchen Vorstellungen dem Willen der Zarin keinen sehr hartnäckigen Widerstand leisten und sich gegen seinen Willen zum Krieg würde verleiten lassen«, schrieb der Gesandte Ludwigs XVI. und fügte erklärend hinzu: »Noch dazu, wenn Katharina ihn vor die Wahl stellte, ihr entweder beizustehen oder aber eine so mächtige Verbündete zu verlieren.«

Die Würfel waren jedenfalls gefallen. Österreich hatte sich auf Gedeih und Verderb den Russen ausgeliefert und garantierte, wie von Katharina gewünscht, militärischen Beistand gegen die Türken in einem Ausmaß, der schon an Hochstapelei grenzte und Joseph in Europa so gut wie handlungsunfähig machen sollte. Denn wie würde er, der weder über die materiellen noch über die logistischen Voraussetzungen für ein solches Abenteuer verfügte, im Falle eines Feldzuges gegen die Türken die inneren Spannungen in seinem Reich besänftigen, den drohenden Zerwürfnissen im Westen begegnen und die latente Gefahr eines allmählichen Auseinanderbrechens seines Imperiums beseitigen können? Außerdem mußte er befürchten, daß im Falle eines bewaffneten Konflikts mit der Hohen Pforte seine Gegner in Europa sich zu einer Allianz zusammenschließen würden, die seine Position zumindest empfindlich schwächen mußte.

Das alles wußte Joseph. »Politische Weisheit hätte dem Kaiser eingeben müssen, neutral zu bleiben« (F. Fejtö). Aber gegen die politische Weisheit siegte die Selbsteinschätzung Josephs, ein militärisches Genie zu sein. Er war entgegen aller Vernunft blind vor Ehrgeiz und trunken vor Zuversicht. Daß er sich schrecklich irren und in eine selbstverschuldete Katastrophe steuern könnte, wäre Joseph dabei nicht einmal im Traum eingefallen.

Ein Kaiser versucht sich als Feldherr

Den Türken durfte nicht gleichgültig sein, was auf der Krim geschehen war. Sultan Abdul Hamit reichte zwar, was das politische und militärische Genie betraf, nicht im entferntesten an seine ehrgeizigen und machtbewußten Vorgänger heran, außerdem war zu diesem Zeitpunkt der osmanische Höhenflug längst beendet, war der lebensbedrohende Griff des kämpferischen Islam nach dem christlichen Abendland nur mehr eine eher kraftlose Drohgebärde, aber Abdul Hamit war weder so töricht noch so leichtsinnig, die Bedrohung, die ihm durch das neuerliche Bündnis zwischen Katharina und Joseph erwachsen war, auf die leichte Schulter zu nehmen. Außerdem kalkulierte er, der über die Vorgänge sowohl im Zarenreich als auch in Europa erstaunlich gut unterrichtet war, mit der Schwäche Josephs aufgrund der niederländischen Ereignisse. Das ließ ihn wiederum auf eine Atempause vor dem unvermeidlich gewordenen Krieg gegen die Russen hoffen, die er zur Mobilisierung seiner Truppen zu nützen gedachte.

Allerdings gab es auch in Istanbul eine sogenannte Kriegspartei, deren Führer der Großwesir war und die nun darauf drängte, alle Ansprüche Rußlands auf die Oberhoheit über das Schwarze Meer im Keime zu ersticken. Aus diesem Anlaß wurde Katharinas Botschafter Bulgakow in den Serail gerufen, um dort im Namen seiner Herrscherin eine offizielle Verzichtserklärung Rußlands auf das Schwarze Meer und die Dardanellen abzugeben. Bulgakow war selbstverständlich dazu nicht autorisiert und lehnte das Ansinnen der Türken ab. Daraufhin wurde er festgenommen und in die berüchtigte Festung »Sieben Türme« oberhalb der Dardanellen gebracht, was für Katharina wiederum ein Anlaß für die Kriegserklärung war.

Joseph war alles andere als beglückt, als ihn die Nachricht von diesem Ereignis am 30. August 1787 erreichte. »Kaum habe ich ein wenig zurechtgeflickt, was man während meiner Abwesenheit in den Niederlanden verdorben hatte, da sehe ich mich vor neuen Schwierigkeiten. Ich muß mich damit abfinden, mein Leben von nun an in Unglück und Unruhe zu verbringen«, schrieb er an seinen Bruder Leopold. Aber gleichzeitig mit diesem Brief nach Florenz sandte er auch ein offizielles Schreiben an Katharina ab, in welchem er ihr neuerlich seine Bündnistreue zusicherte. Und wenige Tage später delegierte er bereits ein erstes Truppenkontingent an die ungarisch-türkische Grenze, obgleich sich Österreich zu diesem Zeitpunkt mit der Türkei noch gar nicht im Kriegszustand befand. Aber anscheinend war Joseph fest davon überzeugt, die osmanische Armee auf dem Balkan durch eine blitzartig vorgetragene Offensive überraschen und besiegen zu können. Außerdem war sein Glaube an sein militärisches Genie durch nichts zu erschüttern.

Schon als Kind hätten die Soldaten und ihr Exerzieren eine unwiderstehliche Anziehungskraft auf ihn ausgeübt, schreibt Josephs unerbittlicher Kritiker Jean-Jacques Langendorf über die fatale Neigung des Kaisers, sich als Soldat und Feldherr zu fühlen. »Kaum war er zur Mitregentschaft gelangt, schaffte er das spanische Mantelkleid für die Hofzeremonien ab, um es durch die Uniform zu ersetzen, womit er der Welt kundtat, daß er vor allem Soldat sein wollte, was er durch die Einfachheit seiner feldgemäßen Gewohnheiten (schlechtes Bett, schlechte Küche) noch unterstrich.« Als verhängnisvoll charakterisiert Langendorf auch die Begegnung Josephs mit Franz Moritz Graf Lacy und die unverbrüchliche Freundschaft dieser beiden Männer. »Liebe auf den ersten Blick, was nicht weiter verwundert, denn sie beide waren kongenial dazu geschaffen, einander zu verstehen und zu ergänzen. Lacy schlug den Monarchen völlig in seinen Bann, welcher ihm eine durch nichts zu erschütternde Verehrung entgegenbrachte.«

Allerdings kann Langendorf bei Lacy nichts von dem entdecken, was Joseph an seinem Feldmarschall so außerordentlich anziehend fand: »Er war vor allem ein unermüdlicher Bürokrat, ein Erzeuger von Dienstvorschriften und ein Paragraphenkünstler, der seine schönsten Schlachten mit Kanonen lieferte, die Papierkugeln spuckten, und mit tintenspeienden Gewehren.«

Dieser Mann also, den die einen Autoren als den eigentlichen Reformator der österreichischen Armee und die anderen als blindwütigen Bürokraten beschreiben, war der wichtigste militärische Ratgeber Josephs und der hauptsächliche Befürworter eines rasch zu beginnenden Offensivkrieges gegen die Türken. Der Kaiser, der sich in allen militärischen Angelegenheiten fast bedingungslos der Meinung Lacys anschloß, zögerte diesmal freilich die letzte Entscheidung hinaus, was aber weniger auf einem grundsätzlichen Mißtrauen gegenüber seinem Freund und Feldmarschall beruhte, als vielmehr dadurch begründet war, daß Joseph seit einiger Zeit ernsthaft kränkelte und allein schon physisch nicht in der Lage gewesen wäre, als Feldherr an der Spitze seiner Soldaten in Erscheinung zu treten. Gerade das aber war ihm wichtig, nämlich selbst ins Feld zu ziehen und zuerst seinen Soldaten und dann aller Welt zu beweisen, daß er durchaus begabt war für die Führung einer Armee. Joseph brannte vor Ehrgeiz, sich als Soldat zu beweisen. Und Lacy bestärkte ihn in diesem verhängnisvollen Wunsch.

Aber Josephs Gesundheitszustand war in jenem Herbst 1787 beinahe katastrophal. Er litt unter krampfartigen Hustenanfällen, die regelmäßig wiederkehrten und ihn an jeder kontinuierlichen Tätigkeit hinderten. Monatelang war er kaum imstande, die Hofburg zu verlassen. Die täglichen Ausritte, die ihm ein Bedürfnis waren und seinem heftigen Drang nach Bewegung entsprachen, mußte er völlig einstellen. Mühsam und häufig nur in den kurzen Pausen zwischen zwei schweren Hustenanfällen erledigte er die wichtigsten Arbeiten. Dennoch unternahm er, ohne sich selbst dabei im mindesten zu schonen, alles seiner Meinung nach Notwendige, um den unvermeidlich gewordenen Krieg gegen die Türken führen zu können. Daß er dabei immer wieder über die Grenzen seiner physischen Belastbarkeit hinaus tätig war, kümmerte den Kaiser im Augenblick wenig, sollte sich aber später noch grausam rächen. Er trieb Raubbau an seiner Gesundheit. Die umfassenden

Vorbereitungen für einen Feldzug, für den die kaiserliche Armee nicht im mindesten gerüstet war, verbrauchten seine letzten Reserven, erschöpften seine ganze Energie.

Zuerst einmal wurde die Ausfuhr von Getreide verboten. Dann ordnete Joseph die Aushebung von Rekruten vor allem in Ungarn an, um jene Viertelmillion Soldaten entlang der türkischen Grenze zur Verfügung zu haben, die es seiner Meinung nach brauchen würde, um die Türken schon mit dem ersten entscheidenden Schlag besiegen zu können.

Aber obgleich der Stand der kaiserlichen Armee ohnedies schon bedeutend über den Normalstand erhöht und zum Ersatz der abkommandierten Grenzregimenter sogenannte Landesverteidigungs-Divisionen aufgestellt worden waren, deren Stärke sich auf jeweils 15000 Mann belief, wurde das angestrebte Plansoll doch nicht erreicht. Wohl betrug der effektive Stand der sechs aufgestellten Armeekorps Ende 1787 an die 250000 Mann, die über mehr als 36000 Pferde und rund neunhundert Kanonen verfügten, aber die tatsächliche Hauptarmee war mit allen eingeplanten Verstärkungen nicht viel größer als 120000 Mann. Allein für diese Truppe, über deren militärische Schlagkraft man nichts aussagen konnte, da sie über keinerlei Kriegserfahrung verfügte, waren für die Verpflegung an die 6000 Schlachtochsen in Bereitschaft zu halten. Der Fuhrpark, dem rund 16000 sogenannte Knechte zur Verfügung standen, war mit 19000 Pferden, 12000 Ochsen, 18000 spanischen Reitern, die man fürs Schanzen benötigte, und weiteren 33000 Stück Schanzzeug versehen. Das alles war innerhalb weniger Monate aufgestellt, organisiert, in seinen Ausgangspositionen eingewiesen und auf den künftigen Feldzug vorbereitet worden. Das alles bedeutete aber auch für die Beteiligten und Verantwortlichen eine unerhörte Anstrengung, wobei Joseph von der Versorgung dieser Armee mit Proviant und Munition bis zur Erledigung aller wesentlichen logistischen Arbeiten so gut wie alles, wie das seine Gewohnheit war, im Alleingang zu erledigen suchte. »Mit klopfenden Schläfen, die Augen gerötet vom mangelnden Schlaf, arbeitete der Kaiser ohne Rast und Ruhe«, stellt sich François Fejtö die Situation vor, in der Joseph gegen seine Gesundheit und damit wider alle Vernunft wütete, denn er war tatsächlich ein schwerkranker Mann, der den Keim des Todes bereits in sich trug.

Doch der Kaiser war jetzt, da er die Chance auf einen militärischen Erfolg witterte und damit die Möglichkeit sah, sich einen Kindheitstraum erfüllen zu können, keinen Vernunftsgründen mehr zugänglich. Einen Vermittlungsversuch des neuen preußischen Königs Friedrich Wilhelm II. wies er mit den barschen Worten zurück: »Ich habe den Degen gezogen und er wird nicht wieder in die Scheide kommen, bis ich das wieder habe, was man meinem Hause entzogen hat.«

Wahrscheinlich meinte Joseph in Ermangelung irgendeiner anderen moralischen Rechtfertigung für seinen geplanten Überfall auf die osmanischen Provinzen damit die Zurückeroberung Belgrads, das seit rund hundert Jahren mehrfach den Besitzer gewechselt hatte. Und tatsächlich unternahm er noch vor der offiziellen Kriegserklärung an die Türkei einen Überfall auf die Stadt, der von der Festung Peterwardein aus organisiert wurde, allerdings aber kläglich scheiterte. Man hatte zwar einige Offiziere der türkischen Garnison in Belgrad mit großen Geldsummen bestochen, daß sie die Tore der Festung auf ein verabredetes Signal hin öffneten, aber plötzlich aufziehender Nebel auf der Donau irritierte die Besatzungen einiger österreichischer Sturmboote so sehr, daß sie sich auf dem Strom verirrten. Belgrad blieb vorerst türkisch.

Am 9. Februar 1788 – nach anderen Darstellungen bereits am Tag zuvor – erklärte Joseph der Türkei offiziell den Krieg. In der Kriegserklärung, die am gleichen Tag in Istanbul überreicht und in Wien veröffentlicht wurde, heißt es unter anderem: »Es ist ganz Europa bekannt, mit welcher Redlichkeit und Aufrichtigkeit der kaiserlich königliche Hof seit vielen Jahren eine ruhige, gute Nachbarschaft mit der Pforte [dem osmanischen Reich] zu unterhalten gesucht und mit welcher unermüdlichen Sorgfalt derselbe sich bestrebt hat, durch seine freundschaftliche Vermittlung auch alle Veranlassung des Friedensbruches zwischen dem ottomanischen Reiche und dessen übrigen Nachbarn aus dem Wege zu räumen.«

Das war zwar eine jener unerhörten Lügen, die immer dann als patriotische Wahrheit gehandelt werden, wenn man nach einer Rechtfertigung für die eigenen Torheiten sucht, aber Joseph, fest davon überzeugt, als Sieger aus diesem Abenteuer hervorzugehen, hatte gar keine andere Wahl, als durch schöne Worte seine politische Unvernunft zu rechtfertigen.

Zur politischen gesellte sich dann freilich auch noch die militärische Bedenkenlosigkeit, denn Joseph betrieb auf Anraten seines Freundes Lacy sogleich einen Offensivkrieg, der die Kräfte der Österreicher gefährlich aufsplitterte. So marschierten die Generäle und Obristen Devins, Mitrowsky, Wartensleben und Fabris ins türkische Kroatien, Serbien und Rumänien ein, während der Prinz Coburg das fern im Osten liegende Jassy besetzte. Außerdem wurden auch noch mehrere Regimenter unter verschiedenen Kommandos im adriatischen Küstenraum eingesetzt, um diese südöstliche Flanke der Österreicher gegen mögliche türkische Angriffe abzusichern. Insgesamt mußten die österreichischen Armeekorps eine Frontlänge von mehr als 600 Kilometern halten und von der Adria bis hinüber nach Siebenbürgen und ins Moldawische einen riesigen Kordon bilden, der zugleich Angriff und Abwehr ermöglichen und also von einer Elastizität sein sollte, wie sie keiner der damals in Europa aufgestellten Armeen zumutbar gewesen wäre. Selbst der wackere Patriot und Historiker Carl Namshorn, der nur wenig unterließ, um Josephs Ehrenrettung in allen Situationen zu betreiben, mußte später eingestehen, daß »diese Art der Kriegsführung manchen begründeten Tadel« verursachte; »namentlich bezeichnete man die ganze Aufstellung des Heeres in einen so ungeheuren, eine Strecke von anderthalbhundert deutschen Meilen erreichenden Kordon für einen Mißgriff, wodurch, wie sich auch später herausstellte, die Kräfte dieser bedeutenden Truppenmassen um ein Namhaftes zersplittert wurden«.

Es läßt sich heute nicht mehr mit absoluter Sicherheit sagen, wer der eigentliche Erfinder dieser »Philosophie der breiten Front« war und wie weit Joseph hier den eher fabulösen Vorstellungen seines Feldmarschalls Lacy buchstäblich auf den Leim gegangen war oder selbst Hand angelegt hatte bei dieser grandiosen Fehlkonstruktion. Jedenfalls darf man als gesichert annehmen, daß Lacy vor allem vom vertraglich ausgehandelten, jedoch keinesfalls abgesicherten Umstand ausging, daß die Russen gleichzeitig mit den Österreichern die Offensive vortragen und so die Türken zwingen würden, an zwei Fronten kämpfen zu müssen. Aber Rußlands kommandierender General Rumjanzow war ebenso wie Fürst Potemkin und der General Jekaterinoslaw, der ein ähnlicher Blender wie Potemkin war, ganz einfach nicht in der Lage, den militärischen Vorstellungen der Österreicher auch nur im entferntesten zu entsprechen. Am östlichen Frontabschnitt beispielsweise, wo der Prinz Coburg einen energischen Vorstoß plante, um Galizien endgültig von der Gefahr eines türkischen Angriffs zu befreien, scheiterten alle Bemühungen an der eklatanten Gleichgültigkeit der Russen, bei denen Potemkin allen Ernstes erklärte, erst dann seinen Generälen die Erlaubnis zum Angriff zu erteilen, wenn man ihn mit dem begehrten Maria-Theresien-Orden auszeichnete.

»Sie können oder wollen nichts tun«, schrieb Joseph erbittert an Leopold in Florenz, während in Petersburg die Zarin Katharina den österreichischen Gesandten Cobenzl äußerst ungnädig empfing und ihn fragte: »Wollen oder können Sie nichts tun?« Denn die russischen Generäle schoben alle Schuld den Österreichern in die Schuhe, während diese nichts anderes zu tun vermochten, als über die kuriosen Befehle Lacys nachzudenken und verzweifelt dem Druck der Türken standzuhalten. »Dieser Krieg müßte«, schrieb der verärgerte Staatskanzler Kaunitz am 6. April 1788, »wenn man will, daß er kurz ist, mit ebensoviel Eifer geführt werden, wie man Lauheit an den Tag legt.«

Aber Eifer ließen alle Parteien vermissen. Kaunitz, der greise Politiker, der den Krieg ohnedies verabscheute, äußerte sich einmal dahingehend, daß hier ein Partner dem anderen höflich »die Ehre des Blutvergießens« überließ. Und resignierend fragte er, was von einem solchen Krieg noch zu erwarten wäre, wo ein General dem anderen den Vortritt auf dem Schlachtfeld, das alle tunlichst zu meiden suchten, überließ.

Endlich litt es Joseph nicht mehr länger in Wien, wo ihn immer nur Nachrichten über das erreichten, was nicht unternommen wurde, während er begierig auf Neuigkeiten wartete, die ihm bestätigen sollten, daß die gemeinsam vorgetragene Offensive der Österreicher und Russen erfolgreich verlaufe. Am 29. Februar 1788 verließ er jedenfalls seine Hauptstadt, nervös, ungeduldig, enttäuscht und darauf brennend, endlich selbst als Feldherr in Erscheinung zu treten und seinen Soldaten jene Leidenschaft vermitteln zu können, die sie – vor allem auch ihre Offiziere – bisher auf so schmähliche Weise vermissen ließen. Über Triest, Fiume und Zengg, wo er die Küstenwachen inspizierte und die Besatzungen der Hafenstädte verstärken ließ, eilte er entlang der alten Militärgrenze hinauf ins Ungarische, nach Peterwardein und Temeschwar und dann ins Hauptlager nach Futak. Dort wurde er bereits vom Feldmarschall Lacy und dem Erzherzog Franz erwartet, wobei Franz, ein Sohn des toskanischen Leopold, des Bruders des Kaisers, auf ausdrücklichen Wunsch Josephs an diesem Feldzug teilnehmen mußte. Franz war erst kurz zuvor mit der bezaubernden Prinzessin Elisabeth von Württemberg vermählt worden, und Joseph hatte diesen eher minderbegabten Sohn des Großherzogs der Toskana weniger als Neffen denn als möglichen Nachfolger bei sich aufgenommen, wobei sich der Kaiser keine besonderen Illusionen über die Begabungen des jungen Mannes machte. »Daß ihm Lebhaftigkeit und gute Laune fehlen, mag noch hingehen«, schrieb der Kaiser an seinen Bruder in Florenz, »aber er ist nie so glücklich, als wenn er in Untätigkeit fast verkommt. Er plätschert gern mit Wasser herum, füttert seine Vögel und ordnet seine Bücher und Papiere auf zwanzig verschiedene Arten. Weder Jagd noch Ritte, noch Spaziergänge, Musik und Empfänge vermögen ihn aus seiner Tätigkeit herauszureißen.«

Dieser junge Mann, des Kaisers wenig geliebter, reichlich unbegabter, langweiliger, desinteressierter, aber als Nachfolger vorgesehener Neffe, der später einmal alles das, was Joseph in reformatorischer Hinsicht unternommen hatte, ins Gegenteil umkehren sollte, Franz also, und dann auch noch der längst ergraute Feldmarschall Lacy, der sich in der bürokratischen Organisation des Nachschubs erschöpfte, waren jene beiden Männer, die dem Kaiser dabei behilflich sein sollten, die heillos steckengebliebene oder erst gar nicht in Angriff genommene Offensive voranzutreiben. Es war jedenfalls eine groteske Situation. Und während Joseph darauf drängte, endlich einen entscheidenden Angriff gegen Belgrad vorzutragen, beharrten der zögernde Feldmarschall und seine leitenden Offiziere darauf, daß man vorsichtig zu sein hätte, weil andernfalls die Gefahr bestünde, daß die Türken ihre Armee nicht gegen die Russen, sondern gegen die Österreicher einsetzen könnten.

Das Befürchtete und von den Österreichern durch ihre Untätigkeit tatsächlich auch nicht zu Verhindernde trat dann viel rascher ein, als man zuvor angenommen hatte. Die türkische Hauptmacht unter dem Kommando des energischen Großwesirs trat an der unteren Donau zum Großangriff an, überschritt bei der alten Grenzfestung Widin die Donau, drang verhältnismäßig rasch und ohne auf eine besondere Gegenwehr zu stoßen in den Banat und in Siebenbürgen ein und kam dem von den Türken angestrebten Kriegsziel sehr nahe, nämlich die schwächeren Österreicher entscheidend zu schlagen und ihnen einen Sonderfrieden aufzuzwingen, der die osmanische Armee von der lästigen Aufgabe befreien würde, gegen die Österreicher auf dem Balkan Front machen zu müssen.

Eine Reihe von anderen Gegebenheiten, von mehr oder weniger bedeutenden Unglücksfällen und politischen Wechselbädern begünstigte dabei die Türken und schwächte die Österreicher. Das begann mit jenen Nachschubschwierigkeiten, die möglicherweise nicht entstanden wären, wenn Lacy diese wichtige Frage weniger bürokratisch zu lösen versucht hätte. Die Ungarn sabotierten viele Lebensmittellieferungen, weil sie befürchteten, bald selbst Hunger leiden zu müssen, wenn die systematische Plünderung ihrer Vorräte nicht schleunigst beendet werden würde.

Unruhen gab es auch in Wien, wo zum Beispiel der Brotpreis ins unermeßliche stieg und die Armen beinahe gezwungen waren, sich gewaltsam in den Besitz des begehrten Nahrungsmittels zu setzen.

Bäckereien wurden gestürmt, Lebensmittelläden geplündert und den Polizisten blutige Gefechte geliefert. Und Unruhen gab es schließlich auch in Nordostungarn und in den Österreichischen Niederlanden.

Dazu kamen unangenehme außenpolitische Nachrichten. Preußen vereinbarte mit England und Holland ein Bündnis, das eindeutig gegen Österreich gerichtet war. Preußens König Friedrich Wilhelm II. sorgte dafür, daß die Grenze zu Böhmen befestigt und hermetisch abgeriegelt wurde. Im Norden erklärte König Gustav von Schweden den Russen den Krieg. »Die Schwierigkeiten wuchsen von Tag zu Tag. Eine allgemeine Verschwörung gegen Joseph war im Gange. Die Belgier, die Ungarn, sein eigener Organismus, die Engländer, die Preußen, die leicht erregbaren Franzosen, die Bischöfe, die Generäle: alle und alles nahmen gegen ihn Partei« (F. Fejtö).

Am bedenklichsten war freilich der Gesundheitszustand des Kaisers. Seine schweren Hustenanfälle ließen nicht nach. Sie verschlimmerten sich sogar. Er hatte regelmäßig Erstickungsanfälle. Dazu kam jetzt auch noch Fieber. Wahrscheinlich war es Sumpffieber, das er sich zugezogen hatte. »Die Arbeit fällt mir schwer«, schrieb er an Kaunitz. »Gleichwohl werde ich meinen Weg gehen, solange ich dazu fähig bin.«

Im Sommer dieses unglückseligen Jahres 1788, das dem Kaiser anstatt des erhofften Kriegsruhms nur Enttäuschungen und Niederlagen einbrachte, gab sich Joseph endlich keiner Täuschung mehr hin. Der Feldzug gegen die Türken, der bisher kaum von der Stelle gekommen war, wurde allmählich zu einem Alptraum, die Mißerfolge häuften sich, und die Möglichkeit einer allgemeinen Katastrophe begann sich deutlich abzuzeichnen. Im Reich mehrten sich außerdem die kritischen Stimmen, die an der militärischen Begabung des Kaisers zweifelten. Deutlicher noch, unmißverständlicher, auch vernichtender war das Urteil der Öffentlichkeit über Feldmarschall Lacy. »Am lautesten beschuldigte man Lacy«, schrieb ein anonymer Beobachter in einem Flugblatt, das vorübergehend in Wien für großes Aufsehen sorgte, »daß er schlechte Dispositionen angeordnet und an der bisherigen Erfolglosigkeit der österreichischen Waffen die Schuld trage. Allgemein verlangte man nach Laudon, unter dessen Oberkommando die Angelegenheit wohl eine andere und günstigere Wendung nehmen würde.«

Joseph, für den es vor wenigen Monaten noch unvorstellbar gewesen wäre, einer öffentlichen Aufforderung wie jener der Entlassung seines Freundes und Weggefährten Lacy nachzukommen, gehorchte nun dem Zwang des Notwendigen. Feldmarschall Laudon, einer der wenigen wirklich fähigen und bedeutenden Feldherren, über die Österreich seit dem Tode des Prinzen Eugen verfügt hatte, war allerdings ein gebrechlicher Greis, war müde, verbraucht und gleichsam einem anderen Zeitalter verpflichtet. Das hinderte ihn, der ein glühender Patriot war, aber nicht im mindesten daran, der Aufforderung seines Kaisers, das Oberkommando über die Truppen an der türkischen Front zu übernehmen, sogleich Folge zu leisten. Bereits Mitte August langte er in Siebenbürgen ein, wo er von den Soldaten mit begeistertem Jubel, von den Türken aber mit allen Anzeichen der Furcht begrüßt wurde. Immerhin wurde er von diesen, gegen die er mehrmals erfolgreich gekämpft hatte, »deutscher Scheitan« (Teufel) genannt, in welcher Bezeichnung sowohl Respekt als auch Abscheu zum Ausdruck kamen.

Wie notwendig, ja wie dringend dieser Wechsel im Kommando gewesen war, charakterisierte wenige Wochen nach dem Eintreffen Laudons auf dem Kriegsschauplatz ein Vorfall, bei welchem der alte Feldherr zwar nicht anwesend war, der aber schrecklich hätte enden können, hätte die Armee durch Laudon nicht neue Zuversicht empfangen. Außerdem hätte der Nimbus des Kaisers, der bei diesem beschämenden Vorfall anwesend war, erheblich geschmälert werden können.

Es geschah in der Nacht vom 20. auf den 21. September im Raum von Karanşebes, einer heute rumänischen Kleinstadt unweit der Grenze zu Jugoslawien, damals der Monarchie zugehörig und Operationsgebiet der vor den Türken zurückweichenden österreichischen Hauptarmee. Rumänische Bauern hatten den Soldaten, obgleich derlei streng untersagt war, billigen Branntwein verkauft, wobei es zwischen einer Abteilung Husaren und einem Detachement Infanterie aus nichtigem Anlaß zu einem Streit kam, wie das häufig der Fall ist, wenn Alkohol, Furcht, Mutlosigkeit, Enttäuschung und Übermüdung zusammenkommen. Aus dem Streit wurde eine handfeste Prügelei, aus der Prügelei entstand ein allgemeines Chaos. Einige Infanteristen schossen wütend ihre Musketen ab. Nachfolgende Truppenteile hörten das Schießen und glaubten, schon von den Türken überrannt zu werden, was wiederum die kopflose Flucht ganzer Regimenter zur Folge hatte. Die verzweifelten Versuche einiger beherzter Offiziere, die Panik im letzten Augenblick noch verhindern, die regellose Flucht der Soldaten aufhalten zu können, vergrößerten noch das Chaos, da niemand mehr wußte, was eigentlich geschah. Und zudem gerieten jetzt auch die Einwohner der Stadt Lugosch, wohin die Flut der Zurückströmenden sich ergoß, in Furcht und Schrecken und schlossen sich gleichfalls der Armee an, die blindwütig vor Furcht, den Türken – die man überall vermutete und doch nirgends entdeckte – in die Hände zu fallen, einen heillosen Rückzug angetreten hatte.

Joseph hatte Mühe, sich in diesem Wahnsinn zurechtzufinden. Sein Neffe Franz, der sich auch bei der Hauptarmee befand, konnte nur durch das rasche Eingreifen des Grafen Kinsky gerettet werden. Ein Augenzeuge, ein gewisser Groß-Hoffinger, berichtete später: »Dieser Vorfall charakterisierte besser als jede andere Episode aus diesem Feldzug den moralischen Zustand eines Heeres, dessen schlechterer Teil aus barbarischen Völkern bestand, dessen besserer mit Recht seinen Führern mißtraute.« Und Joseph, der inmitten einer vollkommenen Anarchie mit ansehen mußte, wie seine Armee in wilder, kopfloser und wohl auch feiger Flucht vor einem Schatten, vor einer Einbildung davonstürmte, schrieb wenige Tage später an seinen Bruder: »Ich bin entmutigt.« Es geschah erstmals, daß er sich zu einer solchen Äußerung hinreißen ließ.

In Wien hatte der Staatskanzler längst schon die Wahrheit begriffen. In einem Brief nahm sich Kaunitz jedenfalls kein Blatt vor den Mund: »Wenn nicht ein Wunder geschieht, fürchte ich, daß dieser Krieg mit einer schrecklichen Katastrophe endet.«

Joseph befand sich in erbarmungswürdiger Verfassung. Er war es sowohl in physischer als auch in psychischer Hinsicht, wobei die schweren Hustenanfälle, das hartnäckige Fieber und die Phasen völliger Erschöpfung und schwerer Depressionen, die ihn allmählich körperlich zerstörten, naturgemäß Auswirkungen auch auf seinen seelischen Zustand hatten und ihn, der ohnedies ungeduldig und mißtrauisch war, vollends unberechenbar machten. Er war kaum noch imstande, seinen scharfen Verstand konsequent einzusetzen. Er fühlte sich verfolgt und selbst von seinen engsten Mitarbeitern im Stich gelassen, was bei ihm Wutausbrüche mit rasch darauf folgenden Erschöpfungszuständen nach sich zog.

Sogar Laudon, der Sieger von Kunersdorf, der den großen Friedrich immerhin zweimal besiegt hatte und den der Kaiser nun ohnedies um die Wiederaufnahme des Oberkommandos hatte bitten müssen, weckte sein Mißtrauen; und zwar ausgerechnet seiner unkonventionellen Art wegen, mit welcher der alte Haudegen sich über alle bürokratischen Formen in der Verwaltung der Armee hinwegsetzte und seinen eigenen Weg ging. Der greise Feldmarschall war, obgleich vom Alter gezeichnet, immer noch aufbrausend, jähzornig, ungeduldig und alles andere als ein willfähriger Höfling. Er war also genau das, was der Kaiser jetzt dringend benötigte, wenn er den erbarmungswürdigen Feldzug gegen die Türken nicht mit einer Katastrophe beenden wollte. Aber gerade dieser Charaktereigenschaften wegen, die Joseph an sich selbst durchaus schätzte und als völlig selbstverständlich empfand, lehnte der Kaiser den eigenwilligen Feldherrn eifersüchtig ab. Dabei brauchte er ihn doch so dringend, daß er ihn sozusagen in letzter Sekunde herbeibitten mußte. Und dann litt er doch wieder darunter, daß er wieder einmal über den eigenen Schatten springen mußte und nicht fähig war, die Welt nach seinen Vorstellungen zu ordnen. Es war ein Teufelskreis, aus dem Joseph keinen Ausweg fand. Zumindest empfand er seine Situation so. Und er wütete, weil er nichts daran zu ändern vermochte, um so stärker gegen sich selbst.

Bei Wintereinbruch war der Kaiser nach Wien zurückgekehrt. Ende November schloß er mit den Türken einen Waffenstillstand, was wohl nur eine Formsache war, da es ohnedies zu keinen Kampfhandlungen mehr kam. Die Armeen zogen sich in ihre Winterquartiere zurück. Schnee senkte sich auf die Schauplätze jener demütigenden Niederlagen, mit denen den Österreichern beigebracht worden war, daß sie den von ihnen leichtfertig begonnenen Feldzug kaum im Spazierengehen gewinnen würden. Im übrigen hatte man sich darauf geeinigt, daß man einander zehn Tage vor Wiederaufnahme der Feindseligkeiten in aller Form wieder den Krieg erklären werde. Die Abhaltung eines Krieges gehorchte zu jener Zeit noch einer gewissen Etikette, die nach Möglichkeit peinlich genau eingehalten wurde.

Joseph, der gehofft hatte, während der Winterpause etwas Erholung zu finden, verfiel von Tag zu Tag. Er litt unter großer Atemnot, mußte wieder auf seine täglichen Ausritte verzichten, hatte Mühe, sich aufrecht zu halten und war immer häufiger genötigt, das Bett aufzusuchen. Sein Leibarzt Störck, der nicht mehr länger allein die ganze Verantwortung für den schwer angegriffenen Gesundheitszustand des Kaisers tragen wollte, bildete ein Konsilium mit den hervorragendsten Wiener Ärzten. Dieses kam allerdings zu keinem anderen als dem schon von Störck selbst entdeckten Ergebnis, daß nämlich nicht nur des Kaisers Lungen, sondern auch sein Herz und damit sein Kreislauf empfindlich geschwächt waren, was man mit der Verabreichung von allen möglichen Medikamenten zu bekämpfen suchte. Aber auch die regelmäßige Einnahme von Ziegenmilch gehörte dazu. »Ich glaube nicht, daß die Herren mich heilen werden«, blieb Joseph skeptisch, obgleich er gehorsam den Anordnungen der Ärzte folgte. »Mein Organismus ist zerrüttet. Ich bin von jetzt an unwiderruflich dazu verurteilt, mein trauriges Leben auf wer weiß wie lange Zeit mühselig dahinzuschleppen.«

Als Joseph diese Feststellung machte, hatte er noch etwas mehr als ein Jahr zu leben. Und eine erste Ahnung von seinem nahenden Ende mochte er erhalten haben, als er eines Tages im Frühling des Jahres 1789 einen äußerst schweren Hustenanfall erlitt, bei dem er plötzlich Blut spuckte. Er verlor dabei innerhalb weniger Augenblicke sehr viel Blut, sein Taschentuch, seine Kleider und selbst der

Fußboden waren blutverschmiert. Der Kaiser, überzeugt davon, daß dieser Blutsturz sein Ende bedeutete, nahm unmittelbar nach diesem Vorfall im Beisein des rasch alarmierten und zusammengetrommelten Hofstaates die Sterbesakramente zu sich und wartete ergeben auf den Tod.

Aber noch war es nicht soweit. Die Ärzte konstatierten, daß er »nur geronnenes Blut verloren« hätte. Störck, ein unverbesserlicher Optimist, behauptete sogar, daß durch diesen Blutsturz der Lungenschaden, den er am Kaiser diagnostiziert hatte, nunmehr behoben wäre, da alles Schädliche, Ungesunde aus dem Körper gewaltsam entwichen wäre.

Tatsächlich fühlte sich Joseph nach diesem Vorfall verhältnismäßig erleichtert. Die Hustenanfälle, bei denen er den Mund jetzt stets voll Blut hatte, wiederholten sich zwar, aber da man ihm erklärt hatte, daß es sich um einen ganz natürlichen Vorgang und auch um einen gesundheitsfördernden Abgang von schädlichen Fremdstoffen handelte, war's der Kaiser zufrieden. Außerdem wechselte er, weil es ihm angeraten worden war, von der Ziegenmilch zur Eselsmilch über. Und Mitte April war er dann sogar fähig, aus eigenen Stücken aufzustehen und ein paar Schritte zu tun. Er durfte wieder Hoffnung schöpfen.

Dabei gab es in Wahrheit gar keine Hoffnung mehr, weder für ihn selbst noch für die durch ihn in Gang gesetzten politischen und militärischen Geschäfte. Blutstürze und Fieberanfälle peinigten ihn neuerlich, die regelmäßige Einnahme eines Medikaments, das man »Jesuitenpulver« nannte – und das seinerzeit eine bigotte Herzogin von Marlborough seines verfänglichen Namens wegen und ungeachtet einer schweren Krankheit nicht zu sich genommen hatte, obgleich es mit den Jesuiten gar nichts zu tun hatte, sondern aus der sogenannten Chinarinde gewonnen wurde –, brachte nur vorübergehend Erleichterung. Das sah dann so aus, daß er im April fast auf den Tod darniederlag, im Mai sich etwas erholte, dann wieder einen schweren Rückschlag erlitt, im Juni jedoch vorübergehend imstande war, sich aus eigener Kraft zu erheben und, auf seinen Stock gestützt, die Alleen im Park von Schloß Laxenburg aufzusuchen, um dort »langsam unter den hohen Linden zu spazieren« oder sich, hingekauert auf eine Bank »und dem einschläfernden Säuseln des Windes in den Baumkronen« lauschend, wehmütigen Gedanken und Erinnerungen hinzugeben und sein Schicksal zu verfluchen, das es ihm nicht erlaubte, bei seinen Soldaten zu sein und sie in die Schlacht zu führen.

Joseph war zu diesem Zeitpunkt nicht mehr fähig, auf die Staatsgeschäfte einen entscheidenden Einfluß zu nehmen. In jenem Frühling 1789, als er sich, fiebernd, fröstelnd und in einen alten und zerschlissenen Pelzmantel gehüllt, mühsam an seinem Arbeitstisch sich festhaltend, den man in die Sonne gerückt hatte, von seinen Räten und Ministern Bericht erstatten ließ und dabei von überall her nur Hiobsnachrichten erhielt, in jenem Frühling also kämpfte der Kaiser nicht bloß um sein Leben, sondern tatsächlich auch um den Bestand der Monarchie. In den Niederlanden war Trauttmannsdorff unfähig, die dort immer wieder von neuem entflammende Empörung zu unterdrücken und den Abfall der reichen Provinz zu verhindern. Aus Frankreich, wo ein allgemeiner Umsturz aller Verhältnisse und der alten Ordnung sich anbahnte, kamen alarmierende Nachrichten, die Joseph in einem seiner letzten Briefe an Katharina die nüchterne Feststellung machen ließen, daß die Völker Europas es sich angewöhnt hätten, »der französischen Mode zu folgen«. Er gab sich keinen Illusionen über die Konsequenzen hin, die den sich deutlich abzeichnenden Ereignissen in Paris und Versailles folgen mußten. Aber er hatte nicht mehr die Kraft, diese Konsequenzen von seinem eigenen Reich fernzuhalten. Denn auch in Österreich selbst rumorte es, kam es zu Hungerunruhen und wütete allerdings auch der Adel gegen eine neubemessene Grundsteuer, wobei vor allem die magyarischen Grundbesitzer mit besonderer Aufsässigkeit vorgingen. Sie weigerten sich rundweg, die geforderten Steuern zu bezahlen oder wenigstens die Erfassung ihres Grundbesitzes durch die kaiserlich beauftragten Landvermesser zu erlauben.

Auf dem Balkan war mit Beendigung des Winters der unselige Krieg gegen die Türken von neuem ausgebrochen, ohne daß die

Österreicher vorerst mehr Waffenglück als im vergangenen Jahr gehabt hätten. Jener General Hadik, der als blutjunger Offizier mit seinen Husaren seinerzeit im Krieg gegen Friedrich den Großen Berlin im Handstreich besetzt und von den Bürgern eine saftige Kontribution gefordert hatte, inzwischen zum altehrwürdigen Generalissimus avanciert, nunmehr eine der letzten Hoffnungen des Kaisers, dem Krieg doch noch eine andere, günstigere Wendung geben zu können, General Hadik also erkrankte schwer und mußte den Kriegsschauplatz verlassen. Es blieb tatsächlich nur noch ein anderer Held aus dem Siebenjährigen Krieg zurück, nämlich Feldmarschall Laudon, der nun des Kaisers Stellvertreter auf dem Schlachtfeld sein mußte. Von ihm erwartete man, daß er die Türken mit einem einzigen vernichtenden Schlag besiegen, daß er ihren neuerlich begonnenen Vormarsch beenden würde. Aber vorerst waren es der Prinz von Coburg und der russische General Suwaroff, die am 22. September 1789 in der fernen Walachei eine überlegene türkische Armee unter dem Oberbefehl des Großwesirs entscheidend besiegen konnten. Wie vollkommen dieser militärische Triumph war, mag aus dem schrecklichen Umstand ersichtlich werden, daß der Großwesir die eigenen Truppen, als diese vom Schlachtfeld zu entkommen suchten, mit Kartätschenfeuer bestreichen ließ. In Wien wie in allen anderen österreichischen Erblanden – mit Ausnahme der Österreichischen Niederlande, wo man ganz andere Sorgen hatte – wurden jedenfalls pompöse Dankfeste angeordnet. Ein großes Aufatmen ging durch das Reich. Und auch Joseph durfte wieder Hoffnung schöpfen, daß die Angelegenheiten auf dem Balkan doch noch zu einem erfreulichen Ende kämen.

Bereits wenige Wochen später, Mitte Oktober, fiel Belgrad, dessen Kommandant Osman Pascha keine Möglichkeit mehr sah, dem Druck der Österreicher unter Feldmarschalls Laudon länger standzuhalten. Übereinstimmend bezeichneten alle Chronisten den Sieg von Belgrad als »die glücklichste und bedeutendste Waffentat der Österreicher«, obgleich es zu einem eigentlichen Kampf gar nicht mehr gekommen war. Denn Osman Pascha hatte die Stadt, nachdem ihm die Bitte um einen vierzehntägigen Waffenstillstand abge-

schlagen worden war, praktisch ohne weitere Gegenwehr den Österreichern übergeben. Dabei entdeckten Statistiker und Historiker,
daß seinerzeit, als diese wichtige Festung an die Türken verlorengegangen war, nämlich vor genau fünfzig Jahren, also im Jahre 1739, jener Herzog von Lothringen namens Franz, Gemahl
Maria Theresias und später deutscher Kaiser, in der damals glücklosen kaiserlichen Armee, die Belgrad nicht zu halten vermocht hatte,
seinen Dienst versehen hatte. Jetzt, 1789, da die Österreicher die
weiße Stadt an der Donau wieder besetzten, war es sein Enkel
Franz, der später zuerst des Deutschen Reiches und dann Österreichs Kaiser sein sollte, dem die Ehre zuteil wurde, »eigenhändig
die erste Kanone gegen Belgrad abzufeuern«. Damals, 1739, hatte
ein General Wallis die Festung von Belgrad als Oberstkommandierender den Türken übergeben. Jetzt, ein halbes Jahrhundert danach, wurde sein Sohn zum Festungskommandanten ernannt. Und
Osman Pascha, der Unterlegene, war ein Sohn jenes Paschas, der vor
fünfzig Jahren Belgrad aus den Händen der Kaiserlichen übernommen hatte. So rundete sich der Kreis, ohne daß deshalb eine endgültige Entscheidung herbeigeführt worden wäre.

Dennoch war der Jubel in Wien und in der ganzen Monarchie
grenzenlos, nachdem General Klebeck, der als Eilkurier vom Kriegsschauplatz in die Hauptstadt gekommen war, die Nachricht vom
Triumph in Belgrad überbracht hatte. Das geschah am 12. Oktober,
und noch am gleichen Tag mußte Klebeck auf ausdrücklichen
Wunsch Josephs mit 24 festlich ausstaffierten Herolden, »welche
auf ihren Trompeten ein feierliches Spektakel veranstalteten«, die
Wiener von diesem Sieg in Kenntnis setzen. Zwei Tage später
wurde ein feierliches Tedeum veranstaltet, an dem der Kaiser ungeachtet seiner schweren Krankheit teilnahm, allerdings so sehr ver-
mummt, daß er fast unkenntlich war. Ganz Wien »war aufs glän-
zendste erleuchtet«, wie ein Augenzeuge berichtete, »dem Volke
wurde freier Eintritt in die Schauspielhäuser gegeben, während
überall unentgeltlich Bier und Wein verabreicht wurde«. Wiens
Studenten zogen zuerst vor die Hofburg, wo sie gegen Mitternacht
dem Kaiser ein patriotisches Ständchen darboten, um anschließend

auch der Gemahlin des erfolgreichen Feldmarschalls Laudon ihre
sängerische Aufwartung zu machen. »Es war der letzte schöne Tag,
den Joseph II. erlebte«, schrieb Carl Namshorn, »und er bezeichnete ihn auch auf kaiserliche Weise. Mit eigener Hand band er
von seinem Staatsanzug den brillanten Ordensstern des Maria-
Theresien-Ordens, der dem Großmeister allein zukommt, und
schickte ihn dem tapferen Laudon nebst dem Titel Generalissimus.«

Und doch war sogar dieser letzte Sieg einer österreichischen
Armee, den der sterbenskranke Monarch noch erleben durfte, im
Grunde nur eine weitere Bestätigung seiner eigenen Mißerfolge.
Spätestens seit jenen beschämenden Ereignissen von Karanşebes, als
einige betrunkene Randalierer genügt hatten, um eine ganze Armee
in panische Furcht zu versetzen und schließlich auch in eine heillose
Flucht zu jagen, spätestens seit damals mußte Joseph begriffen
haben, daß sein Talent als Feldherr äußerstenfalls mittelmäßig war.
Denn es war ihm weder in jener unseligen Septembernacht noch
davor oder später gelungen, sich als Offizier durchzusetzen. Und
was er als sogenannter Feldherr inszeniert hatte, war stets Stückwerk geblieben. Katharina zum Beispiel, die schlaue russische Zarin, hatte seinerzeit auf der Krim nicht mehr als 30 000 Mann zur
Unterstützung ihrer militärischen Absichten gegen die Türken gefordert. Aber Joseph, obgleich er das Unsinnige eines Feldzuges
gegen die Osmanen durchaus einsah, stellte sogleich seine ganze
Armee zur Verfügung und ließ es außerdem noch zu, daß diese
Armee auf groteske Weise verzettelt wurde, indem man sie auf eine
Front von rund sechshundert Kilometern Länge aufteilte, so daß die
Türken in die Lage versetzt wurden, ihrerseits zum konzentrierten
Gegenangriff überzugehen. Es bedurfte dann der massiven Überle-
genheit der Russen und Österreicher, um eine militärische Kata-
strophe – die nicht zuletzt durch die miserable österreichische
Führung heraufbeschworen worden war – zu verhindern.

Joseph aber, den Nachrichten wie jene über den Fall Belgrads
kaum noch aus seiner Erschöpfung reißen konnten, war endgültig
ein gebrochener Mann. »Er ist nur noch ein Flüchtling, ein ver-

brauchter Greis, der sich in der Hofburg verkriecht, um zu sterben«, schrieb Jean-Jacques Langendorf, Josephs unnachsichtigster Kritiker. Und während Wiens Studenten in jener Oktobernacht, da die Hauptstadt den Sieg von Belgrad feierte, vor der Hofburg ihr Ständchen anstimmten, studierte ein trauriger, längst schon resignierender Kaiser jene letzten Nachrichten aus den Niederlanden, die besagten, daß dort die Studenten von Löwen die weiße habsburgische Kokarde mit Füßen getreten und an ihre Stelle die dreifarbige Kokarde der Revolution gesetzt hatten.

Niederlagen

Zu Beginn des Jahres 1790, am 13. Januar, war der damals amtierende Wiener Polizeidirektor Graf Pergen zum Vortrag beim Kaiser in die Hofburg befohlen. Aber was ein Rechenschaftsbericht zu sein versuchte über die allgemeine Unzufriedenheit im Land, wurde fast zur Anklage wider Joseph. Er würde sich einer unverzeihlichen Nachlässigkeit schuldig machen, erklärte der Polizeidirektor, »wenn ich nicht die Gründe näher untersuchte, aus denen sich die Untertanen unter der Regierung eines Herrschers unglücklich fühlen, der stets um ihr Glück bemüht gewesen ist«.

Graf Pergen hatte damit einen Punkt getroffen, der Joseph besonders schmerzhaft berühren mußte. Denn hatte er, der Kaiser, nicht immer wieder die Liebe zu seinen Untertanen öffentlich gemacht und sie durch zahllose Beispiele einer großzügigen Gesinnung bestätigt? Warum wurde er also nicht wiedergeliebt? »Warum wird Kaiser Joseph II. von seinem Volk nicht geliebt?« hatte der Titel einer ungemein populären Broschüre gelautet, die bereits 1787 erschienen war und deren Verfasser zwar anonym zu bleiben versuchte, aber als ein Wiener Publizist namens Joseph Richter entdeckt wurde. Er war ein eher unbedeutender Literat, Autor einiger Satiren, die vergleichsweise harmlos blieben, während sein Pamphlet gegen Joseph vor allem deshalb ungemein wirkungsvoll war, weil Richter sich keineswegs als blinder Hasser des Kaisers aufspielte, sondern ein realistisches und zugleich nuancenreiches Spiegelbild der Zeit und das Charakterbild eines schwierigen Monarchen wiederzugeben versuchte.

Aber warum liebten die Österreicher diesen Mann, der doch alles getan hatte, um sein Volk glücklich, wohlhabend und dem Fortschritt zugänglich zu machen, tatsächlich nicht? Immerhin hatte Joseph, wie das selbst seine Widersacher zugeben mußten, im Wohlergehen seiner Untertanen stets seine vordringlichste Aufgabe gesehen. Und es wäre ihm wahrlich nicht unangenehm gewesen, wenn sie ihm Dankbarkeit gezeigt und ihn geliebt hätten. Er hatte die Leibeigenschaft aufgehoben, Straßen bauen lassen, das Postwesen völlig neu organisiert, die Erbfolge auch für die unehelich geborenen Kinder geregelt und eine Schulreform in die Wege geleitet, deren Auswirkungen noch auf das nächste Jahrhundert bedeutend waren. »Er sicherte seinen Völkern die Freiheit zu denken, zu schreiben und ihn zu kritisieren«, schrieb der Ungar Fejtö bewundernd. Joseph sorgte aber auch dafür, daß rund sechstausend Edikte in knapp zehn Jahren erdacht, publiziert, nach Möglichkeit sogar verwirklicht wurden. Er revolutionierte das Wirtschaftssystem und sorgte für einen ökonomischen Liberalismus, der das eher rückständige Land an die Spitze aller europäischen Industrienationen bringen sollte. Seine Finanzpolitik war von außerordentlicher Sparsamkeit geprägt, und wäre nicht Josephs unselige Neigung für alles Militärische gewesen, hätte er sich nicht hartnäckig eingebildet, eine Art Heldenpose einnehmen zu müssen, die ungemein kostspielig war, die ihn dazu zwang, »mit vollen Händen wieder zu verschwenden, was er mit eisernem Griff zusammengerafft« (E. Benedikt), so wäre er gewiß als derjenige Habsburger in die Geschichte eingegangen, der am nützlichsten und sorgfältigsten gewirtschaftet hatte.

Und doch wurde der Kaiser jetzt, da sein Stern augenscheinlich im Sinken begriffen schien, verbal unaufhörlich geprügelt, wurde er öffentlich geschmäht, wobei das dadurch begünstigt wurde, daß er selbst es war, der jede übertriebene Zensur verabscheute und einer maßvollen Pressefreiheit das Wort redete. Die Früchte einer so liberalen Haltung waren bitter. Schon 1785 war er in einer anonym erschienenen Flugschrift ein »hinter seiner Zeit zurückgebliebener Despot« genannt worden. In einem anderen Flugblatt, das sich »Prüfung der Wahrscheinlichkeiten« nannte und das gleichfalls 1785 veröffentlicht wurde, bekämpfte der unbekannte Autor die »größenwahnsinnigen militaristischen Neigungen Josephs«, und

Richter stellte in seiner berühmt gewordenen Abhandlung lapidar fest: »Der größere Teil der Nation, das Volk liebt ihn nicht ...« Wobei Richter dialektisch nicht ungeschickt vorging und seine Kritik mit der Aufzählung durchaus positiver Leistungen verknüpfte. »Woher sonst die Geringschätzung der weisesten Verordnungen?« fragte er voll hintergründiger Rhetorik. »Woher die Gleichgültigkeit, wenn er die gefahrvollsten Reisen unternimmt, und die Kälte, wenn er glücklich zu seinem Volk zurückkehrt? Wird ein Volk, das seinen Fürsten liebt, gerne Schmähschriften wider seinen Fürsten lesen? Wird es diese Schmähschriften mit einer Art von Raserei aufkaufen und verbreiten, oder ihren Urhebern, statt ihnen seine Verachtung fühlen zu lassen, noch Beifall zu klatschen?«

Richter muß ein geschickter Psychologe gewesen sein und das Wiener Publikum gut gekannt haben. Denn selbstverständlich gewann er gerade durch diese Art der klugen Aufbereitung seines Themas das Interesse der Leser, wobei die Antwort auf die gestellte Frage, warum Joseph nicht geliebt werde, dann kurz und bündig ausfiel: »Weil er ein Reformator ist!«

Und das verziehen ihm die Wiener eben nicht. »Weil er ein Reformator ist!« – das war eine Art Todesurteil für die Popularität dieses Kaisers, dessen schlimmster Fehler möglicherweise gewesen sein mochte, daß er seiner Zeit zu weit voraus war.

»Ein Volk, das jahrhundertelang in Stumpfsinn und Trägheit, von Kirche wie Regierung förmlich gezüchtet, dahingelebt hatte, mußte naturgemäß Josephs aufrüttelnde Reformtätigkeit als unliebsame Störung empfinden«, schrieb Viktor Bibl. Joseph selbst ahnte seit langem schon, daß alles das, was er zugunsten seiner Untertanen veränderte oder neu organisierte, von ihnen nur als Belästigung empfunden wurde. Nichts in der Welt sei vollkommen, bemerkte er eines Tages zu Hadik, dem einstigen Eroberer Berlins und nunmehrigen Feldmarschall, als dieser krank, resignierend und erfolglos vom Kriegsschauplatz auf dem Balkan nach Wien zurückkehren mußte. Das Gute wie das Üble müsse man suchen, und das, was man entdecke, habe einem »zu begnügen«. Joseph wollte dem gedemütigten alten Haudegen, der gegen die Türken nicht reüssieren konnte, Mut zusprechen. In Wahrheit tröstete er sich wohl selbst.

Übrigens hatte jene Broschüre Richters, die gegen des Kaisers aufrichtigste Interessen gerichtet und dementsprechend erfolgreich war, weil die Menschen hier ihre eigene kritische Meinung vollauf bestätigt fanden, wenig später eine Gegenschrift provoziert, von der allerdings bald behauptet wurde, daß sie gleichfalls Joseph Richter zum Urheber hätte. Der Titel dieser zweiten Schrift lautete vielversprechend: »Kaiser Joseph wird von seinem Volk doch geliebt«, suchte in rhetorisch nicht ungeschickter Form die Thesen der vorangegangenen Broschüre zu widerlegen und erreichte freilich eher das Gegenteil. Denn durch die von neuem angefachte Diskussion über das Reformwerk Josephs verschärfte sich auch wieder die Kritik durch die Öffentlichkeit, wobei es vor allem der Klerus war, der Joseph wütend bekämpfte. Selbst der Erzbischof Hieronymus von Salzburg meinte bereits im Juni 1785 in einem Schreiben an seinen Grazer Bischofskollegen fast bedauernd, daß es wohl des Kaisers Unglück wäre, »daß die meisten jener Ordensbrüder, die er wegen ihrer Unbildung wie ihrer verkehrten Denkungsart und Handlungsweise aus den Klöstern entfernt hatte, an anderer Stelle als Seelsorger und Volkserzieher den alten Unfug fortsetzten«. Hieronymus sprach damit ein Problem an, das der schroffere und polternde Baron Trenck dadurch gelöst sehen wollte, daß man alle Mönche aus den aufgelassenen Klöstern nach Rom hätte schicken sollen, »anstatt ihnen Gelegenheit zu geben, in den Pfarren vertriebene Märtyrer darzustellen und Controvers-Gaukelspiele zu verbrüllen«.

Tatsächlich war die Masse des Volkes weniger aus Gründen einer tiefempfundenen Religiosität als aus purer Gewohnheit, weil die Propaganda der entrüsteten Ordensgeistlichen dementsprechend hartnäckig war, in eine Gegnerschaft zu Joseph hineinmanipuliert worden, die mit Vernunftgründen allein nicht mehr aus der Welt zu schaffen war. Und Joseph unternahm in seinem heftigen Eifer, Österreich zum fortschrittlichsten Land des Kontinents zu machen, darüber hinaus auch noch alles Menschenmögliche, um seinen Feinden genügend Munition für ihre Angriffe gegen ihn zu liefern. Seine energischen Eingriffe ins überlieferte Brauchtum der Kirche brachten ihm mehr Gegnerschaft ein als die meisten seiner anderen kirchenpolitischen Reformen. Sein Versuch einer neuen Begräbnisordnung, nach der die Leichen nackt in Säcke gesteckt werden mußten und auf den Friedhöfen mit ungelöschtem Kalk beerdigt werden sollten, verursachte fast eine Rebellion. Im Januar 1785 mußte Joseph diese Verordnung wieder zurückziehen, wozu er einen galligbitteren Kommentar schrieb: »Da einer großen Anzahl Untertanen die Gründe nicht einleuchten wollen, welche Anlaß gegeben, die Begräbnissäcke vorzuschreiben und in der geschwinderen Verwesung bestanden, auch auf die Gesundheit der Einwohner Bezug hatten; da sie vielmehr eine so große Sorgfalt für ihre Leiber auch nach dem Tode äußerten, ohne zu bedenken, daß sie alsdann nichts als stinkende Kadaver wären, so wäre nun nichts weiter daran gelegen, wie und auf was für Art sie begraben sein wollten.«

Die Agitation des Klerus blieb nicht ohne Folgen. Im Winter 1784 war es bei Wien zu großen Überschwemmungen gekommen. Der Kaiser, der sogleich ins Unglücksgebiet geeilt war, um selbst die Rettungsarbeiten zu befehligen, wurde vom herandrängenden Volk mit Geschrei und Flüchen empfangen. Das wäre die Strafe Gottes für sein ketzerisches Treiben gegen die Kirche, schrien die aufgebrachten Menschen und schüttelten drohend die Fäuste. Und im Jahre 1785 erschien ein Flugblatt mit dem Titel »Beweise, daß Joseph II. ein Protestant ist« und worin der Kaiser ganz offen als Feind der Kirche, ja sogar als eine Art Antichrist denunziert wurde.

Niemand – oder fast niemand – fand sich, der aufgestanden wäre, um ihn in aller Öffentlichkeit und unmißverständlich zu verteidigen. Er war auf eine Weise verlassen und vereinsamt, die ohne Beispiel war in der jüngeren Geschichte des Hauses Österreich.

Dazu kamen aus den Österreichischen Niederlanden immer besorgniserregendere Nachrichten. Wenige Tage nach dem Fall Belgrads, der in jenen entfernten, unruhigen Provinzen überhaupt kein Echo auslöste, waren dort nach Holland geflohene belgische Patrioten in habsburgisches Gebiet eingedrungen, hatten in einem Gefecht nahe dem Städtchen Turnhout eine Abteilung regulärer Truppen besiegt und befanden sich nun auf dem Vormarsch in Richtung Brüssel. Ihr Anführer war ein ehemals kaiserlicher Offizier namens Johann Andreas van der Mersch, der sich während des Siebenjährigen Krieges in der französischen Armee ausgezeichnet hatte, später in österreichische Dienste getreten war und es bis zum Regimentskommandeur gebracht hatte. Van der Mersch war ein Haudegen, der es verstand, die ihm zugelaufenen belgischen Patrioten so geschickt zu motivieren, daß daraus eine tüchtige, schlagkräftige Truppe wurde, mit der die Österreicher ihre liebe Not hatten. Bereits im November mußte der Statthalter in den Österreichischen Niederlanden, Graf Trauttmannsdorff, mit Van der Mersch in Unterhandlungen eintreten, die freilich vorerst noch ergebnislos beendet wurden.

Anfang Dezember brach dann in Brüssel selbst die Revolution aus. General D'Alton räumte ohne jeden Widerstand die Stadt, überließ sie den Aufständischen, was Joseph, als er davon erfuhr, zu einem Wutausbruch veranlaßte. D'Alton, geschlagen, gedemütigt, verzweifelt, beging in Trier, wohin er geflüchtet war, Selbstmord. Der Kaiser in Wien, der nichts mehr an diesem Chaos zu ändern, auch nichts zu retten vermochte, war zutiefst deprimiert. »Du kannst Dir vorstellen, wie gut das alles meiner Gesundheit tut«, schrieb er an seinen Bruder. Allerdings sah er auch ein, daß in Brüssel nichts mehr zu retten war: »Für den Augenblick müssen wir diese Provinzen als verloren ansehen.«

Dieses »für den Augenblick« war eine der vielen Illusionen, denen sich Joseph jetzt hingeben mußte, weil er an der Wirklichkeit zu scheitern begann. Seine Schwester Marie Christine zum Beispiel, die die Verhältnisse in den rebellischen Niederlanden aus eigener Anschauung zu gut kannte, wußte es besser. Da war nichts mehr zu reparieren, da gab es keine Hoffnung mehr, daß sich die Verhältnisse wieder beruhigen würden. »Die Österreichischen Niederlande waren wahrhaftig gezwungen, sich von der Monarchie zu lösen«, schrieb sie an Leopold in Florenz, der von allen diesen Niederlagen und Tragödien nichts wissen wollte und sich energisch dagegen verwehrte, in die Auseinandersetzungen rund um Josephs mißglückende Reformen und um seine fatale Außenpolitik mit hineingezogen zu werden.

Es war also Josephs Einsamkeit in diesen letzten Monaten seiner Existenz in der Tat eine so niederdrückende, trostlose und verbitternde, daß dieser unheilvolle Seelenzustand zweifellos eine negative Auswirkung auf seine physische Gesundheit hatte. Er mußte sich von aller Welt verraten fühlen. Die jüngsten Erfolgsmeldungen vom Kriegsschauplatz gegen die Türken konnten ihm dabei kaum eine Ermutigung bedeuten, zumal die Armee unter Seuchen litt und Mannschaften wie Offiziere durch Krankheiten stärker dezimiert wurden als durch den Feind. In Paris wütete die Revolution, die Joseph zwar vorhergesagt hatte, deren Auswirkungen auch auf die habsburgische Monarchie er aber nie wirklich begriff. In Galizien plünderten hungernde Bauern die Ländereien der Gutsbesitzer. In ganz Ungarn gärte es gefährlich. Aus Pest und Preßburg kamen Berichte nach Wien, die unheilverkündend waren. Selbst die ungarischen Leibeigenen, die er von ihrem Elend befreit hatte, fluchten jetzt dem Kaiser, machten ihn für die maßlose Teuerung des Brotpreises verantwortlich, wehrten sich verzweifelt gegen die drakonischen Rekrutierungsmaßnahmen, stöhnten unter der Steuerschraube, die sich unaufhaltsam drehte. Der Krieg kostete Blut und Geld. Und es traf vor allem die Bauern, welche die Hauptlast dieses sinnlosen Feldzuges gegen die Türken zu tragen hatten. Der allmächtige Landadel wiederum sympathisierte ganz offen mit den Helden der Revolution, begeisterte sich für die Heldentaten eines Van der Mersch, applaudierte den Rebellen von Brüssel.

Im Oktober 1788 erklärten die Repräsentanten einer magyarischen Adelsversammlung zur Aufforderung des Kaisers, mehr Korn für die kämpfende Armee bereitzustellen, daß man es nicht länger dulden werde, mit neuen Steuern und vermehrten Abgaben erpreßt zu werden. Die sofortige Einberufung des Reichstages wurde gefordert. Und Joseph, jetzt schon unfähig, die Durchführung seiner

Befehle durch militärische Gewalt zu sichern, mußte einlenken und nachgeben. In einer gewundenen Erklärung an die magyarischen Komitate gab er die Versicherung ab, daß er nicht daran denke, die ungarische Verfassung zu verletzen; und im übrigen akzeptiere er selbstverständlich die Zustimmung des ungarischen Reichstages für alle von ihm geplanten Gesetze.

Es war eine folgenschwere Niederlage. Alle Getreidelieferungen an die Armee wurden eingestellt. Die Rekrutierungen hörten auf. Die Landvermesser mußten in der magyarischen Reichshälfte ihre Tätigkeit beenden. Die bereits angelegten Kataster wurden vernichtet. Und ungarische Landadelige, die noch vor wenigen Jahren dem Kaiser zugejubelt hatten, sangen jetzt die französische Marseillaise, allerdings in lateinischer Übersetzung, aber immer noch mit einer Leidenschaft, die das Ausbrechen der Rebellion auch in Ungarn vorstellbar machte.

Daß Joseph sich übrigens keiner Selbsttäuschung über den wahren Zustand der Verhältnisse in der Monarchie hingab, wird durch einen Brief bestätigt, den er am 28. Februar 1788 – kurz bevor er über Triest und Fiume an den Kriegsschauplatz gegen die Türken eilte – seinem Bruder Leopold schrieb und darin diesen dringend aufforderte, sich für eine mögliche Thronfolge zur Verfügung zu halten: »Ich bin nur ein Mensch und daher allen Zufällen unterworfen. Ich für mein Teil denke nicht daran und werde mich in mein Schicksal ergeben, aber mein Amt, mein Staat, mein Vaterland liegen mir am Herzen. Ich kenne dessen Zusammensetzung und muß dich beschwören, lieber Bruder und Freund, dich durch gar keine Rücksichten abhalten zu lassen, sondern schon im voraus deine Anstalten zu treffen. Bei der ersten Nachricht von irgendeinem Unfall, der mir zustoßen könnte … mußt du dich ungesäumt zur Armee oder nach Wien begeben, denn ich kenne unsere staatlichen Verhältnisse – und wie nötig ein Oberhaupt ist.«

Zwei Jahre später waren Josephs Ahnungen und Befürchtungen von der Realität eingeholt, war das, was ihm im Anfangsstadium seiner schweren Erkrankung noch als bloße Einbildung erschienen sein mochte oder ihn als Depression gepeinigt hatte, zur alptraumhaften Wirklichkeit geworden. In jener erschütternden Denkschrift des Polizeiministers, die dieser dem Kaiser im Januar 1790 übergeben hatte, waren die verschiedenen Klassen und ihr jeweiliger Grad der Unzufriedenheit mit dem Kaiser und seiner Reformpolitik genau aufgelistet. Da gab es keine Verharmlosung, keine Ausflüchte mehr. Es mußte für Joseph ein Akt der niederschmetternden Desillusionierung gewesen sein, diesen Bericht in seiner ganzen Brutalität akzeptieren zu müssen. Solche Wahrheiten war er inzwischen zwar schon gewöhnt, an solche Zustandsschilderungen seiner auseinanderbrechenden Macht und des fast totalen Verlustes an Zuneigung seiner Untertanen war er immer wieder geraten, wenn er sich der Welt und den Verhältnissen stellte, wie sie waren, und nicht, wie er sie sehen wollte; aber in und mit dieser Denkschrift wurde auch peinlich genau aufgelistet, was die einzelnen Stände bewegte. Da gab es gar nichts zu beschönigen. Da mußte er schwarz auf weiß nachlesen, was er anscheinend falsch gemacht hatte und daß es so gut wie keine Möglichkeit mehr gab, die begangenen Fehler auszubessern. Er hatte praktisch alles verspielt: die Vorschußlorbeeren; die Zuneigung seiner Untertanen; und auch ihren Respekt oder wenigstens ihre Furcht vor ihm, dem Kaiser, der mit absolutistischer Machtentfaltung ein liberales Gaukelspiel inszenieren wollte. Er war an sich selbst gescheitert, weil er zuviel gewollt hatte; und weil er das, was er im Übermaß vom Schicksal eingefordert hatte, auch zu rasch, zu übereilt, zu hastig gewollt hatte.

Jetzt lag ihm die Rechnung vor Augen. Und sie war eindeutig. »Der Adel«, hieß es in der berüchtigten Denkschrift des Polizeiministers, »ist mit Recht unzufrieden, weil derselbe durch das bürgerliche sowohl als Kriminalgesetzbuch durch die neue Steuerretifikation in seinem Eigentum ohne Verschulden äußerst gekränkt und so erniedrigt worden, daß zwischen dem Bürger- und Bauernstand und dem seinigen nur ein sehr geringer Unterschied mehr sich zeiget.«

Den Adel hatte Joseph mit allen seinen Gesetzen vor den Kopf gestoßen. Er hatte seine Macht zu brechen, sein Ansehen zu mindern versucht, um dafür eine Art ausgleichender Gerechtigkeit herzustellen. Das hatte nichts mit Zuneigung zu tun gehabt. Joseph hatte lediglich das soziale Fundament in seinem Staat neu organisieren wollen. Aber war dadurch die Situation der Bürger und Bauern besser geworden?

In der Denkschrift stand die ernüchternde Antwort auf diese naive Frage: »Der Bürgerstand ... wird in seinem Verdienst merklich geschmälert und ist durch die Entkräftung des Adels und der Geistlichkeit gleichsam ärmer geworden. Der Bauer ... ist unzufrieden, weil er von allen Schuldigkeiten gegen seinen Herrn frei sein will, und auch wirklich in dem Irrwahn ist, von allen entledigt zu sein.«

War alles falsch gewesen, was er unternommen hatte? Waren seine Reformen, in die er so große Hoffnungen gesetzt hatte, in Wahrheit nichts weiter als schreckliche Irrtümer gewesen? »Nun sehe ich«, meinte er nachdenklich zu Pergen, »daß Gott alle meine Werke zertrümmern will.«

Aber mit Magie oder irgendeiner Art von überirdischer Einflußnahme hatte das, was jetzt mit dem Reformwerk Josephs geschah, gar nichts zu tun. Es ging alles seinen folgerichtigen Gang. Was sich hier zeigte, waren nur die Konsequenzen einer maßlosen, weil allzu enthusiastischen Politik. Ein Kaiser hatte sein Herzblut investiert, um so etwas wie eine neue Politik der Visionen zu verwirklichen. Jetzt mußte er mit seiner physischen Existenz dafür bezahlen, daß die Visionen von der österreichischen Wirklichkeit zugrunde gerichtet wurden.

Die Niederlagen häuften sich und hatten verheerende Auswirkungen auf Josephs Gesundheitszustand. Als die beiden österreichischen Generalstatthalter in den Niederlanden, des Kaisers Schwester Marie Christine und deren blasser, gesichtsloser Gemahl, am 18. November 1789 Brüssel verlassen mußten, erfolgte bei Joseph ein vollkommener Zusammenbruch, nachdem ihn die Nachricht von dieser Flucht – denn das war es weit mehr als ein geordnetes Zurückweichen vor der revolutionären Gewalt – in Wien erreicht hatte. Diese Situation hatte wiederum Auswirkungen auf die Unabhängigkeitsbestrebungen der Belgier. Schon am 25. November erklärten die in Gent versammelten Stände von Flandern den Kaiser seiner Souveränitätsrechte für verlustig und ihre eigene Provinz als »ernsthaft und unwiderruflich unabhängig«. Joseph aber diktierte einen Brief an Marie Christine, darin es unter anderem eine fast schon dramatische Schilderung seiner schwer angegriffenen Gesundheit gab: »Diese unglücklichen Zustände in den Niederlanden richten mich in dem leidensvollen Zustand, in dem ich mich befinde, zugrunde. Ich kann nicht atmen, nicht schlafen, mich nicht rühren, die ganze Nacht bringe ich sitzend zu. Für den Moment, glaube ich, hilft in den Niederlanden nichts ...«

Schärfer noch traf ihn der Widerstand der Ungarn; und daß dieser Widerstand ein Echo in Wien hatte, das nur noch bösartig gegen den Kaiser, nur noch aufsässig gegen die habsburgische Macht und deren todkranken Repräsentanten war.

Dabei hatte Joseph selbst manche Voraussetzung für den erbitterten Widerstand geschaffen, der ihm jetzt von Ungarn aus entgegenschlug. Da waren zuerst einmal die nahezu gewaltsamen Eingriffe in die Verfassung und Verwaltung der stolzen und selbstbewußten Magyaren, ferner die Fortschaffung der geheiligten Stephanskrone nach Wien und die Einführung der deutschen Sprache als offizielle Amtssprache. Solche Eingriffe in das ungemein ausgeprägte, fast schon übertrieben anmutende Selbstbewußtsein der Ungarn mußten Folgen haben. Eine davon war der wachsende Haß gegen alles »Schwäbische«. Außerdem war der ökonomische Druck, der auf dem Land des kostspieligen Türkenfeldzuges wegen lastete, zu groß. Wien forderte immer mehr und immer nachdrücklicher Geld, Getreide und Rekruten. Ungarn lehnte diese Forderungen hartnäckig ab, begehrte gegen die österreichische Staatsmacht auf, besann sich auf alte revolutionäre Traditionen, die jetzt durch die Französische Revolution eine völlig neue Bedeutung erlangten.

Dazu kamen auch noch andere gefährliche Einflüsse von außen. Preußen bediente sich der magyarischen Opposition, um seine eigene Politik gegen Österreich zu unterstützen. Ungarische Magnaten wandten sich an den Preußenkönig Friedrich Wilhelm II., um von ihm eine Garantie für ihre Verfassung zu erhalten. Zuletzt ließ man sogar unmißverständlich durchblicken, daß man sich von den Preußen einen neuen Herrscher wünsche, der stark genug sein sollte, um gegen Joseph bestehen zu können. Herzog Karl August von Weimar wurde dabei als Thronanwärter genannt. Sein Minister Johann Wolfgang Goethe diktierte in dieser delikaten Angelegenheit sogar einige Schriftstücke, die allerdings von keiner besonderen staatspolitischen Bedeutung waren.

Trotzdem war das, was hier geschah, Hochverrat. Die Ungarn wußten es, Joseph wußte es und natürlich auch Kaunitz. Der Staatskanzler riet wie immer zur Nachgiebigkeit, zur Lösung der Probleme durch geschicktes Taktieren. Die Ereignisse in den Niederlanden hätten gezeigt, daß eine Politik der Stärke nicht angebracht wäre. Und daß sich die Monarchie nicht noch einmal ein solches Unglück leisten könnte, seine Untertanen durch politische Uneinsichtigkeit zu verärgern, zumal es der ungarischen Nation gleichfalls nicht »an auswärtigem Beistand« fehlte, womit Kaunitz auf die preußischen Einmischungsversuche anspielte. Immerhin war der preußische Gesandte am Wiener Hof, Baron Jacobi, gleichsam der inoffizielle Wortführer der magyarischen Opposition, deren erklärtes Ziel die Abtrennung der ungarischen Reichshälfte von Österreich war, was den endgültigen Zusammenbruch der Monarchie bedeutet hätte.

Joseph gab schließlich nach. Er mußte einlenken, weil er zu erschöpft war, physisch und psychisch schwer angeschlagen und nicht mehr fähig, etwas wirklich Entscheidendes gegen eine Entwicklung zu unternehmen, die er selbst heraufbeschworen hatte. In einer Resolution am 28. Januar 1790 wurden fast alle Maßnahmen zurückgenommen, die in den letzten Jahren Ungarn betroffen hatten. »Um allen Klagen in Ungarn und Siebenbürgen Einhalt zu tun«, hieß es, »ist der Kaiser entschlossen, alle seine Verordnungen aufzuheben und die Regierung auf den Stand wie bei dem Ableben der Kaiserin zurückzuversetzen. Nur das Toleranzpatent, die Pfarreinrichtung und was die Untertanen betrifft ausgenommen.«

Das bedeutete mehr als nur zehn Jahre Rückschritt. Das war mehr als bloß eine Niederlage, wie man sie in der Politik immer wieder einmal akzeptieren mußte. Das war mehr als nur ein Schlag gegen die Autorität des Kaisers. Es war eine Demütigung. Es war das ruhmlose Ende einer Leidenschaft. Joseph resignierte endgültig. »Ich wünsche von Herzen«, beendete er sein Rundschreiben an die Stände in Ungarn, »daß Ungarn dadurch an Glückseligkeit und guter Ordnung so viel gewinne, als ich durch meine Verordnungen in allen Gegenständen selber verschaffen wollte.«

Was die Ungarn selbst betraf, so begrüßten sie die Verordnung Josephs, die in ganz Europa Bestürzung hervorrief und heftig diskutiert wurde, mit stürmischem Jubel. »An allen Orten wurden die Ausmessungspläne zerrissen und verbrannt«, schildern zeitgenössische Flugblätter und Chroniken die eilfertige Aufhebung der josephinischen Bodenreform, »die Nummern der Häuser wurden ausgelöscht, alle alten Mißstände mit Hast wieder hergestellt.« Manchenorts kam es zur regelrechten Treibjagd auf verwirrte, unglückliche Landvermesser, die oft Mühe hatten, das nackte Leben zu retten. Gegen sie, die vielleicht Josephs originellste und allerdings auch zukunftsweisendste Erfindung waren, richtete sich die ganze Wut des magyarischen Landadels und der Begüterten. Nicht selten kam es zur tragikomischen Situation, daß sich die Bauern als Handlanger der Adeligen aufführten und die Landvermesser verprügelten, die doch nichts anderes unternommen hatten, als die Voraussetzungen für eine ausgleichende soziale Gerechtigkeit zu schaffen.

Der Jubel steigerte sich noch, als die Krone des heiligen Stephan nach Ofen zurückkehrte. »Jubel und Frohlocken herrschte von nun an in den Gemütern der Hohen und Niederen«, berichtete ein Siebenbürger Sachse, »als ob das Zeitalter der Rhea und des Saturn, der beiden glückbringenden Gottheiten, herangebrochen wäre.« Und ein ungarischer Lokalpoet schwärmte: »Selbst der Hinkende sprang vor Freude und alle Welt rief im Chor: Es lebe die ungarische Freiheit.« Und bei Carl Namshorn heißt es: »Um sie [die Krone] an der Grenze zu empfangen, war eine eigene Deputation beordert worden, ein wahrer Triumphzug geleitete sie nach Ofen, wo, wie in allen Städten, durch die sie geführt wurde, alles festlich geschmückt und die ausgesuchtesten Empfangsfeierlichkeiten angeordnet waren. In Pest wurde sie mit einem donnernden Vivat empfangen, während mit allen Glocken geläutet wurde, der Kardinal-Erz-bischof-Primas das feierliche ›Herr Gott, wir loben dich‹ anstimmte und von den Höhen von Ofen fünfhundert Kanonenschüsse die Ankunft des heiligen Kleinods verkünden mußten.«

Aber dieser überschäumende Ausdruck eines neu erwachten Nationalstolzes und diese fast hysterische Freude über den Sieg, den man sich gegen die verhaßten Reformen des habsburgischen Kaisers einbilden durfte, waren erst der Beginn einer nationalen Exaltiert-heit, die bald jedes vernünftige Maß überschritt. Allerdings verhin-derte sie auch, daß sich die unterdrückte Leidenschaft der tempera-mentvollen Ungarn zu einer rasenden Wut steigerte, die ähnliche Verhältnisse, wie sie damals in Paris herrschten, ermöglicht hätte. Dadurch, daß Joseph den Ungarn in fast allen Belangen nachgege-ben hatte, wurde zwar der soziale Fortschritt eingebremst und eine grundlegende Modernisierung des Landes auf Jahrzehnte hinaus verhindert. Aber dafür wurde möglicherweise auch einer mögli-chen Revolution der Boden genommen. Die Ungarn, weit sangui-nischer als die Franzosen, hätten zwar nichts dagegen einzuwenden gehabt, einen Sturm auf Wien zu inszenieren, um sich am Kaiser und seiner Familie für die ihnen zugefügten – oder auch bloß eingebildeten – Beleidigungen und Demütigungen zu rächen, wobei sie gänzlich übersahen, daß alle Reformen zu ihrem Vorteil unter-nommen worden waren. Aber im Augenblick, da man ihnen ihre nationalen Requisiten wieder überließ, erlosch ihre patriotische Wut oder schlug um in frenetischen Jubel.

»Der ganze ungarische Nationalstolz zeigte sich mit einem Male wieder in seiner ganzen Größe. Das Schreiben und Erlernen der deutschen Sprache wurde verboten, und während die jungen Edel-leute in neuem und nationalem Waffenschmuck erglänzten, warfen selbst auch die Frauen den ausländischen Putz von sich und ver-tauschten denselben mit ihrer alten, schönen Nationaltracht.« So schilderte Namshorn eine Situation, wie sie grotesker und wider-spruchsvoller kaum noch vorstellbar war. Wobei man an dieser Stelle vielleicht daran erinnern sollte, daß rund ein halbes Jahrhundert später nach dem Zusammenbruch der ungarischen Revolution von 1848 diese umjubelte Krone des heiligen Stephan wieder einmal vor den Österreichern in Sicherheit gebracht werden sollte. Und diesmal würden es flüchtende Aufständische sein, die, bevor sie sich zu den Türken durchschlugen, diese Krone nahe einer kleinen rumänischen Ortschaft namens Oršova am Eisernen Tor, nur wenige Meter vom damaligen Verlauf der Donau entfernt, im Erdreich vergraben sollten. Erst viele Jahre später würde man das magyarische Kleinod wiederentdecken. Eine kleine Kirche würde dann über der Fundstelle errichtet werden und für lange Zeit ein Wallfahrtsort nationalbewußter Ungarn sein. Heute ist dieser Schauplatz eines ebenso romantischen wie tragischen Nationalismus längst verschwunden. Das Wasser eines riesigen Stausees bedeckt ihn.

Übrigens jubelten auch die Wiener über diesen beispielhaften Triumph der magyarischen Nationalisten. Als im Februar 1790 die ungarischen Kroninsignien aus der Schatzkammer der Hofburg feierlich abgeholt wurden, »drängte sich das Volk vor der Hofburg zusammen und das Freudengejohle drang bis in das Gemach des zum Tod geweihten Kaisers« (V. Bibl).

Schließlich konnten auch die eher spärlichen Siegesmeldungen von der Front gegen die Türken nicht mehr länger darüber hinwegtäuschen, daß dieser reichlich mutwillig begonnene Feldzug in jeder Hinsicht eine Katastrophe wurde. Wohl hatte man Belgrad zurückgewonnen und war der türkische Angriff auf Galizien zurückgewiesen worden, aber die Verluste stiegen ins Unermeßliche, wobei die Armee vor allem durch Seuchen dezimiert wurde. Außerdem aber hatte dieser unselige Krieg nahezu die gesamten Staatseinkünfte aufgebraucht, so daß zum Beispiel des Kaisers reichlich unglücklicher Finanzminister Zinzendorf bereits die Geldreserven des Staates angreifen mußte, um den dringendsten Verpflichtungen nachzukommen. Ebenso waren drastische Steuereinhebungen unausbleiblich geworden, was die Beliebtheit Josephs auch bei den Österreichern ins Bodenlose stürzen ließ.

Im Februar 1790 kam es dann auch zu stürmischen Protesten, als das sogenannte »Steuer- und Urbarialregulierungs-Patent« veröffentlicht wurde, was nichts anderes als ein neuerliches Anziehen der berüchtigten Steuerschraube bedeutete und bei den ohnedies schon hart betroffenen Ständen Empörung und Widerstand auslöste. Eine der ersten Auswirkungen dieses Widerstandes gegen eine kaiserliche Verfügung war der Rücktritt des Grafen Chotek, der dem Kaiser seinen Dienst als Kanzler aufkündigte, was Joseph mit spürbarer Verbitterung quittierte: »Gewohnt, Undankbare zu machen, ist es nicht das – der Rücktritt –, was mich überrascht, aber daß ein Mann von Geist wie Sie einzig aus Starrköpfigkeit und Donquichotterie einen solchen Schritt unternimmt, nur weil er das Patent für schädlich hält, das er nicht verhindern konnte, das setzt mich in Erstaunen.«

Joseph hatte anscheinend völlig vergessen, daß er von allen Seiten davor gewarnt worden war, der schwer betroffenen, ausgebluteten Bevölkerung weitere Belastungen zumuten zu wollen; und daß er alle noch so gut gemeinten, vernünftigen Einwände beiseite gewischt und für unnütz erklärt hatte. Die Belgier waren von ihm abgefallen. Die Ungarn hatten es verstanden, sich im letzten Augenblick noch aus der allzu engen, erstickenden Umarmung mit Österreich zu lösen. Wunderte es ihn wirklich, wenn jetzt auch die Österreicher selbst murrten und widerspenstig wurden?

»Der Einheitsstaat, dem er mit heißer Seele zugestrebt«, schrieb Viktor Bibl, »drohte in seine einzelnen Teile sich aufzulösen. Sein eigenes Vermögen hatte er dem Staate geopfert, hatte immer gespart, und nun stürzte diesen der Krieg in schwerste Schuldenlast. Das größtmögliche Glück seiner Untertanen hatte er in unermüdlicher, aufreibender Arbeit angestrebt, und ihre Frucht war allgemeine Unzufriedenheit. Der Revolution wollte er mit seinen Reformen zuvorkommen. Jetzt hatten gerade sie den Umsturz gebracht.«

Allerdings müßte man hier wohl auch hinzufügen, daß Joseph ohne zwingenden Grund in das Abenteuer eines Krieges gegen die Türken gestolpert war, daß er nicht den mindesten Anlaß gehabt hatte, sich militärisch so zu exponieren, daß nicht einmal mehr glänzende Siege wie jener von Belgrad die Erbitterung und Verzweiflung der verarmten, ausgequetschten, entmutigten Bevölkerung beenden konnten. Er hatte seinerzeit auf der Krim durchaus gewußt, daß es unsinnig wäre, sich in ein solches Abenteuer zu stürzen. Und er hatte sich dennoch, verführt von Katharinas derber, berechnender Diplomatie, den Russen auf Gedeih und Verderb ausgeliefert. Nun bekam er für seinen verhängnisvollen Ehrgeiz, als Feldherr zu glänzen und sich einen Kindheitstraum zu erfüllen, eine bittere Rechnung präsentiert.

Aber auch die verhältnismäßige Freiheit, die er mit der Lockerung aller Zensurvorschriften seinen Untertanen gewährt hatte, rächte sich jetzt. »Ohne Zweifel war es vom Standpunkt der kaiserlichen Autorität Josephs Ansehen nicht gerade förderlich, wenn er sich tagtäglich von den – die Milderung der Zensur ohne die geringste Selbstbeschränkung ausnützenden – Broschürenschmieden als zweiundvierzigjähriger Affe und Hanswurst besudeln und alle seine Regierungsmaßnahmen in unflätigster Weise bekritteln ließ« (V. Bibl). Anscheinend hatte er zu große Hoffnungen in die geistige Reife seiner Untertanen gesetzt, war er einem gefährlichen Irrtum erlegen, als er angenommen hatte, daß man die Stimmung seiner Untertanen nicht durch Verbote und eine erdrückende, einschnürende Zensur manipulieren könnte, sondern den Menschen ein Höchstmaß an individueller Freiheit und freilich auch an sittlicher Verantwortung geben müßte. Er hatte in seiner grenzenlosen Naivität, die in einem so schroffen Gegensatz zu seinem mißtrauischen Charakter stand, tatsächlich damit spekuliert, daß die Lockerung oder sogar völlige Aufhebung aller Zensurvorschriften dazu führen würde, die Menschen aus eigener Verantwortlichkeit politisch mündig zu machen und daß sie sich außerdem gerade dadurch ihrer moralischen Verpflichtung gegenüber dem Staat eher bewußt würden. Jetzt mußte er entdecken, daß das, was er als positive Maßnahme zugunsten der Würde seiner Untertanen und damit auch zugunsten des Staates gedacht hatte, sich ausnahmslos gegen ihn wandte. Denn er war die bevorzugte Zielscheibe aller anonymen Angriffe, er wurde angepöbelt, verhöhnt, denunziert. Er war das Opfer seiner eigenen Fortschrittsgläubigkeit.

Am 20. Januar 1790 jedenfalls wurden die gelockerten Zensurbestimmungen wieder auf ihren ursprünglichen Stand gebracht, »da man die gegebene Erlaubnis«, wie Joseph sich ausdrückte, »allzusehr mißbraucht hatte«.

Wieder eine Enttäuschung. Wieder ein Rückschritt. Wieder eine Niederlage, die er durch eigene Fehler ermöglicht hatte. Wohin sollte das alles noch führen?

Die Lage war so gut wie hoffnungslos, und das in jeder Hinsicht. Die aufsässigen Länder Belgien und Ungarn produzierten Hiobsbotschaften. Preußen, der Erbfeind, agitierte und wühlte mit steigendem Erfolg gegen die Monarchie. Vom Verbündeten Rußland war im Augenblick nichts zu erwarten. Und in Frankreich raste die Revolution, die von Joseph vorhergesagt worden war und deren verheerende Auswirkungen auf die alte Ordnung ihn nun doch erschütterten. Ende des Jahres 1789 vertraute er sich seinem Bruder in Florenz an: »Es bedarf eines Wunders, wenn wir heil aus diesen Gefahren hervorgehen sollen.« Diese Gefahren waren in der Tat niederdrückend. »Wir werden aller Wahrscheinlichkeit nach mit Preußen und Polen den Krieg haben«, schrieb Joseph. »Frankreich kann und will uns nicht helfen, Rußland ist gänzlich erschöpft, die Niederlande stehen in Aufruhr, der Geist der Empörung hat auch Ungarn und Galizien erfaßt, uns selbst beginnen die Mittel zum Widerstand zu fehlen. Alles das macht mich zittern!« Dem Grafen Cobenzl gegenüber mußte der Kaiser eingestehen, daß es »noch nie einen gefährlicheren Augenblick für die Monarchie, nie einen unglücklicheren, peinlicheren für mich selbst gegeben« hätte.

Es müssen qualvolle Tage und Wochen gewesen sein, die der Gebrochene, Sterbenskranke, Kraftlose und auch nervlich völlig Erschöpfte durchmachte. Er war viel zu intelligent, um sich noch irgendwelchen Illusionen hingeben zu können, und das sowohl über seinen eigenen Zustand als auch über jenen seines Staates. Überall öffneten sich Abgründe, klafften unheilvolle Sprünge, zerbrachen Bindungen, die dauerhaft erschienen waren und von denen sich nun herausstellte, daß sie nicht einmal einer verhältnismäßig geringen Belastungsprobe standhielten. Es brach gleichsam ein vernichtendes Ungewitter an ernüchternden Enttäuschungen über

Joseph herein, der sich doch so lange und so hartnäckig eingebildet hatte, ein Mann der Aufklärung, des Fortschritts und damit ein Freund der Menschen zu sein. Aber war er wirklich ein Menschenfreund gewesen?

Joseph, der davon überzeugt gewesen war, daß möglicherweise der Adel, die Begüterten gegen ihn, gegen seine Reformen Front machen könnten, aber das Volk niemals davon ablassen würde, ihn, den Wohltäter dieses Volkes, zu lieben, mußte auch noch diese letzte und bitterste Enttäuschung erfahren, daß jene, die er seiner Meinung nach unendlich bevorzugt hatte, sich nun von ihm abwandten. Er vermochte nicht einzusehen, daß er in dem Augenblick, als er dem Volk dessen kindischen Aberglauben und manchen übertriebenen Kult zu nehmen versucht hatte, den Kampf um dessen Zuneigung bereits verloren hatte. Das, was er den Menschen an sozialer Befreiung gegeben hatte, wurde als selbstverständlich angenommen. Sein Versuch, das Volk auch geistig von seinen Ketten zu befreien, scheiterte kläglich. Die Menschen wollten weder in Papiersäcken begraben werden, noch ließen sie sich eine Befreiung von mancher kultischen Wahnvorstellung gefallen.

Ebenso glücklos hatte er im politischen Bereich agiert. Alle seine hochfliegenden Pläne waren gescheitert. Und allmählich begann er auch einzusehen, daß er wirklich schwerwiegende Fehler begangen hatte – in Belgien, in Ungarn, in seiner naiven Vorstellung, ein vortrefflicher Kenner der menschlichen Seele oder begnadeter Feldherr zu sein. »Jetzt fühlte er, daß die Anklage berechtigt, die Lehre und die Strafe verdient waren. Stolz und Hochmut der Habsburger zerbrachen in ihm in tausend Stücke« (F. Fejtö).

Aber es war längst zu spät. Er konnte weder durch Demut noch durch eine herrische Geste, zu welcher er im übrigen auch gar nicht mehr fähig gewesen wäre, irgend etwas verändern, irgendeine Verbesserung der heillosen Situation ermöglichen. Er war am Ende. »Die Seele, der Glaube, der Stolz, das Werk, alles zerbröckelte, alles zerfiel zu Staub«, zieht François Fejtö die Quintessenz einer zehnjährigen Regierungszeit, die mit einer Reihe von kläglichen Niederlagen endete.

Joseph aber, der jetzt nur noch ein Wrack war, ein Sterbender, der fast sehnsüchtig auf den Augenblick des endgültigen Verlöschens wartete, um nicht länger die grauenvolle Wahrheit seines Versagens miterleben zu müssen, Joseph klammerte sich voll Verzweiflung an die letzte Hoffnung, die ihm geblieben war. Es war sein Bruder Leopold. Er mußte kommen. Und er mußte vom Reich zu retten versuchen, was er, Joseph, im guten Glauben an die Qualität seiner eigenen Politik, möglicherweise veruntreut hatte.

»Ich habe immer nur gewollt«

Joseph wußte, daß ihm keine Zeit mehr blieb, um das gefährlich schlingernde, von den Stürmen einer Revolution und der wachsenden Unzufriedenheit seiner eigenen Untertanen bewegte Staatsschiff in ruhigere Gewässer zu navigieren. Und er wußte auch, daß außer Leopold niemand imstande sein würde, seine Nachfolge anzutreten. Schon zu Weihnachten 1788 hatte er nach Florenz geschrieben, daß er das unglücklichste Wesen sei und geistig wie körperlich »alle erdenkliche Pein« erleide, denn »sobald ich einen Plan ausgearbeitet hatte, wurde er von denen umgestoßen, die an der Ausarbeitung mitarbeiten sollten«. Und schließlich die dringende Bitte: »Also, lieber Bruder, sieh zu, ob du nicht kommen kannst, denn ich kann für meine Gesundheit nicht bürgen. Sie ist derartig, daß ich von einem Tag zum anderen umfallen und ein Nichts sein kann.«

Wenige Wochen später, im März 1789, hieß es dann lapidar: »Meine Gesundheit wird eher schlechter als besser. Seit drei Wochen bin ich nicht ausgegangen. Ich nehme mit größter Genauigkeit alle Heilmittel, aber bisher ohne den geringsten Erfolg . . . die Ärzte wissen nicht, was sie sagen und tun sollen, sie machen mir immer alle möglichen Hoffnungen, Kräutersäfte sollen mir wohl tun, aber ich halte nichts davon . . .«

Der Schwerkranke schleppte sich dahin. Er war längst schon unfähig, für sich selbst eine Entscheidung zu treffen, und wenn er mit buchstäblich letzter Anstrengung sich doch noch dazu aufraffte, einen staatspolitischen Willensakt zu setzen, dann war das wieder nichts anderes als eine neuerliche Bestätigung seiner permanenten Niederlagen. Seine Briefe nach Florenz wurden immer alarmierender und drängender. »Ich bin elend«, hieß es zu Weihnachten 1789,

»der Husten, die peinlichen Beschwerden beim Atemholen dauern fort, so daß ich nicht die geringste Bewegung machen kann und im Bette liegen muß, ohne daß ich mich auch nur einen Augenblick niederzulegen vermöchte.« Dazu die Darstellung seiner Sorgen um das bedrohte Wohl des Staates: »Die Nächte hindurch kann ich nicht schlafen, und versunken in mein Mißgeschick und das des Staates, mit einer Gesundheit, welche mich jeder Erleichterung beraubt, bin ich gegenwärtig – wie ich glaube – der Unglücklichste unter den Lebenden.«

Nur drei Tage später folgte eine Art Nachschrift: »Ich vermag gar nichts zu tun, auch nicht frische Luft zu schöpfen. Das Reden ist mir gleichfalls unmöglich, und so bin ich durch alle 24 Stunden des Tages meinem Leiden, meinen Schmerzen und meinem Kummer überlassen.«

Am 6. Februar 1790 richtete Joseph eine fast leidenschaftliche Aufforderung zur Pflichterfüllung an Leopold. Es ist ein erschütternder Brief, den der Sterbende diktierte, bewegt von der Sorge um den Bestand der Monarchie und freilich auch von der Furcht vor dem nahenden Ende. Denn Joseph fühlte sein Ende, im Gegensatz zu den Ärzten, die immer noch Optimismus verströmten und alle möglichen Therapien verordneten, jetzt endgültig kommen: »Da ich meine Gesundheit von Tag zu Tag hinschwinden sehe, habe ich die behandelnden Ärzte versammelt und von ihnen eine schriftliche Erklärung über die Beurteilung meines Zustandes eingefordert.«

Dieses von Joseph »eingeforderte« Dokument seines unaufhaltsamen Sterbens fehlte im Brief allerdings, was entweder aus Nachlässigkeit oder aus bewußter Hintanhaltung der Wahrheit geschehen war, so daß der zögernde und an einer Übernahme der Staatsgeschäfte und damit eines unendlich schwierigen und verworrenen Erbes nur mäßig interessierte Großfürst der Toskana nach wie vor keine ungeschminkte, ungeschönte Erklärung über den Gesundheitszustand seines Bruders in Händen hatte; außer jenen Darstellungen natürlich, die Joseph selbst abgab: »Du siehst also, daß eine Heilung kaum zu hoffen, ja unmöglich ist, daß man selbst auf ein schnelles Ende gefaßt sein muß.«

Und dann folgten jene Sätze, die Joseph wohl als eine Art Beschwörung aufgefaßt haben mochte, die er aus der peinigenden Sorge um eine Fortsetzung seines ohnedies schon geschmälerten und bedrohten Lebenswerkes heraus diktiert hatte. Sätze, die Anrufung und Befehlserteilung zugleich waren und die eine besondere Wirkung auf Leopold ausüben sollten: »In diesen Umständen nun, in denen sich der Staat befindet, könnte jeder Stillstand in den entscheidenden Entschlüssen das größte Unheil herbeiführen, und wie sollte man sie fassen, wenn ich nicht mehr lebte oder imstande wäre, etwas zu entscheiden? Ich beschwöre dich also, lieber Bruder, bei deiner Freundschaft für mich, bei der Pflicht, die du deinen Staaten schuldest, und bei dem Erbe deiner Väter und deiner Kinder, so schnell wie nur irgend möglich hierher zu kommen. Das ist die Hauptsache, und ich könnte nicht zufrieden sterben, wenn ich den Staat ohne Oberhaupt wüßte.«

Es war die letzte, aber wahrscheinlich schmerzlichste Niederlage, die Joseph nun durch das merkwürdige Verhalten seines Bruders erdulden mußte. Denn Leopold zeigte gar keine Lust, sich den durchaus berechtigten Wünschen des Kaisers umgehend zur Verfügung zu stellen. Ein Eilkurier aus Florenz brachte die ernüchternde Absage. Es ehre ihn zwar das Vertrauen und der Wunsch seines Bruders, möglichst unverzüglich als Mitregent aufzutreten und sich an die Spitze des Staatsrates zu stellen, ließ Leopold den Kaiser wissen, aber leider wäre seine Gesundheit für den Augenblick so angegriffen, daß er nicht daran denken dürfe, das Zimmer zu verlassen. Er wäre erkältet, Fieberanfälle schüttelten ihn. Leopold dachte jedenfalls nicht daran, jetzt schon vor aller Welt in die Fußstapfen seines Bruders zu treten und eine Rolle zu übernehmen, die ihm weder behagte noch seine volle Zustimmung fand. Und was dann, wenn der Kaiser gegen alle Erwartung seine schwere gesundheitliche Krise überstand? Würde ihm ein Mitregent nicht lästig sein?

An beider Schwester Marie Christine freilich schrieb Leopold unterm Datum vom 25. Januar 1790 einen aufschlußreichen Brief, in dem er seine Grundsätze enthüllte, nach denen er in absehbarer

Zeit sehr wohl zu regieren wünschte. »Ich bin überzeugt, daß selbst der erbliche Herrscher nur der Bevollmächtigte und Diener seines Volkes ist«, hieß es da, und die Verfassung, zu der er sich durchaus bekannte, betrachtete er als eine Art Vertrag zwischen Herrscher und Volk. »Ich bin überzeugt, daß ein Herrscher, der diesen Vertrag nicht achtet, faktisch auf seinen Thron verzichtet.« Und nach einer ganzen Reihe anderer Beispiele, wie er sich das System von Regierung und Volk, von Macht und Verantwortung vorstellte, schrieb er auch noch den bemerkenswerten Satz: »Ich bin überzeugt, daß die höchste Daseinsberechtigung von Gesellschaft und Regierung im Glück des Individuums liegt.«

Im übrigen verhehlte auch Leopold nicht, daß er allmählich zur Überzeugung gelangt sei, daß »die Nationen Europas der Willkürherrschaft der Könige müde geworden sind«, was in ihm die Meinung vertiefte, daß ein Herrscher, der sich behaupten wollte, den neuen Ideen sich würde anfreunden müssen, die in Europa umgingen. Das bedeutete, daß er zu fast jedem Kompromiß bereit und auch fähig sein würde, um an der Macht zu bleiben. Er würde niemals jenen folgenschweren Fehler begehen, an dem sein Bruder letztlich gescheitert war, nämlich stets nur das Absolute zu wollen, ohne jede Rücksicht auf taktische Regeln. Joseph war nach der festen Überzeugung Leopolds zu ungestüm vorgegangen. Er hatte zuwenig politisches Taktgefühl, zuwenig diplomatische Begabung gezeigt. Das sollte ihm, Leopold, nicht passieren, denn dafür würde er zu vorsichtig, zu berechnend sein. Zumindest war er selbst fest davon überzeugt, ein vorzüglicher Politiker zu sein.

Den Sterbenden in der Wiener Hofburg erwartete noch eine weitere Niederlage, die allerdings keine politischen Konsequenzen mehr haben sollte, sondern lediglich das private Gemüt des Kaisers betraf. Diesem fügte sie allerdings einen Schmerz zu, der größer, schneidender war als die dumpfe Trauer über den Verlust aller politischen Visionen. Seine Nichte Elisabeth, die Gemahlin seines Neffen Franz, den Joseph zwar wohlwollend schätzte, den er aber niemals wirklich zu respektieren vermochte, während er Elisabeth in aufrichtiger Zuneigung verbunden war, sie also, blutjung noch

287

und hochschwanger, sollte sich persönlich von ihm verabschieden. Denn Joseph war inzwischen zu Bewußtsein gekommen, daß sein Tod nur noch eine Frage von wenigen Tagen sein konnte und daß er jene, die er liebte oder zumindest respektierte, noch einmal zu sehen wünschte. Also ließ er die Vorhänge an den Fenstern seines Schlafgemachs zuziehen und alle Kerzen verlöschen, um der schwangeren Frau die Aufregung über sein eingefallenes, vom Tod gezeichnetes Antlitz zu ersparen. Dann erst durfte sie für einen kurzen Augenblick bei ihm eintreten, um einige geflüsterte Abschiedsworte zu hören, die der Kaiser, der an entsetzlicher Atemnot litt, mit buchstäblich letzter Anstrengung zustande brachte.

Gerade das aber dürfte eine schauerliche Wirkung auf die junge Frau gehabt haben. Elisabeth wurde ohnmächtig. Und Joseph mußte die Hofdamen, welche die Erzherzogin begleiteten, darum ersuchen, die Bewußtlose in einem Tragstuhl hinüber zu ihren Räumlichkeiten zu bringen. Wenige Tage später, am Abend des 16. Februar, wurde Elisabeth von den vorzeitig einsetzenden Geburtswehen befallen, und noch in der nämlichen Nacht brachte sie ein totes Kind zur Welt. Sie selbst litt große Schmerzen. Die Blutungen hörten nicht auf. Schwere Krämpfe peinigten die Erzherzogin. Und wenige Stunden nach der Totgeburt starb sie selbst.

Man überbrachte dem Kaiser nur zögernd die Nachricht vom Hinscheiden Elisabeths, die er fast wie eine eigene Tochter geliebt hatte. Nicht grundlos fürchtete man, daß diese Katastrophe den letzten Funken Lebensmut im ausgezehrten, völlig erschöpften Körper des Kaisers auslöschen könnte. Aber anscheinend hatte Joseph nicht einmal mehr die Kraft, um seinem maßlosen Leid Ausdruck zu verleihen. Zwar soll er nach der Meinung einiger Chronisten noch ausgerufen haben: »Und ich lebe noch, und ich habe doch alles verloren, alles auf der Welt ist mir mißglückt, jedes Glück habe ich scheitern sehen . . .«, aber in Wahrheit dürfte es sich eher so verhalten haben, daß er die Unglücksbotschaft, die ihm ein Graf Rosenberg überbrachte, stumm, regungslos entgegennahm. Die Energie, einige zusammenhängende Sätze auszusprechen, dürfte er zu jenem Zeitpunkt schon nicht mehr besessen haben.

Anderntags, am 18. Februar, sandte man die Krone des heiligen Stephan den Magyaren zurück nach Ungarn. Joseph, als er die Meldung von diesem Ereignis erhielt, soll nur zustimmend den Kopf geneigt haben. Zu mehr war er nicht mehr fähig. Oder er hatte endlich begriffen, daß es jetzt, wenige Stunden vor seinem Tod, ohnedies zu allem zu spät war und daß jede Anstrengung, welcher Art sie auch sein mochte, sich nicht mehr lohnte.

Dennoch blieb Joseph in der Pflicht und gehorchte auch im Zustand der vollkommenen Erschöpfung den Anstrengungen und Anforderungen seines Amtes, soweit ihm das überhaupt noch möglich war. Am 19. Februar zum Beispiel diktierte er seinem Sekretär eine Reihe von Briefen, in denen er Abschied von einigen Personen nahm, die ihm teuer oder zumindest wichtig erschienen. Dazu gehörte Fürst Kaunitz, der Staatskanzler, mit dem der Kaiser in den vergangenen anderthalb Jahren ohnedies nur noch schriftlich verkehrt hatte und bei dem er es sich trotzdem nicht versagte, ihm ein letztes Mal Dank abzustatten für die geleisteten Dienste: »Ich umarme Sie und empfehle Ihnen in diesem gefährlichen Zeitpunkt mein Vaterland, das mir so am Herzen liegt.«

Vorher schon hatte der Kaiser seinen beiden Generälen Hadik und Laudon einen letzten Besuch erlaubt, wobei beide Haudegen, die »so oft festen Blickes dem Tod in die Augen gesehen haben«, wie das ein zeitgenössischer Berichterstatter formulierte, tränenreichen Abschied von ihrem Kaiser nahmen. Hadik hatte dabei von Joseph auch noch einen Tagesbefehl an die Armee überantwortet erhalten, welcher noch einmal die leidenschaftliche Anhänglichkeit bestätigte, die dieser Habsburger, der doch eine zutiefst zivile Natur war und ein intelligenter Reformator ohne jede besondere militärische Begabung, dem Soldatenstand gegenüber empfand. »Ich würde mich der Undankbarkeit schuldig halten«, hieß es in diesem letzten Tagesbefehl des sterbenden Kaisers, »wenn ich nicht in dem Augenblick, wo ich das Leben verlasse, meiner Armee meine völlige Zufriedenheit mit ihrer unwandelbaren Treue, ihrer Tapferkeit und Zucht bezeugte. Der Ruhm und das Wohlbefinden meiner Truppe sind stets die vorzüglichsten Gegenstände meiner Sorgen gewesen.

Der letzte Feldzug hat meine heißesten Wünsche übertroffen und der Ruf meiner Truppen hat sich in ganz Europa verbreitet . . . Ich habe nicht ins Grab steigen wollen, ohne meiner Armee dieses öffentliche Zeugnis meiner Liebe zu geben . . .«

Dachte Joseph in diesen Augenblicken an die Schande von Karanşebes, als diese jetzt so hoch gelobte Armee buchstäblich vor einem Schatten davongelaufen war? Und als nichts von Treue, Tapferkeit und Zucht zu bemerken gewesen war? War ihm auch bewußt, daß dieser letzte Feldzug gegen die Türken, der im Tagesbefehl so rühmend erwähnt wurde, ihn nicht nur die Sympathien der Magyaren gekostet, sondern auch sein Reich an den Rand des Bankrotts gebracht hatte? Und damit eine wesentliche Voraussetzung gewesen war für die erzwungene Zurücknahme vieler Reformen, durch die er das soziale Los seiner Untertanen hatte verbessern wollen?

Aus. Vorbei. Es war nicht die Zeit für sentimentale Rechenschaftsberichte. Ein habsburgischer Kaiser, der sich aufs Sterben vorbereitete, hatte andere Verpflichtungen. Er war gehalten, bis zum letzten Atemzug seine Pflicht zu tun. Störck, den Leibarzt, der außerstande gewesen war, den quälenden Husten aus seiner Brust zu vertreiben und den Lungen Kraft zum Atmen zu geben, erhob er jetzt in den Freiherrnstand. Ein Arzt, der einen Kaiser zwar nicht kurierte, ihn aber getreulich ins Sterben geleitete, verdiente dennoch Anerkennung. Seine Sekretäre, die Diener, das Hofpersonal mußten mit Geschenken, mit Dotationen, Ehrungen bedacht werden, auf die sie Anspruch hatten, was in »Summa dann wohl eine halbe Million, beiläufig gesagt, sein wird, welche er an Geschenken in seinen letzten Tagen ausspendete«, wie das ein kritischer Zeitgenosse feststellte. Seinem Oberstkämmerer, dem Grafen Rosenberg, machte er ein Präsent von besonderer Bedeutung. Ans Ende des üblichen Abschiedsbriefes, der aus den gewohnten höflichen Floskeln bestand, die man einem Sekretarius diktierte, was für den Erstickenden, hilflos um Luft Ringenden ohnedies eine unglaubliche Anstrengung war, war in krakeliger Schrift eine Nachschrift gesetzt. Und diese stammte von des Kaisers Hand. »Nur meine zitternde Hand hat mich verhindert, Ihnen diese Zeilen mit eigener Hand zu schreiben«, hieß es da und war Ehrung und Anerkennung genug für einen treuen Diener seines Herrn.

Am 13. Feburar hatte man ihm das heilige Abendmahl gereicht. Zwei Tage danach erhielt er das Sakrament der Letzten Ölung. Er würde wohlversehen mit den Tröstungen der Religion die letzte Reise antreten. Später einmal, wenn die Legendenbildung rund um Joseph beginnen würde, sollte das von nicht geringer Bedeutung sein. Sein phänomenaler Aufstieg zum Volkskaiser, erst Jahre nach seinem Tod möglich, würde durch den Umstand begünstigt werden, daß er allem Anschein nach doch kein Ketzer und Antichrist gewesen war. Die Österreicher sind schließlich nur fähig, etwas zu lieben, das ihren Vorstellungen von Anstand und Sitte entspricht. Ein Kaiser, der ihnen die soziale und geistige Freiheit gebracht, sie aber mit freigeistigen Ansichten verunsichert hatte, war solcher Zuneigung nicht würdig. Ein Fürst aber, der mit der Religion seinen Frieden schließt, wird der aufrichtigen Zuneigung seiner Untertanen wieder fähig.

Und noch ein Abschied war zu nehmen. Nämlich jener von den fünf Damen, die ihm über viele Jahre die einzige private Zerstreuung und gesellschaftliche Ansprache vermittelt hatten. Es waren das die beiden verwitweten Fürstinnen Liechtenstein, die Fürstin Kinsky, die Fürstin Clary und die Gräfin Kaunitz. In ihrem Kreis hatte er sich so frei und ungezwungen fühlen und aufführen dürfen, wie ihm das sonst niemals möglich gewesen war. Sie hatten ihn privat erleben dürfen, frei von jeder übertriebenen Konvention, weitgehend auch befreit von jener lästigen Etikette, die am Wiener Hof jedes warme, menschliche Klima schon im Ansatz erstickte. Einer von ihnen, Eleonore Liechtenstein, war er einst voll inniger Zuneigung zugetan gewesen, hatte gelitten an der nie erklärten Liebe zu ihr. Aber das war längst vorbei. Eleonore war zur Freundin geworden wie die anderen vier, deren Gesellschaft er nicht mehr missen wollte.

Ihnen also ließ er einen letzten Gruß zukommen. Und es war dieser kurze Brief der vielleicht berührendste Abschied Josephs von einem Leben, das ihm so viel versagt hatte: »Es ist Zeit, Ihnen noch durch diese Zeilen meine ganze Erkenntlichkeit für jene Güte, Politesse, Freundschaft und angenehme Freiheit zu bezeigen, die Sie mir während so vieler Jahre, welche wir in Gesellschaft miteinander verbracht haben, zu erweisen und angedeihen zu lassen die Gewogenheit hatten. Ich bereue keinen Tag, keiner war mir zuviel, und dieses Vergnügen, mit Ihnen umzugehen, ist das einzige verdienstliche Opfer, das ich darbringe, indem ich die Welt verlasse. Haben Sie die Güte, sich meiner in Ihrem Gebete zu erinnern ... Leben Sie wohl ...«

Lauter Niederlagen, und die letzte kostete ihn das Leben. Dabei war mit jeder zuvor geschehenen Demütigung schon ein Stück seiner Vitalität, seines Lebensmutes verlorengegangen. Im Abschiedsbrief an die Zarin Katharina, den er am 16. Februar diktierte, kam plötzlich der entlarvende Satz vor: »Ich habe immer nur gewollt.« Angeblich soll der Sekretär, dem dieses Wort diktiert wurde, erschrocken aufgeblickt haben, sprachlos zwar, aber mit einem so deutlichen Ausdruck des Entsetzens im Gesicht, daß Joseph, der nicht nur ein Sterbender sein durfte, sondern immer noch ein Kaiser sein mußte, dieses Schreiben, bevor es mit einem Sonderkurier nach Rußland abgesandt wurde, dem greisen, klugen, gerissenen Staatskanzler zur letzten Überprüfung überantwortete. Und Kaunitz urteilte durchaus wohlwollend, lobte den Kaiser, den er doch so oft getadelt hatte, unter anderem gerade seines unvorsichtigen Umgangs mit Katharina wegen. Der Brief sei ein kleines Meisterwerk, ließ er Joseph ausrichten, und das sowohl seiner Form als auch dem Inhalt nach.

Was hätte man einem Manne, der mit beiden Füßen schon ins Grab sank, auch anderes ausrichten lassen können? Daß es für einen Herrscher, der zehn Jahre lang seine Welt in Aufregung versetzt hatte, wenig schicklich sei, jetzt zu sagen: »Ich habe immer nur gewollt«? Daß ein solches Zugeständnis eine Art schicksalshaften Bankrotterklärung für eine Politik darstellte, die doch als Kette von lärmenden Explosionen sein Zeitalter hätte erfüllen sollen?

Aber Joseph hatte in diesen letzten Tagen und Stunden seines

Daseins nicht nur Katharina sein Scheitern eingestanden. Auch dem Grafen Rosenberg, dem ewig getreuen und bis zur Selbstaufgabe anhänglichen Oberstkämmerer, gegenüber war er, unmittelbar nachdem er die Letzte Ölung empfangen hatte, von fast brutaler Aufrichtigkeit: »Ich bedaure nicht, daß ich den Thron aufgeben muß. Mich betrübt einzig und allein, daß ich trotz aller meiner Bemühungen so wenige Menschen glücklich gemacht habe.«

Letzte Einsichten, die zu spät kamen. Schon wandte sich die Welt von ihm ab, kehrte sich gegen ihn. Der Bruder in Florenz lehnte es ab, die Politik Josephs mitzuverantworten, wartete klug und berechnend den Tod des Kaisers ab, um eine deutliche Unterscheidung zu dessen Regierungsstil zu ermöglichen. Lacy, der Feldmarschall und Freund, sagte jetzt, daß Joseph ein großer Mann habe sein wollen, indem er sein Temperament in jeder Richtung vergewaltigte und alles wissen wollte, ohne nachzufragen. Das war ein schmähliches Abschiednehmen, nicht viel besser als jenes, welches sich Kaunitz erlaubte, als er öffentlich sagte, zwar alt, aber noch nicht alt genug zu sein, um nicht noch die Zerstörung der Monarchie zu erleben, »wenn der Kaiser in diesem Zuge fortfährt«. Und Zinzendorf, des Kaisers Minister, schrieb in sein Tagebuch: »Die Ungerechtigkeiten, die man kaltblütig den Souverän begehen läßt, machen erzittern. Seine Flatterhaftigkeit bewirkt, daß er die Gesellschaft und den Rat Unbedeutender vorzieht ...«

Das Opfer war noch nicht gänzlich zur Aufbahrung bereit. Aber die Raben kreisten und krächzten schon.

Das Ende

Am Morgen seines letzten Lebenstages, es war das der 19. Februar 1790, erteilte Joseph den Dienern die Anordnung, daß sie ihn mit der weißen Marschallsuniform bekleiden sollten. Sogar die Stiefel ließ er sich überziehen. Dann brachte man ihn zu einem mit vielen Kissen gut ausgepolsterten Lehnstuhl, darin er in den Wochen zuvor schon in einer halb liegenden, halb aufgerichteten Stellung Briefe diktiert, Akten studiert und Vorträge der nach wie vor bei ihm vorstellig gewordenen Minister und Hofbeamten abgehört hatte. Auch an diesem letzten Tag in seinem Leben änderte er diese Gewohnheiten nach Möglichkeit nicht. Er mußte sie lediglich auf das von der Krankheit erzwungene Maß reduzieren. Die beiden letzten Briefe, die er diktierte, waren übrigens jener an den Freund und langjährigen Weggefährten De Ligne und das Abschiedsschreiben an die fünf Fürstinnen.

Welche Kraftanstrengung der Kaiser sich noch zumutete, geht allein schon aus dem Umstand hervor, daß er auch an diesem 19. Februar vier Sekretäre beschäftigte, die den ganzen Tag bis gegen zehn Uhr abends bei ihm bleiben mußten. Gegen Mittag war er einmal für kurze Zeit ohnmächtig geworden, wahrscheinlich aus Schwäche in einen kurzen, schweren Schlaf gleitend, in eine Art gnädige Bewußtlosigkeit, welche ihn die Schmerzen und die Anstrengungen des keuchenden Atmens vergessen ließen. Lacy, der Marschall, und sein Oberstkämmerer Rosenberg besuchten ihn, blieben aber jeweils nur für ganz kurze Zeit bei ihm, weil sie erschrocken erkannten, daß der Kaiser eigentlich gar nicht mehr ansprechbar war. Sein Zustand wechselte gegen Abend von erschöpfter Ohnmacht zu schweren Hustenanfällen. Sein Atem war nur noch ein zischendes, luftschnappendes Würgen und Keuchen. Seine letzten Unterschriften, die er auf irgendwelche Eingaben und Akten machte, fielen so zittrig aus, daß man sie später kaum noch entziffern konnte.

Was Lacy und Rosenberg betraf, so kamen sie dann, als die Entscheidung nahte, wieder ins Schlafgemach des Kaisers zurück, das nun auch sein Sterbezimmer sein sollte. In der Nacht auf den 20. Februar bekam Joseph nämlich schwere Fieberphantasien. Gegen fünf Uhr früh wurde ihm eine heiße Suppe löffelweise eingeflößt. Seine Augen waren geöffnet. Aber sie blieben blicklos. Zu irgendeiner Äußerung war er nicht mehr fähig.

Manche Biographen meinten freilich, Joseph wäre noch imstande gewesen, bis zum Augenblick seines Todes dem ermunternden Zuspruch seines Beichtvaters in jedem Detail zu folgen und mit diesem gemeinsam alle notwendigen Gebete aufzusagen. Carl Namshorn zum Beispiel erzählte noch 1861, daß der Zustand des Kranken »leidlich blieb«, und »die Zeit, wo er wach war, betete er mit dem Beichtiger, und während er demselben die Gebete andeutete, die er ihm vorlesen sollte, betete er auch selbst«. Und Namshorn zitierte dann auch tatsächlich die einzelnen Formeln der Gebete, die Joseph angeblich aufgesagt hatte.

Wahrscheinlicher ist aber, daß der Sterbende nur noch dazu fähig war, hilflos dem Tod entgegenzudämmern. Möglicherweise litt er unter anderem auch an einer Wassersucht in den Lungen, wobei jetzt das steigende Wasser das schwach gewordene Herz langsam abschnürte und die Lungen füllte.

Übrigens befand sich neben Lacy, dem Oberstkämmerer Rosenberg, dem Beichtvater, einem Augustinermönch, dem Grafen Dietrichstein und zuletzt auch Störck der Erzherzog Franz bei Joseph, »die verkörperte Sorge um die Nachfolge«, wie Viktor Bibl sich einmal ausdrückte. Das war durchaus nicht übertrieben, da Franz in der Nachfolge an hervorrangender Stelle gereiht war und sich berechtigte Hoffnungen machen durfte, in absehbarer Zeit und nach seinem Vater Leopold – der nach wie vor in Florenz auf die Todesnachricht aus Wien wartete – den österreichischen Thron besteigen zu dürfen. Daß seine eigene Frau, die von Joseph so sehr geschätzte kindhafte Elisabeth, gerade erst an einer Frühgeburt, bei der sie ein totes Kind zur Welt gebracht hatte, jammervoll zugrunde gegangen war, schien dabei keine Rolle zu spielen. Das Sterben eines Kaisers, den man als Nachfolger politisch beerben würde, war bedeutsamer als jede private Trauer.

Etwas nach fünf Uhr früh, und zwar am 20. Februar 1790, gab Joseph kein Lebenszeichen mehr von sich. Der Leibarzt Störck ertastete jedenfalls keinen Puls mehr. Franz ließ unverzüglich Wachen aufziehen und die Tür des Arbeitszimmers seines Onkels versiegeln. Riedesel, Preußens Gesandter in Wien, setzte einen ersten Bericht nach Potsdam ab, in welchem es unter anderem hieß, daß ihm nur wenige Beispiele »eines derart resignierten Todes« bekannt wären. Und anderntags schrieb Graf Zinzendorf in sein Tagebuch: »Wir sind ausgegangen um den Kaiser zu sehen, der ziemlich elend in seinem Schlafzimmer auf dem Paradebett lag, umgeben von einigen Leuchtern, in Marschallsuniform, den Kopf eingebunden in einem weißen Tuch, das Gesicht schwarz angelaufen und gelb wie Wachs, die Hände schlecht gefaltet, zu hoch auf der Brust, die Uniform schlecht gefaltet, und zwei Augustiner, die ihm zu Füßen beteten.«

Am 22. Februar, und zwar am Nachmittag, wurde der Leichnam des Kaisers »mit dem üblichen Gepränge« (V. Bibl) in der Kapuzinergruft beigesetzt. Das wahrhaft Makabere an diesem Leichenbegängnis war, daß die Stimmung dabei, wie ein Zeitgenosse das schilderte, »bis zur Unanständigkeit fröhlich« gewesen sein soll. Es hatte beinahe den schrecklichen Anschein, als ob die Wiener erleichtert aufatmeten, daß ihr Monarch, der sie mit seiner heftigen Zuneigung fast erdrückt hatte, nunmehr nicht länger imstande sein würde, sie mit seinen Reformen zu quälen. Dazu paßt auch eine Tagebucheintragung Zinzendorfs vom 17. Januar, also rund vier Wochen vor dem Tod Josephs, in der sich der Minister darüber echauffiert, »wie man gegen den Kaiser spricht, wie man seinen Tod herbeisehnt«.

Kaunitz soll immerhin, als ihm die Nachricht vom Hinscheiden

Josephs überbracht wurde, beiläufig gesagt haben, daß es Zeit gewesen wäre für diesen Tod. Nach einer anderen Quelle soll der Staatskanzler nur genickt und gesagt haben: »Das war sehr gut von ihm.« Zinzendorf vertraute seinem Tagebuch einige Gedanken an, die er bei der Leichenfeier für den verstorbenen Kaiser gehegt hatte: »Dieser Mann, dem so wenig Menschen die Wahrheit zu sagen wagten, der kein anderes Gesetz kannte als seinen Willen ... er wäre ein liebenswürdiger und guter Privatmann geworden, wenn er Gerechtigkeit und Moral respektiert hätte und wenn er weniger anmaßend gewesen wäre.« Und Lacy, der enge Freund und Wegge-fährte, sagte am Tag nach der Leichenfeier zum Minister Zinzen-dorf, daß er von Joseph niemals eine gemäßigte Ansicht gehört hätte; »er war immer exzessiv, hat alles an sich gezogen, so daß jetzt niemand mehr weiß, was er tun soll«.

Ein anderes Urteil aus jenen Tagen, da man in Wien noch zwi-schen aufatmender Erleichterung, als wäre dieser Kaiser ein Ty-rann gewesen, und aufrichtiger Trauer schwankte, stammte von Eleonore Liechtenstein, von jener Frau also, die in Joseph einst ein Gefühl geweckt hatte, das stürmischer und auch aufrichtiger gewe-sen sein mochte, als er ihr das jemals eingestanden hatte. »Wir haben uns oft über ihn geärgert«, schrieb sie an ihre Schwester, »aber wieviel Schwung, Leben, Begeisterung und Liebe zur Gerechtigkeit hat er doch in uns allen erweckt.« Eleonore Liechtenstein war dem großen Toten auf eine Weise gerecht geworden, wie das nur wenige ihres Standes und Ranges zustande gebracht hatten.

Der Fürst De Ligne ließ der Zarin Katharina ein Schreiben zu-kommen, darin er bewegende Worte für seinen langjährigen Freund fand. Er bedauerte, daß niemand den Kaiser beweinte, wie das François Fejtö ausdrückte, aber er fand auch jene prophetischen Worte, die der wahren Bedeutung Josephs und seiner späten Ehren-rettung durch eine klüger gewordene und besonnen urteilende Nachwelt gerecht wurden. De Ligne erinnerte an die sozialen und moralischen Leistungen Josephs, an seine Reformen, von denen die meisten zukunftsweisend waren und denen bereits ein halbes Men-schenalter später ein keinesfalls unkritischer Historiker zugestehen mußte, daß sie »einen riesenhaften Fortschritt bedeuteten für die Landeskultur, Handel, Industrie, Schiffahrt, Kunst und Wissenschaft«.

Vorerst freilich gefielen sich die Wiener in einer üblen Flut von Schmähungen für den Toten, wobei es vor allem die von ihm so oft und so nachhaltig hofierten Intellektuellen waren, die ihm Steine ins Grab nachwarfen. Im Burgtheater, das seine Erfindung, seine wesentliche kulturpolitische Leistung gewesen war, wovon jetzt niemand mehr etwas wissen wollte, in diesem Theater also spiele man jetzt »Menschenhaß und Reue«, spottete eine geistreiche Schickeria und fügte diesem kläglichen Wort sogleich ein zweites hinzu, das nicht minder boshaft und geschmacklos war. Bei Hofe nämlich, so hieß es jetzt, gebe man das Stück »Menschenhaß ohne Reue«, womit man darauf anspielte, daß der Tote auch im Kreise seiner eigenen Familie viele Widersacher gehabt hätte.

Diplomaten berichteten eilfertig in alle Welt, daß das Sterben Josephs »eine wahre Erlösung aus der trostlosen Lage« wäre, in die der Kaiser die Monarchie durch seine Uneinsichtigkeit und durch die Radikalität seiner Reformen sowie durch seine diplomatische, politische Unfähigkeit gebracht hätte. Der bayrische Gesandte berichtete seiner Regierung, daß es in Wien nur eine einzige Stimme gebe, »die besagt, daß sein Tod allein die Monarchie retten könnte«. Den Widerruf seiner Reformen verdammte man plötzlich als Zeichen politischer Schwäche. Und über seine schwere Krankheit, die ihn jahrelang gequält hatte, tuschelte man hinter vorgehaltener Hand, daß sie das Ergebnis seines liederlichen Umgangs »mit fragwürdigen Weibspersonen minderen Standes« gewesen wäre, was besagen sollte, daß er an einer venerischen Krankheit verschieden sei. Andere Stimmen wiederum redeten davon, daß Joseph an den Folgen eines heimtückischen Giftanschlags gestorben wäre, für welchen die Jesuiten verantwortlich gewesen sein sollten.

In Ungarn feierte der Adel, der ein neues Freiheitsideal für sich entdeckt hatte, den Tod Josephs wie einen Sieg. Jetzt würde, so glaubte man, von Wien aus keine Gefahr mehr für die Unabhängigkeitsbestrebungen des ständischen Ungarn zu befürchten sein.

Es war der deutsche Dichter und Philosoph Herder, der in seinen »Briefen zur Beförderung der Humanität« jenen tiefgreifenden Umschwung im Urteil über Joseph II. einleitete, der aus dem unbequemen und gelegentlich sogar heftig verabscheuten Reformator allmählich einen Volkskaiser und einen der modernsten, zukunftsweisenden und liberalsten Herrscher Europas werden ließ. Herder lobte vor allem die Emsigkeit des Kaisers, seinen unermüdlichen Einsatz und »daß er das Innere seiner Länder bis zum kleinsten Detail kennengelernt« hatte. »Er wollte nur Billiges, Nützliches, Gutes«, lobte Herder. »Oft war, was er wollte, nur die erste Pflicht der Humanität und Vernunft, der gesellschaftlichen Rechte.« Und er wäre nicht, wie so viele andere Monarchen, der Schwachheit der menschlichen Natur unterlegen. »Nicht das Schicksal, die Natur der Dinge, der Wille der Untertanen hat ihn gebeugt. Seine Fehler hat er mit ins Grab genommen. Das Gute, das er gewollt, wird in zerfallenden Resten bleiben und dereinst glücklicher an den Tag treten.«

Es war eine merkwürdige Situation. Das Volk atmete befreit auf, ohne eigentlich zu wissen, worüber es sich glücklich zeigte, welches leichtere Schicksal es nun erwarten durfte. Man verzieh dem Toten ganz einfach nicht sein Ungestüm, mit dem er Österreich einer neuen, moderneren Zeit zugeführt hatte. Man ärgerte sich immer noch über die seltsamen Begräbnisverordnungen, die jedes pompöse Leichenbegängnis unmöglich machten, etwas also, das in der Hauptsache den Wienern unendlich viel bedeutete. Man war sich mit der überwältigenden Mehrheit der Geistlichkeit darin einig, daß Josephs rigorose Maßnahmen gegen das Überhandnehmen abergläubischer Rituale ein unerhörter Anschlag gegen die Religion gewesen wären. Die von Joseph angestrebte Säuberung der Altäre von allem spekulativen und kostspieligen Plunder war den Menschen aus tiefster Seele zuwider. Sie beharrten auf ihren eigenartigen Kulten, die nur wenig mit echter Gläubigkeit, aber unendlich viel mit billigem Aberglauben zu tun hatten. Und sie haßten den, der sie von solchem Ballast zu befreien versucht hatte, noch über den Tod hinaus.

Die unversöhnlichsten Gegner waren freilich die Mönche und jene zahlreichen Geistlichen, die nicht einsehen wollten oder konnten, daß dieser Herrscher von einer Kirche des evangelischen Humanismus träumte, die erst rund zwei Jahrhunderte später mit dem II. Vatikanum zumindest in Ansätzen eine Verwirklichung erfahren sollte. Außerdem hatte er das schlechthin Unmögliche oder für das barocke Österreich Undenkbare gewollt, nämlich eine Verschmelzung des Geistes der Aufklärung, dem er sich zutiefst verpflichtet fühlte, mit jener eher naiven Gläubigkeit, die in Österreich als der Bodensatz aller Religiosität begriffen wurde. Seine Reformierung der Amtskirche, seine Erneuerung des Unterrichtswesens, die vor allem darin bestand, daß er sie von der Zuchtrute der geistlichen Vormundschaft befreite, sowie seine auch aus sozialer Sorge vorgetragenen Angriffe gegen ein ohnedies längst reformbedürftiges Mönchswesen haben Joseph in den Reihen jener, die sich von ihm verfolgt fühlten, unversöhnliche Feinde geschaffen. Und da die Geistlichkeit immer noch großen Einfluß auf die Meinung der Menschen hatte, war es nur eine logische Konsequenz dieses Hasses vieler Priester und Mönche, daß auch das Volk lange Zeit unfähig blieb, den toten Kaiser zu lieben oder wenigstens zu respektieren. Es bedurfte mancher schmerzhaften Erfahrung im Umgang mit den Mächtigen, mancher bitter erworbenen eigenen Erkenntnis, bis die Österreicher begriffen, was sie an diesem Manne, den sie zu dessen Lebzeiten nie verstanden hatten, wirklich gehabt und was sie an und mit ihm verloren hatten.

Andere hatten das zuvor schon erfaßt; Novalis zum Beispiel, der ein Romantiker der poetischen Empfindung, aber auch ein scharfsinniger Analytiker der politischen Realität war. Er widmete Joseph eine literarische Würdigung, die in der Erkenntnis mündete, daß dieser Kaiser die Freiheit des Denkens begründet habe.

Wieder andere urteilten – und urteilen – mitleidloser, gehässiger, zynischer: »Maniriert war Joseph bis in den Tod hinein. Unfähig zu leben wie die seines Blutes, konnte er sie auch nicht anständig ins Grab begleiten, mit jenem Prunk – und Takt –, den kaiserliche Würde erheischt. Der schäbige Sarg, dessen Stil oder besser Stillosigkeit die Spezialisten in der Kategorie Verstandes-Klassizismus unterbringen, fällt dem Besucher der Kapuzinergruft sofort durch eine höhnische Bescheidenheit auf. Diesmal konnte Joseph einen Erfolg verbuchen: In der Ewigkeit ist es dem Sohn gelungen, seiner Mutter eine letzte Nase zu drehen. Es ist zugleich der letzte Mißklang in einem Leben, das so voll davon war.«

Langendorf, der mit diesen Sätzen seine Abrechnung mit dem »Leben eines Versagers«, wie er sich ausdrückte, einleitete, repräsentiert hier jene verächtliche Meinung über Joseph II., die schon seit dessen Übernahme der alleinigen Regentschaft, also mit dem Tode Maria Theresias, in ihm nichts anderes als einen Träumer und Chaoten zu sehen vermocht hatte. Die kategorische bis hysterische Ablehnung Josephs durch solche literarische Richter, die sich als bevorzugte und besondere Demokraten begriffen und doch nicht fähig waren, auch in der Beurteilung eines Menschen demokratische Zustände walten zu lassen, hat also Tradition.

Aber auch die zuerst zögernde und dann freilich begeisterte Zustimmung, die man ihm nach einer gewissen Atempause andiente, in der man sich alle Frustration, allen Zorn vom Herzen redete, begann bald nach seinem Tod und knüpfte damit an jene großen Hoffnungen an, die man einst in die Person des jungen, ungestümen und fortschrittlich gesinnten Erzherzogs gesetzt hatte. Der Schriftsteller Franz Xaver Huber begann in einem im Jahre 1800 veröffentlichten Buch in Österreich damit, eine Art Ehrenrettung des verfemten oder völlig falsch eingeschätzten Kaisers zu versuchen.

Aber auch das wankelmütige Volk murrte alsbald über Josephs Nachfolger, weil es in den Personen Leopolds II. und Franz' II. manche Ursachen für seine notorische Unzufriedenheit mit den Mächtigen entdeckte. Man begann jetzt, da Josephs Nachfolger Leopold das Werk seines Bruders mit anderen Mitteln fortzuführen versuchte, auch langsam zu begreifen, daß Joseph in Wahrheit nur versucht hatte, die Erneuerung der Monarchie gemäß seinem Temperament und seinem Charakter zu unternehmen. Aber während Joseph immerhin ein Jahrzehnt Zeit gehabt hatte, dieses riskante Unternehmen durchzusetzen, blieben Leopold nur knapp zwei

Jahre. Das Scheitern des Versuchs, aus Österreich einen modernen Staat zu machen, war also geradezu vorprogrammiert. Und »nach der zweifachen Tragödie von Joseph und Leopold wird Österreich, dessen Herrscher sich von der Reformpolitik ihrer Vorgänger abkehren, mehr und mehr in Widerspruch zum modernen Zeitgeist geraten. Der Mangel an geographischer Einheit und nationaler Homogenität sowie die Fortdauer ihrer anachronistischen sozialen Struktur machten aus der Donaumonarchie den zweiten kranken Mann in Europa« (F. Fejtö).

Daraus aber entstand jenes positive Bild Josephs, von dem die Österreicher nun eine gänzlich andere Meinung erhielten, als sie noch zu Lebzeiten des Kaisers zu empfinden imstande gewesen waren. Seine unleugbaren Fehler verblaßten. Dafür prägten sich seine Vorzüge den Menschen um so stärker ein, je unzufriedener sie mit seinen Nachfolgern waren, insbesondere mit der Regierungstätigkeit Franz II. Denn aus dem aufgeklärten Despotismus Josephs war innerhalb weniger Jahre ein Despotismus ohne die geringste Spur von Aufklärung geworden. »Das Gottesgnadentum und dessen Stützen, Adel und Klerus, lebten in Österreich wieder auf, Josephs hohe Auffassung vom Dienst am Staate war vergessen. Der Hof- und Staatsschematismus, wo wieder der Hof an erster Stelle und dann erst der Staat kam, brachte den grundlegenden Wandel sinnfällig zum Ausdruck. Fortab, bis zum Untergang des habsburgischen Donaureiches, bestimmte das Interesse der Dynastie, nicht mehr das Interesse des Volkes die ganze Politik. Die staatliche Reformarbeit aber ruhte, sie wandelte sich zurück, nur die Polizei entwickelte eine emsige Tätigkeit, sie hatte den inneren Feind, die Aufklärung, die Unzufriedenheit über das neue Regierungssystem, zu bekämpfen« (V. Bibl).

Die Österreicher reagierten auf diese Entwicklung, indem sie sich in der Person des seinerzeit von ihnen höhnisch verabscheuten und sträflich mißverstandenen Joseph II. ein neues, verklärtes Ideal schufen. Alles das, was er für den Staat erträumt und nur zum geringeren Teil gegen den wütenden Widerstand einer großen Mehrheit auch verwirklicht hatte, wurde nun zum Wunschbild eines

Volkes, das völlig entrechtet worden war und fast nach Belieben bevormundet wurde. Jetzt erst, da »das Interesse der Dynastie, nicht mehr das Interesse des Volkes die ganze Politik bestimmte«, kam diesem Volk langsam zu Bewußtsein, daß es mit dem Tod Josephs einen Mann verloren hatte, der es möglicherweise wirklich so geliebt hatte, wie er es seinen Untertanen immer wieder versichert und durch manches Beispiel seiner Politik auch praktisch bewiesen hatte.

Den sinnbildlichsten Ausdruck für den Umschwung der Gefühle, die vor allem die wankelmütigen Wiener ihrem jetzt zum Volkskaiser emporgestiegenen ehemaligen Reformator entgegenbrachten, drückte eine Inschrift aus, die im Jahre 1811 am Reiterstandbild des toten Kaisers bei der Hofburg für ein paar Stunden angebracht wurde. Damals waren durch einen Staatsbankrott Zehntausende von Menschen über Nacht verarmt. Lediglich Kaiser Franz hatte sich, wie allgemein behauptet wurde, genügend Geldreserven verfügbar machen können. In diesen schweren Stunden erinnerte man sich an Joseph, der einst das von seinem Vater geerbte Vermögen zur Abdeckung von Staatsschulden verwendet hatte. Und am Reiterstandbild Josephs konnte man vorübergehend die Meinung des Volkes nachlesen: »Joseph, das sind Zeiten! Geh', steig' herunter und laß den Franz reiten . . .«

Personen- und Sachregister

Gerhard Herm
Deutschlands Herz
Sachsen und Thüringen

352 Seiten, gebunden, mit Schutzumschlag

Die Stadt Kaisersaschern ist so deutsch wie keine zweite. Nur:
Kaisersaschern gibt es nicht. Thomas Mann hat diese Stadt (im Roman
»Doktor Faustus«) erfunden, um zu markieren, wo das Herz Deutschlands
zu finden ist. Im Thüringisch-Sächsischen nämlich, an der Saale gelegen,
unweit von Halle, Jena, Leipzig und Wittenberg. Im Umkreis dieser fiktiven
Stadt gründete der Sachse Heinrich I. das alte deutsche Reich; etwas weiter
westlich, im thüringischen Eisenach, konnte wohl nur eine Sage wie die vom
»Sängerkrieg auf der Wartburg« ihren Ursprung haben; und der
»Sachsenspiegel«, das erste Rechtsbuch deutscher Sprache, wurde in diesem
Raum geschrieben. Überhaupt hat sich hier die Hochsprache der Deutschen
herausgebildet. Das begann mit Mystikern wie Meister Eckehart, führte
weiter zu Luther, gipfelte dann in den Gesängen von Klopstock, um bei
Nietzsche zu enden, der in Weimar starb, der geistigen Hauptstadt seit
Goethe (und später Schiller). Aber nirgendwo war die Luft auch so von
Musik erfüllt: Schütz, Händel, Bach, zuletzt Richard Wagner – sie alle
konnten nur aus dem Herzen Deutschlands kommen.

ECON Verlag · Postfach 30 03 21 · 4000 Düsseldorf 30